다시,
제노사이드란
무엇인가

다시,
제노사이드란
무엇인가

강성현 지음

푸른역사

일러두기

1. 이 책은 저자의 대학원 전공연구 논문, 국내외 학술회의와 학술저널에서 발표했던 글들을 수정 보완한 원고에 새로 집필한 원고를 더해 구성한 것이다.
2. 이 연구는 2020년도 성공회대학교 교내 연구활동 지원 사업에 의한 연구임(This work was supported by the Sungkonghoe University Research Grant of 2020).

머리말

1

'제노사이드genocide'란 무엇일까요? 라파엘 렘킨Raphael Lemkin이 만든 이 신조어에 대한 일반적인 이해는 국제법학자들이 번역어로 사용하는 '집단 살해'입니다. 유엔 제노사이드 협약은 1948년 12월 9일 유엔 총회에서 채택되었는데, 한국 정부는 1950년 10월 14일 주미 대사 장기영이 대표로 참석해 이 협약에 가입했습니다. 외교부는 '집단살해죄의 방지 및 처벌에 관한 협약'으로 번역했습니다. 한국전쟁 중이었고, 이승만 정권이 자국민을 대상으로 부역자 학살에 열을 올리기 시작한 때였습니다. 이 협약은 1951년 1월 12일 효력이 발생했으므로, 누군가 이승만 정권에 의한 부역자 학살이 제노사이드 협약 위반에 해당하지 않는지 질문할 수 있을 것이라 생각합니다.

그러나 즉답하기 쉬운 문제는 아닙니다. 일단 부역자 학살이 협약상 제노사이드 정의에 부합되는가 하는 문제가 있습니다. 협약 제2조는 제노사이드를 "국민적·인종적·민족적·종교적 집단을 전체 또는 부분을 파괴할 의도를 가지고 실행된……행위"로 규정합니다. 그리고 행위는 집단 구성원에 대한 살해, 중대한 육체적·정신적 위해, 육체적 파괴를 위한 의도된 생활조건 부과, 출생 방지 조치 부과, 아이들을 강제로 타 집단으로 이동시키는 것으로 한정했습니다. 여기서 핵심은 의도성 입증 문제입니다. 가해 권력 집단이 피해 집단을 파괴하려 했다는 '특정 의도'를 단순한 추론이 아니라 직접적인 증거로 입증해야 합니다. 가해자가 비대칭적인 무력을 갖고 있는 권력 집단이고 피해 집단의 시체가 산처럼 쌓여도 전쟁 상황, 비상사태 등의 이유를 들어 그 특정 의도를 전면 부인하면 제노사이드 범죄로 처벌할 수 없게 됩니다.

그래서 협약상 정의의 한계를 뛰어넘는 새로운 정의가 필요하다는 공감대가 큽니다. 서구에서는 1990년대 초 역사학, 사회과학, 정치학, 법학 등 여러 전공의 학자들이 이른바 '정의 논쟁definition debate'을 벌이기도 했습니다. 그런데 성과는 기대 이하였습니다. 제노사이드 개념이 명확해지기는 커녕 수많은 '사이드' 개념들로 분화되었습니다. 21세기에 들어서도 수단 다르푸르 지역을 시작으로 아프리카와 중동 지역 곳곳에서 수많은 민간인 사회 집단들이 대량 학살되었고, 그보다 더 많은 수의 난민들이 발생했습니다. 그럼에도 이 상황을 제노사이드로 볼 것인지, 아니면 '민족 청소'로 볼 것인지, 그도 아니면 '더러운 내전'으로 볼 것인지 논쟁만 분분합니다. 전쟁 또는 내전 상황이고 비상사태하에 벌어진 것이기 때문에 자국의 일에 관여하지 말라며 가해 권력 집단이 대량 학살을 저지르는 것을 무기력하게 지켜보기만 하는 상황도 벌어졌습니다. 특정 의도의 입증 여부 때문에 최악의 상황 종식을 위한 강제 개입을 하지 못하는 유엔과 국제 사회의 모습은 20세기에 이어 21세기에도 여전히 제노사이드 시대에서 벗어나지 못함을 반증하는 듯 보였습니다.

이 책은 연구자로서 이러한 상황을 넘어서기 위한 역사사회학적 시도와 작업의 결과물입니다. 라파엘 렘킨의 연구와 활동, 제노사이드 협약, 극단적인 대량 폭력으로서 제노사이드 정의 및 범위에 대한 논쟁의 역사를 비판적으로 검토하고, 제노사이드 이론을 사회학적으로 재구성해 새로운 정의를 세우고자 했습니다. 그리고 이에 입각해 한국의 국가 수립과 한국전쟁 전후에 발생했던 극단적 대량 폭력, 그 이후에도 계속되었던 부정과 기억의 억압 문제를 분석했습니다.

2

한국에서 '제노사이드'는 더 이상 낯선 용어가 아닙니다. 한국전쟁 전후 자국민을 대상으로 한 민간인 대량 학살 사건들의 진실이 언론 보도, 학계 연구, 정부 조사를 통해 알려지고, 이러한 국가폭력의 불법성에 대해 국제법적으로 검토되면서 전쟁 범죄, 인도에 반하는 범죄와 함께 제노사이드 범죄에 대한 관심이 전 사회적으로 환기된 결과라고 생각합니다.

시작은 미미했습니다. 제가 주목한 건 2004년 10월 28일 한국제노사이드연구회 창립입니다. 창립 멤버로서 오랜만에 연구회 관련 자료들을 살펴보니 여러 기억과 감회가 파노라마처럼 떠오릅니다. 〈회칙〉의 총칙에는 창립 목적으로 "국내외에서 발생한 대량 학살과 이에 준하는 사건들에 관한 역사적·사회과학적 조사와 연구를 통해 학문적 성과를 축적하여 시민적 인권의 신장에 이바지하는 것을 목적으로 한다"고 되어 있습니다. 당시 창립 총회를 겸한 학술회의에는 역사학자, 사회학자, 정치학자, 법학자 등 학계 인사들뿐 아니라 한국전쟁 전후 민간인 학살 진상규명 범국민위원회와 각 지역의 유족 단체들, 관련 시민사회 단체 인사들이 같이 자리하고 있었습니다. 애초부터 학제 간 공동 연구의 공감대가 깊이 형성되어 있었고, 한국에서 '이행기 정의transitional justice'의 토대를 단단히 세우기 위해 연구와 사회운동의 협력 및 연대의 필요성이 요청된 상황이었습니다. 이러한 활동들은 2005년 12월 31일 '진실·화해를 위한 과거사정리 기본법'의 제정과 진실·화해를 위한 과거사정리위원회의 구성에 큰 기여를 했습니다.

흥미로운 건 연구회 사업 대상으로 조사 연구 항목을 일별할 때 해외 사례에 대해서는 '제노사이드'라고 지칭한 반면, 한국에서 발생한 것에 대해서는 '대량 학살(집단 학살)'이나 '민간인 학살' 용어를 쓴 부분입니다. 당시 한국전쟁 전후 집단 학살이 민간인에 대한 대량 학살이고 '국가 범죄'인 것은 맞는데 과연 '제노사이드'의 정의definition와 범위에 완전히 부합되는 사례인가에 대한 고민이 있었을 것이라 생각합니다. '제노사이드'는 일차적으로 '제노사이드 범죄의 방지와 처벌에 관한 협약'상 정의가 명시되어 있기에, 법적으로 한국 사례가 과연 이 정의에 부합되는가 의식할 수밖에 없었을 것입니다. 법학자들 사이에서도 상이한 해석들이 있었고, 무엇보다 국제적으로도 홀로코스트와 이에 근접하는 몇몇 사례들을 제외하곤 제노사이드로 인정되지 못했던 현실, 다시 말해 제노사이드 협약이 의도치 않게 20세기에 벌어진 대량 학살 사건들의 가해 권력 집단에게 면죄부를 주었던 사정들을 파악했기 때문입니다. 그럼에도 학회명과 《제노사이드 연구》 창간호에 실려 있는 홍순권 회장의 창간사에서 드러나듯, 연구자들은 한국의 사례들이 제노사이드 연구의 관점과 방법 면에서 의미가 크다는 점을 분명히 인식하고 있었습니다.

3

이와 관련해 최호근 교수가 2005년 7월에 출간한 《제노사이드: 학살과 은폐의 역사》도 주목됩니다. 그는 가해 주체가 국가라는 사실은 어떤 집단 학살이 제노사이드로 인정받는 데 필요조건일 뿐 충분조건은 되지 않는다고 주장했습니다. 또한 그는 협약상 제노사이드 정의를 일부 수정해 제주 4·3 사건과 국민보도연맹 사건 정도가 제노사이드에 해당한다고 논했습니다. 이 주장은 제주 사회에 반향이 컸습니다. 2006년 4월 1일 제주4·3연구소와 한국제노사이드연구회가 공동 주최한 전국학술대회 〈4·3과 제노사이드〉에서 최호근의 주장이 발표되었고, 언론의 큰 주목을 받았습니다. 저도 발표자로서 당시 학술회의 현장에 있었기에 이 주장에 대한 뜨거운 관심을 생생하게 느낄 수 있었습니다. 이미 2000년부터 정부 차원에서 제주 4·3 사건에 대한 역사적 진실 규명과 피해자들에 대한 명예회복 작업이 시작되었고, 2003년 10월 4·3진상조사보고서가 최종 확정되었으며, 10월 31일 과거 공권력의 잘못에 대한 노무현 대통령의 첫 공식 사과와 책임 인정이 이루어진 차였습니다. 이런 배경에 더해 제주 4·3 사건이 국제법적으로도 제노사이드 범죄라는 최호근의 주장은 제주도민들의 관심을 끌 수밖에 없었습니다.

2002년 제주 4·3 사건을 '항쟁'보다는 민간인 학살 사건이라는 관점으로 석사논문을 썼던 저로서는 한편으로 최호근의 주장에 공감했고 생산적인 토론을 할 수 있었습니다. 그러나 다른 한편으로 그 주장이 의도하지 않은 효과를 낳지 않을까 걱정이 컸습니다. 제주 4·3 사건과 국민보도연맹 사건이 아닌 동일한 시기 다른 대량 학살 사건들을 제노사이드에 부합하지 않은 것으로 만들고, 이에 따라 결과적으로 죽음의 위계가 발생하지 않을까

하는 우려였습니다. 저는 그동안 인정되는 죽음과 그렇지 않은 죽음 사이
에서 피해자와 유족들이 불안해하고 슬퍼하는 것을 많이 보았습니다. 이는
온갖 정서가 유족들 사이를 오가며 부대끼는 감정의 소용돌이였고, 유족
간 갈등과 유족 마음속 돌아가신 자와 살아남은 자 사이의 말할 수 없는 회
한의 폭풍이었습니다.

4

이러한 문제의식을 가지고 제노사이드 이론의 시각과 방법으로 한국전쟁
전후 민간인 학살 문제를 전체적으로 조망하기 위한 작업을 시작했습니다.
대학원 후배 석박사과정생들과 함께했던 제노사이드 세미나가 유독 기억
에 남습니다. 여러 책과 논문들을 읽었는데, 그중 당시 막 출간된 마틴 쇼
Martin Shaw의 《제노사이드란 무엇인가?*What is Genocide?*》의 논의가 매우 인
상적이었고, 결과적으로 제 작업에 여러 주춧돌 중 하나가 되었습니다. 이
작업들은 제가 박사논문 전에 작성한 대학원전공 연구논문에 반영되었습
니다. 2008년 6월에 통과한 〈대량 폭력의 정치사회학—제노사이드 개념을
중심으로〉였는데, 200자 원고지로 700매가 넘는 긴 미발간 원고였습니다.
내용 일부를 소개하고자 2008년 12월 《역사연구》 제18호에 〈제노사이드와
한국 현대사: 제노사이드의 정의와 적용을 중심으로〉를 투고 게재했습니
다. 그리고 2009년 2월 연구 과정에서 읽은 제노사이드 연구서 가운데 한
국에서도 많이 인용되고 있던 허버트 허시Herbert Hirsch의 《제노사이드와
기억의 정치: 삶을 위한 죽음의 연구*Genocide and the Politics of Memory: Studing
Death to Preserve Life*》를 번역 출간했습니다.
　미발간 원고를 수정 보완해 책으로 내고 싶었습니다. 하지만 이를 위해서

는 더 많은 사례 연구와 이론적 시각과 방법에 대한 공부가 필요함을 절감했습니다. 해방 8년사와 한국전쟁 연구, 다양한 민간인 학살 사건들에 대한 연구, 그리고 피란민과 전쟁포로, 법과 폭력, 사상통제와 전향에 대해 공부했습니다. 연구는 그 밑에 깔려 있는 지층들의 계보를 추적하면서 확장되었습니다. 그렇게 가다가 큰 단층을 정리하겠다는 생각으로 작업한 것이 2012년 2월 출간한 박사논문 〈한국 사상통제기제의 역사적 형성과 '보도연맹 사건', 1925~50〉입니다. 국민보도연맹 사건과 관련한 첫 박사논문이라는 타이틀을 받았는데, 박사논문을 아직까지도 책으로 출간하지 못한 상황이라 아쉬움 가득합니다.

5

제노사이드 책을 출간하기 전 꼭 제주도에서 발표하겠다고 생각한 주제가 있었습니다. 2018년 4월 28일 전국문학인대회 〈제주 4·3 문학세미나—역사의 상처, 문화적 치유〉(제주 4·3 70주년 기념사업회와 제주작가회의 공동 주최)에서 그 주제를 〈제노사이드로 본 '제주 4·3'의 전국화와 보편화〉라는 글로 발표할 수 있었습니다. 저는 청중들의 기대와 달리 '제주 4·3'만이 오롯이 독립되어 홀로코스트의 유일무이성에 필적하다고 생각한다면, 죽음 간의 위계를 만들어 의도치 않게 다른 죽음을 상대화하는 효과로 이어질 수 있음을 경계해야 한다고 강조했습니다. 그리고 제주 4·3 사건뿐 아니라 여순 사건, 예비검속 사건, 형무소 사건, 국민보도연맹 사건, 부역 혐의 사건, 군경 토벌 관련 사건, 미군 사건, 적대 세력 관련 사건으로 범주화된 작전, 처형·보복의 성격을 갖는 대량 죽음들이 국가 및 전쟁 형성이라는 두 국면적 사건과 맞물려 발생했던 하나의 제노사이드 내 여러 '에피소드적 사건'들로서 서로 연관되고, 그래서 연속적으로 파악되어야 한다고 주장했습니다.

2019년과 2023년에는 대학원 수업 '냉전문화 연구'에서 제노사이드를 주제로 강의했습니다. 석박사 학생들과 청강생 연구자들은 매주 제공된 제 원고들을 읽고 토론해주었고, 수정 집필하는 데 도움을 주었습니다.

제가 최종 작업을 할 수 있도록 부정적 의미에서 엄청난 자극을 준 또 다른 사람이 있습니다. 용산 대통령실이 "대한민국이 과거와의 화해를 통해 미래로 나아가기 위한 국민통합에 기여할 수 있는 적임자"로 제2기 진실화해를 위한 과거사정리위원회 두 번째 위원장으로 임명한 김광동입니다. 그는 2023년 10월 11일 유족들과의 면담 자리에서 전시에 재판 없이 사람을 죽일 수 있다는 요지의 말을 했습니다. 실언이 아니었습니다. 그 후 그는 국회 국정감사장에서도 거짓말을 섞어가며 비슷한 취지로 그 망언을 반복했습니다. 심지어 순수한 부역자가 아닌 불순한 부역자를 가려내겠다는 말을 여러 비슷한 용어를 써가며 반복했습니다. 김광동과 그 부하들은 대공수사 기관에서 볼 법한 인식을 드러냈고, 거리낌 없이 표현했습니다. 제 마음속에서 정말 큰 불이 타오르고 번져갔습니다. 주변을 둘러보니 많은 분들이 수치심과 모욕감에 몸을 떨었습니다. 피해자와 유족들은 그런 말을 면전에서 마주 대하고 어떤 심정이었을까요? 아이러니하게도 그 덕분에 책 출간을 위한 최종 원고를 완성할 수 있었습니다. 에필로그 원고는 분노와 수치심, 슬픔 등으로 휩싸인 정동情動을 애써 눌러가며 키보드의 키 하나하나를 무겁게 두드리면서 쓴 글입니다.

6

마지막으로 현재도 계속되고 있는 이스라엘-팔레스타인 문제를 언급하지 않을 수 없습니다. 흥미롭게도 김광동 역시 한 기자간담회에서 이 문제를 이스라엘-하마스 분쟁으로 예를 들면서 전시 민간인 희생은 불가피하다는 식으로 이야기했다고 합니다. 김광동이 어떤 생각으로 그렇게 말했는지 모릅니다. 분명한 건 그의 인식이 이스라엘 네타냐후 총리 및 극우 인사들과 다를 바 없다는 것입니다. 네타냐후 내각은 인간의 얼굴을 한 짐승 하마스와 싸우고 있고, 그들의 공격에 상응하는 행동을 하고 있을 뿐이며, 단지 '부수적 피해'가 있을 뿐이라고 강조합니다. 그 부수적 피해라는 말로 가리는 건 가자지구의 피란민 및 민간인 집단들이 잠재적 하마스 부역자라는 인식입니다. 그야말로 대량 학살의 정당화이지요. 현재 이스라엘은 제노사이드 범죄 혐의로 국제사법재판소에 제소된 상태이고, 네타냐후 총리와 갈란트 국방장관은 하마스 지도부 주요 인사들과 함께 국제형사법정에 의해 제노사이드 범죄 행위자로 체포 영장이 청구된 상태입니다.

제노사이드 범죄에 대한 국가 책임과 가해자 처벌의 가능성을 어떻게 높일 수 있을까요? 21세기에도 여기저기에서 전쟁 양상으로 벌어지는 민간인 사회 집단들에 대한 파괴를 어떻게 방지할 수 있을까요? 제노사이드가 자행되는 도처의 장소들을 목도하면서 과연 반폭력의 가능성을 상상할 수 있을까요? 안간힘을 쓰며 생각해봅니다.

7

책을 세상에 내놓는 일은 많은 분들의 도움과 헌신이 있기에 가능합니다. 김학재, 임재성, 강인화, 김서화 등 제노사이드 세미나 멤버들, 제노사이드 주제로 냉전문화연구 수업을 들었던 국제문화연구학과와 문화대학원 석박사과정생들, 그리고 김요섭과 이종찬 등 관련 연구자 청강생들 얼굴들이 떠오릅니다. 김요섭은 제노사이드 문학을 주제로 박사논문을 썼는데, 제가 심사위원으로서 그의 글을 읽고 논평했던 내용들이 이번 책에 도움이 되었습니다. 그리고 최성용은 가까이에서 제 원고를 읽고 여러 질문과 자신의 의견을 제시해주었던 박사과정 제자 중 한 명입니다.

《제노사이드 연구》를 같이 만들었던 선생님들도 떠오릅니다. 《제노사이드 연구》는 제노사이드연구회에서 발간한 저널로, 2007년부터 2009년까지 3년 동안 제6호까지 내고 중단되었습니다. 단 6권에 불과하지만, 지금 살펴봐도 훌륭한 논문들이 많습니다. 편집위원장이었던 한정숙 선생님, 편집위원 김득중, 김일수, 김학재, 전갑생, 최호근, 후지이 다케시 선생님. 발간이 중단되고 경황이 없어 마지막 인사를 드리지 못했는데, 늦게나마 이 책으로 감사의 마음 전합니다.

제노사이드 연구뿐 아니라 제 모든 연구의 자장 안에 있는 분들이 있습니다. 김민환, 정영신, 전갑생 교수는 10년 넘게 한 팀으로서 연구 생활을 같이하다 보니 제 생각, 말과 글에 이미 깊이 들어와 있습니다. 이 책에도 그들의 말투와 향기가 녹아 있을 겁니다. 그리고 스승이자 형인 김득중 선생님은 20년 넘게 동고동락하면서 제노사이드 연구뿐 아니라 제 모든 연구의 토대와 같은 역할을 해주었습니다. 특별히 감사의 말을 전합니다.

이 책과 관련해 감사의 말을 전하면서 대학원생 시절 두 분의 지도교수님을 언급하지 않을 수 없습니다. 이 책의 출발점인 대학원 전공연구 논문과 박사논문의 지도교수인 정진성 선생님은 지금까지도 제 연구와 활동에 가장 든든한 후원자이고, 물심양면으로 버팀목이 되어주신 은사님입니다. 그리고 정근식 선생님은 연구 현장에서 언제나 많은 가르침을 주었고, 수차례 공동연구를 진행하면서 어떤 환경에도 흔들리지 않도록 연구의 '빽'이 되어주었습니다. 이 지면을 빌려 깊이 감사의 말씀 드립니다.

　마지막으로 제 연구와 실천의 반려자 서화, 아빠의 글이라면 애써 한마디 평이라도 해주는 윤홍과 윤별에게 고맙다는 말 전합니다.

2024년 7월

강성현

제3장
학계의 제노사이드 논쟁과 비판

제5장
제노사이드와 한국전쟁 전후 대량 학살

제1장

폭력 비판에서
제노사이드 연구로

1.
폭력과
제노사이드

반폭력의 상상력은 저절로 생기는 것이 아니다. 극단적인 대량 폭력을 중단시키고
방지하기 위한 구체적 조치와 방법들만큼이나 극단적 폭력의 본질을 이해하고
이를 정의할 수 있을 때 가능해진다. 즉 극단적 폭력 그 자체를 연구 대상으로 삼을 필요가 있다.

폭력이란

폭력은 인류 역사에서 가장 원초적이면서 보편적인 현상들 가운데 하나이며, 다양한 형태와 방식으로 우리 주변에 흘러넘치고 있다. 그런 만큼 폭력을 정의하기란 쉽지 않다. 누가 어떤 관점에서 바라보느냐에 따라 다르게 정의되기 때문이다.

폭력이라 하면 보통 직접적으로 신체에 가해지는 물리적인 폭력을 떠올리게 된다. 폭력에 대해 관심을 가지고 들여다본 사람이라면 이 세계에는 간접적이면서 구조적인 폭력도 있다는 사실을 알 것이다. 법의 강제력을 체험한 사람은 구조적 폭력으로서의 법을 어렵지 않게 이해할 수 있다. 요한 갈퉁Johan Galtung은 이를 '직접적 폭력'과 '구조적 폭력'으로 정식화했다. 갈퉁의 폭력유형론을 재구성한 배동인은 폭력을 행사하는 행위 주체의

존재 유무에 따라 '인간적 폭력'과 '구조적 폭력'으로, 폭력의 행사 방법에 따라 '직접적 폭력'과 '간접적 폭력'으로 구분했다. 그러면서 인간적 폭력은 직접적 폭력에, 구조적 폭력은 간접적 폭력에 상응한다고 논의한다. 또한 그는 폭력의 대상에 따라 '물리적 폭력'과 '심리적 폭력'으로, 폭력의 표출 양상에 따라 '현재적 폭력'과 '잠재적 폭력'으로, 폭력의 의도 여부에 따라 '의도적 폭력'과 '비의도적 폭력'으로 폭력의 유형을 구분해 정리한 바 있다.[1] 더 세세하게 폭력 유형을 목록으로 만들 수도 있을 것이다.

그렇다면 여러 폭력 현상과 유형들을 관통하는 핵심은 무엇일까? 일상어법에서 종종 폭력과 동의어로 사용되는 '힘Force'에서 출발해보자. 폭력은 일종의 힘의 행사이다. 그러나 힘의 행사가 모두 폭력이 되는 건 아니다. 폭력은 물리학에서 말하는 자연 현상의 힘과는 다른 사회 현상으로서의 힘의 행사에 속한다.

사회 현상임에도 가치평가를 수반하지 않는 힘의 행사라면, 그것은 폭력이라기보다 권력Power에 가깝다. 막스 베버Max Weber도 권력Macht(독일어)을 어떤 사회관계 안에서 자신의 의지를 타인의 의지에 반해서까지 관철시킬 수 있는 가능성이며, 이 가능성이 어디에 근거하느냐는 문제시되지 않는다고 정의한 바 있다.[2] 반면 폭력은 사회 현상이면서 가치평가를 수반하는 힘의 행사이다. 게다가 부정적인 가치평가를 수반한다. 이는 일상 언어에서도 드러난다. 사람들이 '가정폭력', '학교폭력', '조직폭력' 등을 말할 때 그 속에는 가치와 규범의 차원에서 내려진 부정평가가 내재되어 있다. '폭력'이라는 표현에 부정적 의미가 반드시 수반된다고 여기는 것이다.

(자유주의) 법학자와 법률가들은 부정적인 가치평가를 수반하는 힘의 행사로서의 폭력을 법과 대립하는 개념으로 이해한다. 즉 폭력은 불법적인

힘의 행사고, 법은 이러한 폭력을 억제하는 기능을 수행한다는 믿음을 갖고 있다.[3] 이들이 이해하는 폭력은 결국 '가정폭력 범죄의 처벌 등에 관한 특례법', '학교폭력의 예방 및 대책에 관한 법률', '폭력행위 등 처벌에 관한 법률' 따위의 법에서 규정되는 범죄들인 것이다. 이런 관점에서는 군과 경찰 등 국가기관이 행사하는 최루탄과 몽둥이, 심지어 총까지도 법에 의거하고 있는 한 폭력이라 불리지 않는다. 법적인 차원에서 볼 때 폭력성 여부를 가르는 기준은 국가의 실정법에 근거한 '합법성' 여부가 되며, 이에 따라 합법적 권력으로 정당화되거나 불법적 폭력으로 부정된다.

합법적 폭력과 정당한 폭력

합법성에 근거해 불법적 폭력을 판단하는 시각에서는 합법성의 폭력성, 그리고 이를 바탕으로 한 국가폭력에 대한 사고를 원천적으로 봉쇄한다. 김도현은 법 자체의 폭력성을 드러내기 위해 '합법적 폭력' 개념을 제시한다. 그에 따르면, '합법적 폭력' 개념은 기존 법질서 자체의 폭력성을 합법성 바깥의 관점에서 폭로하고 저항하는 것이다.

합법적 폭력이라는 인식은 합법성legality과 정당성legitimacy이 분리되면서 나타나는 현상이다. 물론 합법성은 그 자체가 정당성의 일종이다. 그러나 합법성이 정당성을 충분히 산출하지 못할 때 과거에 법의 지배를 받아들이던 사회 성원들은 합법성을 폭력으로 인식하게 되고 기성 법질서에 저항하게 된다. 그러므로 합법성에 대한 폭력성 평가는 일단 정당성의 관점에서 내려

지는 판단이라고 할 수 있다.[4]

합법적인 것의 폭력성은 저항권의 행사나 시민불복종이 있을 때 두드러지게 나타나며, 혁명적인 상황에서는 더 강렬하게 드러난다. 혁명은 기존 법질서를 총체적으로 전복하고 새로운 헌법을 수립하는 과정이기 때문이다. 저항권이나 시민불복종은 기존 법질서 전체를 전복하는 것이 아니라 법질서의 궁극적인 규범인 헌법을 수호하는 행위이다. 그러나 기존 법질서에 의해 합법적인 것으로 승인되지 않는 한 이는 불법적인 것으로 간주되어 합법성과 정당성은 대립하게 된다.[5]

1980년 '5·18 광주민주화운동'에 대한 사법부의 판결을 사례로 들어보자. 김정한이 논의하듯, 사법부는 5·18 당시 총기 탈취와 전달, 계엄군을 향한 사격 등을 무죄로 판결했다. 12·12 군사 반란 세력('신군부')의 내란 범죄에 대항하여 헌정 질서를 수호하기 위한 정당방위라는 취지다. 그 근거는 국민의 저항권이다. 그런데 현행 헌법에는 저항권이 명문화되어 있지 않다. 헌법 전문前文에 "불의에 항거한 4·19 민주 이념을 계승하고"라는 문구에서 저항권을 간접적으로 유추 해석할 수 있는 법 해석과 판례들이 존재할 뿐이다. 예컨대 헌법재판소의 판례에서 저항권은 "공권력의 행사자가 민주적 기본 질서를 침해하거나 파괴하려는 경우 이를 회복하기 위하여 국민이 공권력에 대하여 폭력/비폭력, 적극적/소극적으로 저항할 수 있는 국민의 권리이자 헌법 수호 제도"로 규정된 바 있다. 다만 민주적 기본 질서의 유지와 회복이라는 소극적 목적에 한해서만 인정될 수 있고, 정치적·사회적·경제적 체제를 개혁하기 위한 수단이 되어선 안 된다는 점을 분명히 했다. 다시 말해 국가폭력에 대한 저항이 체제 개혁을 지향하지 않아야 한

다는 판례로, 저항권을 협소하게 제한하는 해석이다.[6]

합법적 폭력과 정당한 폭력 프레임은 일찍부터 국가폭력 대 저항폭력의 논쟁 속에서도 논의되어왔다. 이러한 비판은 '폭력'을 개념학적으로 검토할 때에도 확인할 수 있다. '暴力'을 의미하는 영어의 'Violence'는 외부로부터의 침해나 파괴라는 느낌이 강하다. 라틴어의 'Violentia'(비올렌티아)에는 '난폭'이라는 의미가 있다. 그런데 폭력을 의미하는 독일어 'Gewalt'(게발트)는 폭력 개념 안에 다층적 의미와 심지어 모순적 의미까지도 응축하고 있다. '지배하다, 관리하다, 감독하다'의 뜻을 지닌 'walten'(발튼)이라는 동사에서 파생한 게발트는 지배 혹은 통치의 유지, 정당한 강제라는 의미를 지닌다. 즉 게발트는 온당한 힘의 행사로서 정당화된 폭력을 뜻한다. 예컨대 'Staatsgewalt'(슈타츠게발트)는 '국가폭력'이 아니라 '국가권력'을 의미한다. 《폭력의 철학》 저자인 사카이 다카시는 한때 일본 학생운동이 국가에 의한 물리적 힘의 행사와 자신들의 대항적 힘의 행사를 구별하기 위해 전자를 '폭력', 후자를 '게발트'로 표현한 적이 있다고 말한다. 이처럼 폭력과 게발트를 구분한 것은 국가가 '부정한' 물리적 힘의 행사를 합법성이라는 이름으로 은폐하고 있다는 인식을 드러내면서 국가폭력에 맞선 대항폭력 행사를 게발트로 부름으로써 국가의 폭력 해석 프레임 독점에 대항하는 시도였다.[7]

폭력의 더미에서 정당한 폭력으로서 게발트를 구분하고 분리하는 시도는 발터 벤야민Walter Benjamin이 〈폭력 비판을 위하여〉에서 시도하고 있는 '비판Kritik'의 문제의식과 상통한다. 독일어의 'Kritik'(크리티크)는 어원적으로 그리스어 'krinein'(크리네인), 즉 쪼개고 분리시키는 것을 의미하는 단어에서 유래한다. 이렇게 보면 폭력을 비판한다는 말은 폭력의 근절이라는 이념에 입각하면서도 폭력 자체의 내부에 어떤 구분선을 긋는 것이다.[8]

국가와 법으로 제도화된 부당하고 정의롭지 않은 폭력에 맞서 정당하고 정의로운 저항폭력을 옹호하는 것이 혁명적 폭력의 해방적 힘에 대한 찬사로 이어졌던 시절이 있었다. 마르크스주의와 레닌주의적 계급투쟁과 혁명적 내전에 대한 논의들이 대표적이다. 계급투쟁은 지배계급에 대한 피지배계급의 진정한 혁명적 내전으로 나아가며 역사에서 유일하게 정당한 전쟁이라는 것이다. 또한 자본주의 체제에 대한 저항은 궁극적으로 국가폭력과 대결할 수밖에 없고, 그에 맞서 국가를 전복하고 혁명을 완수하기 위해서는 무장 투쟁 같은 저항폭력이 필수적이고 필연적이라는 것이다. 그러나 역사적으로 보면, 진정한 혁명적 내전을 통해 사회주의 내지 공산주의 혁명에 성공한 사례는 극히 드물다. 체제의 마지막 '철갑'인 경찰과 군대에 대항하는 내전에서 대중 봉기는 거의 대부분 비극적인 진압과 학살로 귀결되었다.[9]

법의 폭력성

진압과 학살이 단지 물리적인 차원에서만 폭력적으로 진행된 것이 아니라 법과 결합되어 전개되었다는 점에 유의할 필요가 있다. 벤야민은 앞선 '합법적 폭력' 논의보다 근본적으로 법과 폭력이 대립적이라기보다 긴밀히 결합되어 있다는 테제를 발전시킨다. 그는 논지를 분명히 하기 위해 폭력을 목적의 영역에 대한 고려 없이 수단 자체의 영역에 대한 검토로 한정한다. 아감벤 식으로 말하면 '순수한 수단', 즉 목적 없는 수단성이라는 역설적 형상으로서의 폭력이라 할 수 있다.[10] 이 작업을 통해 벤야민은 폭력에 법정립적 성격과 법보존적 기능이 내재해 있음을 밝히고, 이것을 '신화적 폭력'

이라 명명한다. "모든 폭력은 수단으로서 법정립적이거나 법보존적이다."[11] 데리다의 주석에 따르면, '법정립적 폭력'은 새로운 법을 정립하고 제정하는, 새로운 질서를 만들어내는 폭력이다. 그리고 '법보존적 폭력'은 법의 영속성과 적용 가능성을 유지하고 확증하며 보장하는 폭력으로, 법정립적 폭력에 의해 만들어진 새로운 질서를 유지하기 위해 행사되는 폭력이다.[12] 이와 관련하여 2020년 《비폭력의 힘》을 출간한 주디스 버틀러Judith Butler의 설명을 살펴보자.

'법을 지키는 폭력'(*법보존적 폭력*)은 이미 만들어져 있는 법을 확인하고 적용하고자 하는(법이 다스리는 인구군에 대한 법의 구속력을 유지하고자 하는) 반복적 제도적 노력들을 대표하는 폭력이다. '법을 정하는 폭력'(*법정립적 폭력*)은 새 법을 만들어내는 폭력이다. …… 법은 응징, 곧 권력 행사를 통해 새겨난다. 법을 만든다는 것은 군대나 경찰의 권한—군대나 경찰이 방해나 위협이 된다고 여겨지는 인구군을 처리하기 위해 모종의 강제적 조치를 개시함으로써 행사하는 특권—이다. …… 법의 정당화는 항상 법이 생긴 뒤에 행해진다. …… 합법적 권력이 수립됨으로써 정당화 도식과 명명 관행이 만들어지고, 이 과정은 명령을 통해서 진행된다. '법을 정하는 폭력'에서 폭력이라는 말은 구속력 있는 명령—'이것이 법이 될 것이다', '이것이 법이 되었다'로 시작되는 폭력—을 뜻한다. 합법적 권력이 유지되려면 법의 구속성이 계속 확인되어야 하니, 그 확인을 수행하는 공권력과 군사력은 건국 제스처—'이것이 법이 될 것이다'—를 반복하고 있을 뿐 아니라 법을 지키고 있다. 벤야민은 '법을 정하는 폭력'과 '법을 지키는 폭력'을 별개의 것으로 다루지만, 경찰이나 군대는 두 가지 형태의 폭력을 함께 행사하고 있다.[13]

1948년 여수와 제주에서 계엄법 없는 계엄 선포가 만든 계엄 상태는 버틀러의 설명이 얼마나 통찰력 있는지를 잘 보여준다. 당시 군대는 스스로 주권자가 되어 비상사태 여부를 판단했고, 1948년 10월 22일 임시계엄을 선포해 계엄 지역을 적나라한 폭력이 지배하는 공간으로 만들었다. 3일 후 이승만 대통령은 국무회의에서 '계엄 선포에 관한 건'을 의결해 뒤늦게 현지 군사령관의 임시계엄 선포를 추인해주었다(대통령령 제13호). 제주에서도 계엄이 선포됐다. 계엄 선포 일자는 분분하다. 국방부·경찰·미군 자료, 당시 신문 기사 등에서는 계엄 선포일을 10월 초부터 11월 말까지 다양하게 기록하고 있다. 심지어 11월 19일 국방부 보도과는 담화를 통해 "제주도 일대에 계엄령이 선포된 일은 없다. 각처에서 폭동이 일어나므로 군에서는 작전상 경계를 엄중히 한 것이 민간에 오해된 모양"이라고 밝히기도 했다. 그러나 분명히 계엄은 선포됐다. 1948년 11월 17일 '제주도지구 계엄 선포에 관한 건'이 국무회의를 통과해 대통령령 제31호로 시행됐다.[14] 놀라운 점은 당시 계엄법이 없었다는 것이다. 계엄 선포 절차의 기본이 없었다는 말이다. 심지어 그 공간에서 군대는 헌법상 국민의 기본권을 정지시킨 채 생사여탈권을 휘둘렀다. 군은 계엄 지역을 외부와 차단하고 봉쇄했다. 언론을 강력히 통제하고, 치안 및 질서 유지를 이유로 들며 성향에 따라 미리 분류해놓은 주요 인사들을 예비검속했다. 그 끝은 특정 공간의 초토화였다. 그 공간에 잠시라도 스쳤던 주민들은 약식 군법회의나 '손가락 총'으로 삶과 죽음의 갈림길에서 운명이 결정되었다. 계엄법 없는 계엄 포고가 만들어낸 법의 공백 공간에서 적나라한 폭력이 자행되었던 것이다.[15] 이 국가폭력, 국가 범죄는 역설적으로 계엄법(1949년 11월 24일 제정, 시행)을 정립했다. 이런 의미에서 계엄은 '법을 정하는 폭력' 또는 법정립적 폭력, 즉 '창법적 폭력'이었다.

반-폭력의 상상력

벤야민의 논의가 흥미로운 건 법과 폭력이 내재적 관계를 갖고 있는 법정립적 폭력과 법보존적 폭력, 즉 '신화적 폭력'을 법외부적 폭력인 '신적 폭력'과 구분한다는 점이다. 곤란한 것은 이 신적 폭력에 대한 논자들의 해석이 극단적으로 다양하다는 점이다. 슬라보예 지젝Slavoj Žižek은 신적 폭력을 혁명적 폭력으로 이해하고, 프롤레타리아 독재의 다른 이름이며, 대중의 폭력적인 자기방어라고 말한다. 신적 폭력이 정의로운 폭력임을 함축하고 있다. 반면 자크 데리다Jacques Derrida는 신적 폭력이 대학살의 유혹과 공명한다고 비판한다. 일체의 법을 파괴하고 해체하는 벤야민의 신적 폭력 논의는 대학살을 신의 정의로운 폭력으로 해석할 수 있는 길을 열었다. 김정한이 논의하고 있듯, 신적 폭력을 정의로운 혁명적 폭력으로 이해할지, 정의를 가장한 대학살로 볼 것인지 양자택일의 문제는 아닐 것이다. 사카이 다카시는 신적 폭력을 반폭력에 가까운 것으로 이해한다.

　버틀러는 벤야민의 폭력 비판 연구에서 비폭력을 해석한다. 버틀러는 한편으로 대항폭력을 정당화하는 좌파의 도구주의적 폭력 옹호론을 비판하고, 다른 한편으로 기존 자유주의적 개인 윤리로서의 비폭력 논의를 비판하면서, '비폭력'에 대한 자신만의 새로운 개념화로 나아간다. 구체적으로 보면, 파업, 수감자의 단식투쟁, 업무 중단, 정부 청사나 관공서의 점거, 공유지인지 사유지인지 논란이 있는 장소의 점거, 소비자 불매운동, 문화적 보이콧, 대중집회, 청원운동, 부당한 권위에 대한 인정 거부 등을 '비폭력'의 다양한 형태들로 제시한다. 이것들은 국가권력이 합법이라는 이름을 빌려 언제든 불법적 폭력이나 심지어 테러라고 규정할 수 있는 것들이다.[16]

사실 벤야민의 폭력 비판 논의와 이를 둘러싼 다양한 해석들을 굳이 경유하지 않더라도, 국가의 끔찍한 억압과 폭력이 결집된 곳에서 최후의 수단으로서 불가피했던 대항폭력을 국가폭력과 동일선상에서 무비판적으로(또는 분리하지 않고) 취급할 수는 없다. 그러나 대항폭력이 폭력이라는 명백한 사실은 변하지 않는다. 예컨대 이스라엘의 폭력뿐만 아니라 팔레스타인의 '봉기'에 내재된 대항폭력도 팔레스타인 사람들의 삶을 파괴한다. 아이들과 여성들에게는 더 끔찍하다. 아이들은 이스라엘에 대항해서 싸우는 것밖에 배울 수 없고 사회적 역할들을 수행할 수 있는 훈련의 기회를 갖지 못한다. 대부분 어릴 때부터 폭력에 노출되고 부상당한다. 팔레스타인의 자발적 봉기 신화는 저항의 대의를 바탕으로 한 사회적 유대를 새로 만들어내기도 하지만, 외부로 향했던 폭력성이 부메랑처럼 되돌아와 팔레스타인을 파괴할 수도 있다. 팔레스타인 해방운동의 무장 정파들은 프락치들을 고문하고 살해하며 서로 치명적 폭력을 가한다. 여성에 대한 억압은 매우 일반적이며, 해방운동은 여성운동의 성정치적 문제의식을 반영하기는커녕 오히려 여성 억압적인 이슬람 원리주의와 호응한다. 결국 폭력의 순환은 그 순환 외부에 있는 것들을 억압한다.

국가폭력과 대항폭력을 넘어서는 출구가 있기나 할까? 평화를 촉구하는 수준의 시위조차 잔인한 진압에 직면할 때, 우리가 선택할 수 있는 것은 무엇일까? 폭력이 근절된 반—폭력anti—violence의 영토라는 것이 과연 확보 가능한 영역일까? 폭력 자체에 대한 반대가 대량 폭력 앞에서 불가능해질 때, 반폭력이 설 자리는 사라지는 것이 아닐까? 영국은 모든 인도인을 학살할 수 없었지만,[17] 이스라엘은 팔레스타인을 절멸 수준으로 파괴할 수도 있다. 나치의 강제·절멸수용소, 보스니아와 코소보, 르완다와 수단 다르푸르 등지에서 반폭력의 영토는 상상할 수 없는 것이다. 에띠엔 발리바르Étienne Balibar는 정치적 실천을 가능하게 하기 위해서는 반폭력이 요청된다고 말했다. 하지만 폭력과 대항폭력의 순환만이 존재하는 곳에서, 다시 말해 반폭력의 여지가 소진되어가는 곳에서 어떻게 정치가 가능한지는 의문이다.

반폭력의 정치는 '전쟁정치'가 작동하는 현실에서 불가능한 기획으로 보인다. 그러나 이 때문에 반폭력이 더욱 절실하다. 대항폭력은 사태를 더욱 악화시킬 뿐이다. 이스라엘의 극우 매파들은 팔레스타인 해방운동과 무장정파의 대항폭력을 '테러'로 규정하고 전쟁과 학살을 정당화한다.

버틀러의 '비폭력' 개념과 발리바르의 '반폭력' 개념 사이의 거리가 얼마나 되는지 모르겠다. 나는 반폭력 개념을 국가폭력과 대항폭력의 악순환을 넘어서는 '출구'로 상정하려 한다. 그 출구 너머에 어떤 세계가 펼쳐져 있는지는 알 수 없다. 간절히 바라는 건 폭력의 악순환 속에서 발생하는 대량 폭력의 파괴적 결과에 대한 냉정한 인식과 함께 이를 중단시키거나 방지하기 위한 반폭력적 상상력이다. 이 상상력은 기존 조치와 방법들의 한계를 뛰어넘는 것이어야 한다. 현재의 인권정치에 기반한 인도주의적 개입은 명분과 실효성 양 측면에서 모두 비판받고 있는 실정이다. 대량 살상을 일삼는 '악의 축'으로 지정된 이라크 후세인 정권 등 전체주의 정권들에 대해 '자유세계'를 자임하는 미국 주도의 다국적연합군은 무력(폭력)으로 간여했다. 물론 겉으로는 인도주의적 개입이라는 명분으로 이루어졌다. 하지만 개입이 이루어진 국가와 사회 내 폭력의 악순환과 인권 침해 상황은 개입 전보다 더 심각해졌다. 구 유고 지역과 아프리카처럼 '민족 청소ethnic cleansing'가 자행되었던 곳에 유엔 평화유지군이 파병되었지만, 상황은 나아지지 않았다. 그들의 파병은 악순환하는 대량 폭력의 가마솥에 외부의 무력(폭력) 개입을 더

한 꼴에 불과했다. 표면적으로는 평온해 보였지만, 밑에서는 용암이 펄펄 끓고 있었다. 그것이 폭발해 분출할 때마다 유엔은 정도가 다를 뿐 보스니아의 '안전지대'에서 겪은 굴욕을 무기력하게 반복했다.

극단적 대량 폭력으로서 제노사이드

반폭력의 상상력은 저절로 생기는 것이 아니다. 극단적인 대량 폭력을 중단시키고 방지하기 위한 구체적 조치와 방법들만큼이나 극단적 폭력의 본질을 이해하고 이를 정의할 수 있을 때 가능해진다. 즉 극단적 폭력 그 자체를 연구 대상으로 삼을 필요가 있다. 이에 대해 탐구한 여러 논자가 있지만, 여기에서는 '구조적 폭력'과 대비시키는 발리바르의 '극단적 폭력' 용법을 떠올려본다. 우선 그에게 구조적 폭력은 체계의 재생산과 유지에 필수적인 억압적 요소이고, 체계적 합리성과 모종의 기능성을 가진 폭력이다. 이러한 폭력은 체계와 양립할 수 없는 저항을 억압하고 파괴하며, 사회적 관계 속에서 지속적으로 작동한다. 예컨대 자본의 노동력 착취, 즉 구조적 폭력은 가혹하더라도 폭력의 대상을 존속하게 하면서 그것을 경제적 합리성이라는 외양을 갖추고 착취한다. 아무리 억압적 체제라 해도 피통치자들을 모두 제거할 수는 없다. 그러나 이런 문턱을 넘어서는 비합리적 대량 폭력들이 존재한다. 발리바르는 이것을 극단적 폭력으로 포착하는데, "수백만 명에 달하는 쓸모없는 인간들의 전면적 제거", 따라서 "구조의 재생산 전체를 초과하는 객체적 잔혹의 일상성"을 의미한다.[18]

발리바르에 따르면 이러한 극단적 폭력은 초주체적ultra-subjective 폭력과 초객체적ultra-objective 폭력으로 구별된다. 여기에서 주목되는 건 초주체적 폭력으로, 이는 1990년대 이후 여러 차례 발생한 '민족 청소'나 제노사이드에서 잘 드러나는 증오의 이상화를 가리킨다. 증오의 이상화는 자기 내부에 있는 타자성과 이질성의 모든 흔적을 제거함으로써 동일성을 순수하게 구현하려는, 심지어 자기 자신을 파괴하면서도 그것을 구현하려는 맹목적이고 (구체적인 개인들 및 집단들의 의지를 넘어선다는 의미에서) 초주체적인 의지 작용이다. 민족적 순수성이나 종교적 초월성에 바탕을 둔 강렬한 형태의 민족주의나 인종주의를 촉매로 하여 나타나는 극단적 폭력이 초주체적 폭력인 것이다. 진태원은 발리바르의 논의를 소개하면서 한국전쟁 시기 민간인 대량 학살도 초주체적 폭력의 형태로 분출된 극단적 폭력으로 바라보고 있다.[19]

한편, 한국의 기존 연구에서는 제노사이드를 국가폭력(범죄)에 의한 대량 학살로 논의하는 경향이 지배적이다. 이러한 논의들은 일반적인 집단 학살(대량 학살)과 구분되는 제노사이드의 핵심적인 특징을 '국가 범죄'라는 점에서 찾는다. "가해 주체가 국가나 그에 준하는 권력을 소유한 집단과 그 대리인"이라는 것에 주목한다. 대량 폭력과 제노사이드를 연구한 김상기에 따르면, 제노사이드는 "분명한 목적과 의도를 가지고 가장 극단적인 방법과 수단으로 수많은 사람들을 대상으로 하는 국가폭력이자 집단폭력"[20]이라고 말한다.

동일성을 순수하게 구축하려는 초주체적인 의지가 작동하는 극단적인 대량 폭력이라는 발리바르의 정치철학적 논의는 한국의 제노사이드 논의에도 유효할 것으로 보인다. 다만 제노사이드와 관련해서 이러한 극단적인 대량 폭력을 국가폭력으로 한정하지는 않을 것이다. 분명 특정 의도를 가지고 많은 사람들을 학살하고 추방하며 삶의 터전으로부터 뿌리 뽑을 수 있는 조직화된 극단적 폭력은 국가 공권력이 동원할 수 있는 것이긴 하다. 그러나 이것은 제노사이드로 인정받는 데 필요조건이지 충분조건이 아니며, 모든 국가폭력이 제노사이드는 아니다. 이러한 국가폭력에 맞서 조직화된 대량 폭력의 양상을 띠는 대항폭력도 서로 상승작용을 하며 제노사이드로 나아간다는 점을 유의할 필요가 있다.

2.
폭력 연구의
계보

바우만은 정원이라면 어디에나 존재하는 잡초를 제거하는 '정원사의 행위'가
현대성에 내재해 있다는 점을 강조한다. 잡초 제거는 파괴적 활동이 아닌 창조적 활동이다.
유럽의 유대인들 역시 히틀러의 완벽한 사회에 대한 계획에 들어맞지 않는다는 이유로
차별받고 축출되었으며, 종국에는 대량 절멸의 길로 나아갔다.

베버와 폭력독점체로서 국가

사회학은 일찍부터 폭력의 문제에 천착해왔고, 이론적 자원이 풍부하다.
그중에서도 막스 베버의 사회학은 폭력에 대해 더 심도 있고 풍부한 통찰
을 보여준다. 그는 《경제와 사회》에서 권력, 지배, 정치 단체, 국가 등 사회
학의 기초 개념들과 이론들을 체계화시켰다. 베버에 따르면, '권력'은 어떤
사회적 관계 안에서 자신의 의지를 타인의 의지에 반해서까지 관철시킬 수
있는 가능성이다. 지배Herrschaft는 권력의 한 특수 사례로, 명령과 복종이
라는 하부 개념으로 특징지어진다. 즉 지배란 특정한 내용을 가진 명령에
대해 복종을 얻어낼 수 있는 가능성이다. 국가는 권력과 지배가 행사되는
특수한 정치 단체Politischer Verband이다. 정치 단체는 특정한 영토 내에서
그 존속과 질서가 정당하다고 인정받는 지배 단체이다. 이러한 지배는 물

리적·합법적 강제력을 통해 실현되고 지속적으로 보장된다. 국가는 단체의 지도부가 질서의 관철을 위해 정당한 물리적 강제를 행사할 수 있는 권리와 권력을 독점하는 데 성공한 공적 지배기관이다.[21]

이런 개념들을 두고 볼 때 베버가 국가를 '폭력독점체'로 정의한 것은 놀라운 일이 아니다. 베버에게 근대 국가의 형성 과정은 특정한 영토 내에서 폭력 행사의 권력과 정당성이 국가의 수중으로 독점화되어온 과정이다.[22] 여기에서 폭력의 독점은 두 가지를 의미한다. 하나는 물리력의 독점이고, 다른 하나는 법의 독점이다. 일반적인 이해는 군·경찰과 같은 물리력의 독점에 초점을 맞추지만, 사실 그 못지않게 중요한 것은 모든 법 규범들이 국가의 손에 집중되는 과정이다. 즉 근대 국민국가가 폭력독점체라고 말할 때 이는 국가가 항상적으로 폭력을 행사하거나 위협하는 전제권력이라는 의미보다 특수한 정당성이 부여된 법질서를 창출하고 그것을 독점적으로 관철시키는 권력임을 뜻한다. 더 나아가 베버는 폭력독점체로서의 국민국가의 형성과 근대 자본주의의 발전이 어느 한쪽으로부터 도출된 것이 아니라 동시적 과정이었다고 강조한다. 예컨대 국가기구의 성장이 대규모 조세수입에 기반한 것처럼 자본주의의 제도화도 국가에 의한 강제력 있는 규제 없이는 불가능했다는 것이다. 그는 군사적 차원도 독자적인 내적 동학과 사회 형성적 힘을 가지며, 무력행사 및 위협 방식과 정도의 차이는 정치공동체들의 구조와 변동을 결정하는 데 중요한 역할을 했다고 강조한다.[23]

갈퉁과 구조적·문화적 폭력

요한 갈퉁은 폭력을 직접적 폭력, 구조적 폭력, 문화적 폭력으로 구분했다. 여기에서 직접적 폭력이란 가시적으로 행사되는 육체적·언어적 폭력을 의미하며, 구조적·문화적 폭력은 비가시적인 폭력들이다. 그의 관심은 직접적 폭력에 있는 것이 아니라 폭력의 구조적·문화적 원천에 있었다. 폭력의 진정한 원천은 인간 잠재성의 완전한 실현을 억압하는 구조적 폭력과 직접적·구조적 폭력을 정당화하는 문화적 폭력에 있다는 것이다. 이 폭력들은 '폭력의 삼각형'을 이루는데, 어떤 폭력이 시작되든 그것은 곧 다른 폭력들로 전이된다. 구조적 폭력은 직접적 폭력의 원인이 되며, 문화적 폭력은 직접적 폭력과 구조적 폭력을 정당화하고 폭력 행사의 동기를 부여한다. 직접적 폭력은 다시금 이 문화적·구조적 폭력을 강화하는 역할을 한다. 갈퉁이 말하는 '폭력의 악순환'이다. 이 폭력의 악순환은 어떻게 극복될 수 있는가? 평화는 어떻게 달성될 수 있을까? 그에게 직접적 폭력이 없는 상태는 소극적 평화에 불과하다. 직접적 폭력이 없는 상태에서도 구조적·문화적 폭력은 직접적 폭력의 비가시적 저수지로 남아 있기 때문이다. 갈퉁은 구조적·문화적 폭력이 없는 상태인 적극적 평화를 추구하고, 이를 위해 폭력 문제를 비폭력적으로 해결하도록 주장한다. 이것이 갈퉁의 평화이론의 핵심이다. 폭력 문제를 폭력적으로 해결하려는 전략에는 심각한 딜레마가 존재한다. 폭력을 타도하기 위한 폭력에는 '누가 승리하느냐'만이 문제가 되는 전시戰時 구조와 문화가 탄생하는 모순이 내재되어 있다.[24]

갈퉁의 폭력 이론은 구조적·문화적 폭력에 대한 관심을 환기시키면서 평화운동의 발전에 큰 영향을 끼쳤다. 그러나 그의 논의는 구체적인 폭력 메커니즘을 찾아내기에 너무나 모호하고 포괄적이다. 인간 잠재성의 완전한 구현을 가로막는 모든 것이 구조적 폭력이라면, 또 이 직접적·구조적 폭력을 정당화하고 강화하는 모든 문화적 요소들이 문화적 폭력이라면, 근대의 문화적 이상, 자기실현, 평등, 자유, 정의, 민주주의 등의 실현을 저해하는 일체의 구조적·문화적 측면들은 모두 '폭력'으로 명명된다. 그는 역설적이게도 폭력이 재생산되는 구체적 지점을 다른 종류의 문제 영역들과 변별하는 것을 불가능하게 만들었다.[25] 또한 폭력 문제를 비폭력적으로 해결하자는 주장은 폭력이 발생하는 곳이 아닌 외부에서나 가능한 주장일 수 있다. 이스라엘군의 상시적인 폭력에 노출된 팔레스타인들에게, 군사정권의 폭력에 저항했던 미얀마인들에게, 바로 그 미얀마인들이 정권을 잡고 자행하는 대량 폭력에 의해 유린당한 로힝야족에게, 그리고 수단 정부군에 의해 다르푸르에서 죽어갔던 수많은 민간인들에게 비폭력적 해결이라는 말은 얼마만큼 공감을 얻을 수 있을까? 폭력의 악순환에 대한 지적은 매우 의미가 있지만, 이 순환 고리를 끊어내는 유일한 방법이 비폭력이라고 단언할 수 있을까? 분명한 건 갈퉁이 주장한 비폭력적 해결에서 "평화와 안전을 촉구하는 비폭력 시위조차 잔인한 진압적 폭력에 직면할 때 선택할 수 있는 것이 무엇일까?"라는 질문에 대한 답을 찾기가 쉽지 않다는 점이다.

부르디외와 상징적 폭력

갈퉁이 폭력의 구조적·문화적 원천에 주목했다면, 피에르 부르디외Pierre Bourdieu는 상징적 폭력이 권력 재생산의 메커니즘 속에서 수행하는 역할에 관심을 갖는다. 상징적 권력은 자연적이지 않은 것을 자연적인 것으로 믿게끔 만든다는 의미에서 제도적으로 조직되고 보장받는 오인에 기반하고 있다. 지배계급의 상징적 권력에 의해 지배받는 집단들은 이러한 오인을 통해 지배적 상징, 문화의 자명성과 정당성을 인정한다. 부르디외가 말하는 '오인méconnaissance'에 기반한 '인정reconnaissance'이다. 상징적 권력을 보유한 집단은 동의와 상식의 힘에 기반하여 자신의 상징적 질서를 관철시킬 수 있다. 이 집단이 "정당성을 부여받은 상징적 폭력독점체의 주인들"이기 때문이다. 이렇게 보면 그의 상징적 폭력 개념은 상징적 권력 이론의 한 구성요소다.[26]

상징적 폭력은 지극히 비가시적이고 간접적인 것으로 구조화된 폭력의 일종이다. 부르디외는 '드러나는 폭력'과 '상징적 폭력'을 구분하고 있다. '드러나는 폭력'이란 직접적이고 물리적이며 경제적인 폭력이다. 이와 달리 '상징적 폭력'은 피지배계급이 지배계급의 권력을 자연스럽고 정당한 것으로 인정하고 수용해 그것이 폭력 구조임을 인식하지 못하게 작동하는 폭력이다. 상징적 폭력이 특별한 건 폭력을 행사하는 주체와 당하는 주체 모두가 폭력이라고 인식하지 않는 데 있다. 따라서 기존 질서에서 이루어지는 폭력 구조를 자연스럽게 재생산하고 지속시키는 효과가 있다. 상징적 폭력은 문화, 예술, 언어, 종교와 같이 권위가 존중되는 분야에서 쉽게 나타난다.[27]

부르디외의 상징적 폭력 이론은 현대 사회의 권력과 지배의 문제를 사고하는 데 통찰력 있는 시각을 제공한다. 그러나 그의 폭력 이론도 몇 가지 문제점을 안고 있다. 첫째, 권력과 폭력 간의 개념 분화가 불충분하게 이루어져서 이 개념들이 거의 호환 가능한 것처럼 혼용되고 있다. 둘째, 부르디외는 물리적 폭력과 상징적 폭력 간의 관계에 대해 혼란스러운 생각을 갖고 있다. 그는 한편으로 "물리적 폭력은 문화적 자의성을 내면화하는 데 실패했을 때 제재를 가하기 위해 투입된다"고 말하면서도, 다른 한편으로 "상징적 폭력은 적나라한 폭력이 불가능하게 되었을 때 취해지는 온화하고 은폐된 형태의 폭력"이라고 말한다. 이를 두고 신진욱은 물리적 폭력이 문화적 권력투쟁의 과정에서 수행하는 독자적 역할뿐 아니라 상징적 폭력이 물리적 폭력을 정당화하고 촉발시키는 측면을 바라보는 데에도 실패했다고 비판한다.[28]

폭력의 사회학

폭력을 사회적 사실로 다루면서 현상학적으로 접근하는 독일의 폭력 사회학 연구자들이 있다. 《폭력의 사회학》을 편집 출간한 트루츠 폰 트로타Trutz Von Trotha에 따르면, 구조적·문화적·상징적 폭력 등의 개념을 중심으로 한 폭력 연구들은 두 가지 문제가 있었다.

첫 번째 문제는 이러한 연구들이 폭력 개념을 권력, 지배, 억압, 착취 등과 같은 사회과학적 인접 개념들로부터 엄밀하게 분화하지 못하고 있다는 점이다. 이러한 개념적 미분화로 인해, 마치 고통을 주는 모든 것, 혹은 지배와 권력관계를 생산하고 재생산하는 모든 것이 다 폭력으로 개념화될 수 있는 것처럼 간주하는 경향이 생겨나게 되었다. 이와 긴밀히 연관된 또 하나의 문제는, 폭력의 구조적 원인과 문화적 기반에 관심이 집중되어 정작 폭력 그 자체에 대해서는 과학적 인식이 획득되지 못했다는 점이다.[29]

폰 트로타는 '폭력 원인의 사회학'이 결코 '폭력의 사회학'을 대신할 수 없음을 강조한다. '폭력에 관해' 쓴 많은 사회학적 연구들은 실은 '폭력 자체'에 대해서는 아는 바가 거의 없다.

폭력의 사회학을 표방하는 폭력 연구들은 사회학자인 하인리히 포피츠 Heinrich Popitz와 볼프강 조프스키Wolfgang Sofsky의 연구에 많은 영향을 받고 확대되었다. 이들은 공통적으로 폭력이 어떻게 행사되고 체험되며 작동하는지 현상학적으로 접근한다. 한국에 독일의 폭력 연구를 소개한 바 있는 미하엘 빌트Michael Wildt도 지금까지 원인 연구에 치중해온 폭력 연구들을 비판하면서 하인리히 포피츠를 따라 육체적 폭력의 현상화를 연구할 필요가 있다고 강조한다.

'왜'라는 질문에서 '어떻게'라는 질문으로 이동하는 것이 중요하다. 실천으로서의 폭력, 폭력을 행할 때와 폭력을 당할 때의 육체적 경험은 무력감, 고통에 대한 불안, 죽음에 대한 공포, 증오, 우월감, 그리고 쾌감과 같은 감정과 열정, 그리고 상상과 결부되어 있다.[30] 그렇기 때문에 폭력은 어떤 목적을 위한 수단이란 통제된 범위를 넘어 폭력의 폭력을 생산하며 행위자의 의도와 무관하게 자체적 메커니즘에 따라 독립될 수 있다. 이는 국가와 법에 의해 제도화된 폭력(경찰, 군대 등)과 불의에 맞선 '정당한' 저항으로서의 폭력, 이 모두가 간과하기 쉬운 점이다.[31]

1990년대 전후 독일에서 등장했던 폭력의 사회학은 폭력에 대한 현상학적 사회학의 접근이다. 신진욱에 따르면, 이 접근은 몇 가지 주장들을 공유한다. 첫째, 폭력 개념의 중핵을 이루는 것은 바로 '육체성'이다. 사회학자들에 의한 폭력 개념의 확장은 역설적이게도 정작 폭력 현상의 중심에 웅크리고 있는 거대한 문제, 즉 육체성의 차원에 대한 탐구를 오랜 시간 지체되게 만들었다. 반면 육체성을 강조하는 입장에서 볼 때 폭력의 가장 끔찍하고도 오랜 흔적을 남기는 측면은 바로 "폭력은 타인의 육체에 상처를 입히는 것이며, 무엇보다도 타인을 죽이는 것"[32]이다. 둘째, 폭력의 핵심이 타자에 대한 의도적인 육체적 상해에 있다면, 폭력 희생자의 관점에서 볼 때 폭력 체험의 핵심은 바로 육체적 '고통'이다. 고통이라는 주제는 광범위한 사회적 이슈들을 담고 있다. 예를 들면 고통 속에서 자아와 사회적 주체성의 재구성, 문화적·성적·종교적·정치적 해석 틀과 육체에 대한 상징적 해석들의 변화, 폭력이 행사된 조직적·제도적·상황적 맥락에 대한 분석 등이 포함될 수 있다. 셋째, 폭력의 내적 역동성에 주목해야 한다. 이는 폭력 행사와 폭력 체험이 사회학적 상호 행위로서의 측면을 갖고 있다는 인식을 필요로 한다. 폭력 현상은 어떤 경우에도 결코 일회적인 폭력 행사로 끝나지 않는다. 사회 속에서 행사되는 폭력은 "대량 폭력 행사의 형태로, 그리고 심지어는 전쟁이라는 형태로 고유한 다이나믹을 획득할 수 있는 역동적 과정이다."[33] 넷째, 폭력은 단지 어떤 외적인 지배 질서 또는 착취 질서의 부분이거나 도구만이 아니다. 폭력적 상황은 고유한 '폭력의 질서'를 생성하고 재생산한다. 폭력 상황의 파장과 결과가 어느 정도 규모인지는 폭력이 정치적·사회적으로 제도화되고 구조화된 정도에 달려 있다.[34] 이러한 폭력의 질서는 군과 경찰 등 국가 폭력 기구 내에 존재하는 법의 사각지대, 전쟁·내전·독재 등의 상황에서 무장된 집단에 의해 지배되는 사회, 탈법적인 절대 권력이 지배하는 강제수용소나 포로수용소, 폭력 교사가 지배하는 학교 교실, 폭력적 남편의 횡포 아래 있는 가정, 폭력이 행사되는 작업장 등의 형태들로 존재한다.[35]

현대성과 폭력

사회적 사실로서의 폭력 문제를 현대성modernity과의 관계에 위치시키면서 체계화한 폭력 연구들이 있다. 한나 아렌트Hannah Arendt의 《폭력의 세기》 (1999[1970]), 지그문트 바우만Zygmunt Bauman의 《현대성과 홀로코스트》 (2013[1989])가 이에 해당한다. 이들은 폭력이 현대성과 어떻게 결합되고 있는지를 정치사회학적 차원에서 분석한다.

아렌트는 20세기에 숱하게 벌어졌던 조직화된 폭력들을 통해 '인류의 진보'와 같은 통념이 얼마나 헛된 것인가를 역설적으로 보여준다. 특히 그녀는 폭력과 권력 간의 관계에 대한 기존의 통설들을 뒤집으면서 폭력이 권력의 도구 또는 수단이 아님을 강조하고 있다. 더 나아가 그녀는 "권력과 폭력은 대립적이며…… 하나가 지배하는 곳에 다른 하나는 부재한다"고 주장한다. 권력의 실패가 폭력이며, 폭력은 권력을 파괴할 뿐 전혀 생산할 수 없다는 것이다.[36] 마오쩌둥의 명제를 뒤집어 "총구로부터 결코 나올 수 없는 것이 권력이다"[37]라고 주장한 맥락도 여기에 있다.

아렌트는 폭력이 그 대립물인 권력으로부터 도출될 수 없는 이유를 보여주기 위해 폭력의 근원과 본성을 검토한다. 첫째, 폭력은 비합리적인 짐승 같은 행위가 아니라 지극히 인간적인 현상이다. 폭력을 악마화하고 타자화하는 것은 폭력의 편재성을 보지 못하게 할 뿐만 아니라, 폭력을 산출하는 구조적·문화적 조건을 재생산하는 역할까지 수행한다. 둘째, 집단적 폭력은 결코 일시적인 충동 행위만은 아니다. 그것은 집단을 결속시키고 동지애를 생성시키며 친교와 연대를 촉진하는 사회적 기능을 갖고 있다. 셋째, 집단적 폭력에의 참여는 종종 새로운 공동체와 '새로운 인간'의 탄생에 대한 열망을 내포한다. 나아가 폭력은 폭력을 행사하는 주체들에 의해 종종 생동하고 창조하는 힘의 체험으로 지각되고 기억된다.[38]

아렌트의 폭력과 권력에 대한 정치사회학적 통찰은 20세기 전체주의와 냉전 질서의 시대를 비판적으로 진단했던 역사적 관점 속에서 비롯된 것이었다. 아렌트는 나치즘, 공산주의, 그리고 냉전체제 경쟁이 현대성으로부터의 일탈 혹은 배반이 아니라 바로 현대성의 중핵, 즉 근대 관료제, 폭력 기술의 발전, 급진적 행동주의, 사회공학적 통제 등을 보여주는 폭력 질서들임을 시사하지 않았던가.

아렌트가 주로 나치즘, 공산주의, 냉전체제 경쟁에 주목해 폭력의 문제를 현대성과 관련해서 생각했다면, 바우만은 보다 일반화시켜 현대 사회의 기능적 상호의존체계 한복판에 폭력이 자리하고 있다는 사회 이론을 제시했다. 그는 우선 사회학자들이 홀로코스트를 덜 문명화된 '현대성의 실패'로 해석하는 경향, 즉 근대 문명화 과정의 비폭력적 특성을 강조하는 신화들을 비판한다. 그런 연후에 근대 문명이 필요조건으로서 어떻게 홀로코스트를 가능하게 했는지를 살펴본다. "유럽 유대인들에 대한 나치의 집단 학살은 산업사회의 기술적 성취였을 뿐만 아니라 관료제 사회의 조직적 업적이기도 했다."[39] 예컨대 유럽 유대인들을 파괴하는 임무를 맡았던 친위대SS 내 부서는 공식적으로 행정과 경제 부서였다. 유대인 대량 파괴 행위는 그 목표의 도덕적인 역겨움만 제외한다면, 형식상으로 볼 때 보통의 행정기관 부서들에 의해 고안되고 수행되는 행위들과 하나도 다를 바가 없었다. 계산이 가능하고 개인을 고려하지 않는다는 측면에서 말이다. 이런 점에서 바우만은 관료제의 효율성 추구라는 것이 얼마나 형식적이고 윤리적으로 맹목적인지, 전례 없는 규모의 대량 학살이 섬세하고 정확한 분업, 명령과 정보의 매끄러운 흐름, 비인간적이면서 자율적이지만 서로 보완하는 행위들의 잘 일치된 협력에 얼마나 많이 의존하고 있는지를 홀로코스트를 통해 보여준다.[40]

문제는 이 위계적·기능적 분업의 효과로 인해 기술적 책임이 도덕적 책임을 대신하게 된다는 점이다. 모든 분업은 집합행동의 최종 성과물에 기여한 대부분의 사람들과 성과물 그 자체 사이에 거리를 만든다. 이 거리는 대부분의 공무원 관료들이 결과에 대한 충분한 지식 없이(그리고 도덕적 고려 없이) 명령을 받을 수 있다는 것을 의미한다. 분업에 의해 만들어지는 이러한 거리감의 효과는 그 분화가 기능적이 되었을 때 더 급속하게 확대된다. 예를 들면 네이팜탄을 만드는 화학공장에서 일하는 노동자들은 자신이 만드는 것이 결과적으로 인간, 특히 어린아이를 불태울 거라는 데에 대해 책임감을 느끼기는커녕 별다른 의식조차 없을 것이다. 기술적 책임이 도덕적 책임과 다른 점은 자신이 행하는 행동이 수단이라는 사실을 망각하고 있다는 점이다. 관료들이 하는 행동은 그것이 도덕적으로 옳은지 그른지의 판단이 아닌, 그 행위가 뛰어난 기술에 의해 수행되었는지 또는 그 결과가 비용 면에서 효율적인지에 따라 판단된다. 즉 관료제하의 작업은 도덕적 기준과는 무관하게 이루어진다. 이런 작업 과정에서 관료적 행위의 대상이 비인간화되는 것은 물론이다.[41]

바우만은 정원이라면 어디에나 존재하는 잡초를 제거하는 '정원사의 행위'가 현대성에 내재해 있다는 점을 강조한다. 근대적 의식은 인간들의 생활공간을 하나의 정원, 즉 가장 이상적이게는 면밀히 계획되고 극도로 정확한 디자인에 의해 미리 설계되는 정원으로 간주한다. 이런 생각이 지배적인 사회에서 잡초 제거는 파괴적 활동이 아닌 창조적 활동이다. 유럽의 유대인들도 히틀러의 완벽한 사회에 대한 계획에 들어맞지 않는다는 이유로 차별받고 축출되었으며, 종국에는 대량 절멸의 길로 내몰렸다. 히틀러에게 유대인 학살은 파괴가 아닌 창조였다. 이런 의미에서 홀로코스트와 같은 악명 높고 극단적인 제노사이드는 현대성의 정신에 위배되지 않는다. 바우만은 나치의 제노사이드가 문명화 과정의 주요 행로에서 벗어난 것이 아니라 오히려 그 정신에 가장 잘 부합하는 무제한적 표출이었다고까지 논의한다. 바우만은 20세기의 대량 폭력을 '아름다운 현대성'의 그림자 정도로 묘사하려는 손쉬운 해결책들을 정면으로 비판한다. 그는 현대성의 진보적 측면이라고 이해되었던 체제적 특징들이 대량 폭력과 불가분의 관계에 있었음을 폭로한다.

3.
망각에서 응답으로:
제노사이드 연구의 확장과 사회학

> 협약의 정의를 뛰어넘는 정의가 필요하다.
> 특히 협약의 정의를 구성하고 있는 '의도', '집단', '파괴' 개념에 대한 법적 용법을
> 극복할 필요가 있다. 사회학은 법적인 접근에 대한 하나의 대안을 제공할 수 있다.

제노사이드 연구의 선구자들

제노사이드는 1946년 12월 유엔 총회의 결의 이후 "문명세계가 정죄하는
국제법상의 범죄"로 확인된 이래 반인륜적인 '핵심 범죄core crime'로 널리
인정받게 되었다. 그럼에도 냉전 기간 동안 공적인 논쟁에서 거의 다루어지
지 않았다. 학계에서도 한나 아렌트 정도를 제외하면 거의 모든 학자들이 이
문제를 간과하거나 침묵했다. 그러다가 1970년대 중반 이후 제노사이드 연
구의 고전이라 할 수 있는 몇몇 연구가 진행되었다. 어빙 호로비츠Irving L.
Horowitz, 배하큰 대드리안Vahakn Dadrian, 레오 쿠퍼Leo Kuper, 이스라엘 차
니Israel W. Charny, 프랭크 초크Frank Chalk와 커트 조나슨Kurt Jonassohn, 헬
렌 페인Helen Fein 등의 초창기 연구가 이에 해당한다. 이들은 라파엘 렘킨
Laphael Lemkin의 《추축국의 유럽 점령지 통치》(1944)에서 연구를 시작했다.

이스라엘의 심리학자인 차니를 제외하면 이들은 모두 미국권의 사회학자였다. 외관상 사회과학이 제노사이드 연구를 주도한 것처럼 보이지만, 이들은 전통적인 사회과학의 시각에서 볼 때 이단적인 연구자에 불과했다.

당시는 1961년 아이히만 재판과 '아렌트 논쟁', 1967년과 1973년에 벌어진 두 차례의(3, 4차) 중동전쟁이 홀로코스트에 대한 미국 학계의 관심을 본격적으로 촉발시키면서 홀로코스트 문제가 공론의 중심으로 자리 잡던 시기였다. 제노사이드에 대한 관심도 다소 증대되기는 했지만, 홀로코스트에 비하면 상당히 주변적인 것에 불과했다. 1960년대와 1970년대에만 적어도 12개의 제노사이드 및 제노사이드적 학살이 있었음을 감안할 때[42] 제노사이드 연구가 주변적인 것으로 취급받던 상황은 이해하기 어렵다. 이에 대해 헬렌 페인은 다음과 같이 설명한다.

1970년대 홀로코스트에 대한 관심의 출현과 홀로코스트의 '유일무이성'에 대한 폭넓은 인정은 제노사이드에 대한 관심을 불러일으켰지만, 동시에 홀로코스트와 비교할 때 덜 계획적이고 덜 총체적이며 덜 합리화된 절멸 사례들에 대한 관심을 감소시키는 효과가 있었다. 그리고 심리적·분과학문적 장벽은 그나마 잠재적인 연구자들을 단념시켰다. 더욱이 실증주의적 사회과학의 방법은 때때로 제노사이드 생존자의 반감을 불러일으켰다.[43]

제노사이드 연구의 선구자들은 당시 상황을 회고하면서 전통적인 정치과학과 사회과학의 영역에서 제노사이드 논의를 위한 자리는 없었다고 말한다. 학회가 주최하는 연례학술회의에 제노사이드를 주제로 한 패널은 단 한 번도 개최된 적이 없었다. 허버트 허시는 "미국정치과학학회가 주최하는

1983년의 연례학술회의에서 리처드 루벤스타인, 어빙 호로비츠, 로저 스미스를 초청해 패널을 조직했지만, 학술회의 조직위원회는 마지막 날, 마지막 세션에 할당해주었고, 그나마 25명 이상이 들어갈 수도 없는 작은 방을 배정했다. 이런 일을 겪으면서 나는 결국 학회를 떠나 제노사이드 연구에 보다 관심을 갖는 다른 조직과 연구자들을 찾아 나설 수밖에 없었다"[44]고 회상한다.

사회과학과 제노사이드 연구

1990년대에 들어서면서 제노사이드 연구는 양적으로 팽창했다. 과학적 합리성을 옹호하는 실증주의적 사회과학 연구자들이 제노사이드 연구로 이동하기 시작했다. 그들은 과학적 엄격성을 높여야 제노사이드에 대한 이해를 더욱 심화시키고 사회과학의 여러 분과들로부터 인정받을 수 있을 것이라고 주장했다. 예를 들면, 바바라 하프Barbara Harff와 테드 거Ted Gurr는 다음과 같이 말한다.

우리는 '**감정이 실린**' 연구 주제라는 문제에 대해 보다 체계화된 접근이 지식을 촉진시키고 또 지금까지 갈등에 대한 연구에서 가장 도전적인 주제 중 하나를 크게 무시해온 사회과학 공동체의 편견을 극복하게 해줄 것이라고 믿는다. 우리는 제노사이드와 관계된 학자와 활동가에게 경험적 접근 방식들을 너무 제한적이라는 이유로 버리지 말 것을 설득한다. 제노사이드와 정치적 대량 학살에 대한 연구는 '**과학적 엄격함**'을 지키며 또 새로운 주제들에 대한 연구가 잘 구축된 '**체계적**' 연구 표준을 충족시킬 때에만 그 주제들을 인정하는 다양한 분과학문들의 연구 주제의 일부가 될 필요가 있다(강조는 인용자).[45]

허시에 따르면, 제노사이드가 새로 출현한 주제이거나 관련 연구가 경험적이지 않았기 때문에 사회과학 분과들이 제노사이드를 연구하지 않았다는 주장은 진실이 아니다. 허시는 '감정이 실린'과 같은 용어와 대조되는 '과학적 엄격함'이나 '체계적'과 같은 용어를 문제삼았다. 과학적 엄격함의 옹호자들은 역사 연구를 경험적 연구로 생각하지 않는다. 그들은 홀로코스트에 대한 수천 권의 책을 엄격하지 않고 과학적이지도 않다는 이유로 무시하면서 체계적인 서술을 요구한다. 엄격함과 과학은 수학적 상징들을 분석의 범주에 포함시키는 것으로 정의된다. 허시는 이 방법들(측정들)의 유용한 측면을 전적으로 부정할 수는 없지만, 방법이 내용을 대신해서 주요 관심사가 되고, 인간 감정과 느낌, 선과 악의 개념들을 측정의 기법으로 모두 환원하는 것은 수단과 목적이 전도된 것이라고 주장한다.[46] 다시 말해 제노사이드 연구는 가장 먼저 인간성에 초점을 맞춰야 하며 인간 삶의 파괴, 즉 제노사이드를 방지하려는 목적을 가지고 있어야 한다고 강조한다.[47] 분명 방법은 도구이지 목적이 아니며, 경험적 연구가 그 자체로 해결책을 제시하는 것도 아니다.

이러한 논쟁은 1990년대에 예외적이고 특이한 것이 아니었다. 양적인 팽창을 거듭한 사회과학에서의 제노사이드 연구는 이제 질적인 도약을 준비하고 있었다. 실증주의적 제노사이드 연구에 대한 대안으로 해석적 사회과학 방법에 입각한 제노사이드 연구가 출현했다. 이 연구는 제노사이드 연구 영역에 국한된 것이 아니라 사회과학 분과 발전의 일반적 양상을 반영한 것이었다. 해석적 사회과학은 예측이 아닌 이해를 추구하면서 연구 대상의 인간적인 측면을 보존하려고 한다. 최근 이러한 접근을 옹호하고 이용하는 연구자들이 많아졌으며, 주로 구술사 방법을 활용하고 있다. 이러한 방법이 아직까지 주류 사회과학에서는 과학적인 것이 아니라는 이유로 전적으로 인정되지 않고 있지만, 확산되는 추세임은 분명해 보인다.

인류학이 제노사이드 연구에서 주도적인 한 축을 담당하게 된 것은 우연이 아니다. 인류학자들은 반드시 오랜 기간 필드 연구를 수행하면서 현장의 목소리를 경청한다. 제노사이드의 생존자와 목격자들이 말하는 명백한 사실에 대한 다양한 이야기들(서사)은 과학적으로 엄격하지도 않고 체계적이지도 않지만, 이해를 통해 학문적으로 설명·분석될 수 있고 소통될 수 있다.

그러나 이러한 방법론적 강점을 가지고 있는 인류학도 처음부터 제노사이드 연구에 관심을 가진 건 아니었다. 알렉산더 힌턴Alexander L. Hinton에 따르면, 인류학자들은 근대성의 맹공격에 맞서 토착민들을 보호하는 데 가장 목소리를 높여왔지만, 유독 제노사이드에는 침묵했다. 인류학자들은 홀로코스트 문제에 대해서조차 1980년대 중반까지 침묵을 지켜왔다. 이런 무관심이 다른 사회과학 분과에 비해 더한 것은 아니었지만, 인류학은 제노사이드 주제를 전문 연구 영역으로 미뤄왔다. 제노사이드라는 연구 주제가 문화적 상대성의 개념을 위협한다고 봤기 때문이다. 인류학자들은 2차 세계대전과 베트남전쟁에 참여한 영향으로 정치적으로 예민하고 민감한 주제들을 피해왔다. 그들은 폭력과 같은 큰 규모의 정치적 과정 대신 작은 규모의 사회들에 초점을 맞췄다. 그러다가 이유가 정확히 무엇인지는 의견이 분분하지만, 1980년대 후반 들어 전쟁과 정치 폭력에 대해 이전보다 활발하게 연구하기 시작했다. 그리고 보스니아와 르완다 사례의 자극으로 제노사이드에 대한 인류학적 연구는 본격화되었다.[48]

제노사이드 연구에서 학살 메커니즘, 그중에서도 심리기제에 대한 탐구가 본격화되면서 심리학의 역할도 두드러지고 있다. 제노사이드적 행위를 가능하게 했던 심리적 조건들에 대한 관심은 아주 오래전부터 있었다. 가장 고전적인 사례가 아돌프 아이히만Adolf Eichmann[49]이다. 그는 체포 이후에 자신이 저질렀던 행위에 대한 죄책감과 후회를 결코 표현해본 적이 없을 뿐만 아니라 자신은 어떤 유대인도 죽이지 않았다고 강변했다. 또한 자신은 명령을 정상적·효율적으로 이행했을 뿐이라고 강조했다. 자신이 명령받은 것을 수행하지 못했다면 후회했을 것이라고 회상하기도 했다. 개인의 도덕 감각이 환경에 순응되어 명령을 얼마나 효율적으로 수행했는가에 따라 부끄러워하거나 자랑스러워하는 사람의 전형이 된 것이다.

아이히만의 해명은 많은 사람들을 경악시킴과 동시에 심리학적 관심을 불러일으켰다. 현대 심리학의 주류는 실험과 임상 실습에 초점을 맞춰왔기 때문에 이러한 심리적 조건들을 해명할 수 없었다. 다만 스탠리 밀그램Stanley Milgram의 《권위에 대한 복종 연구》(2009[1974])와 켈만Herbert Kelman과 해밀턴Lee Hamiltion의 《복종 범죄에 대한 연구》(1989) 등이 제노사이드에 대한 심리학적 접근의 가능성을 보여주었고, 심리학의 한 분야로 뿌리내릴 수 있다는 긍정적인 전망을 갖게 해주었다.[50]

실제 이 연구들은 제노사이드적 행위 참여의 심리적 조건에 대한 연구뿐 아니라 현대 사회를 살아가는 인간의 정신과 행동에 대한 연구에도 상당한 시사점을 제공한다. 현대 사회에서 효율적인 명령 수행은 필수적으로 요구되는 가치가 되고 있으며, 도덕성 또한 아이히만의 사례가 잘 보여주는 것처럼 자신에게 할당된 일을 얼마나 잘 수행하는가와 관련해 정의된다. 명령 수행의 결과는 점차 문제가 되지 않고 있다. 이러한 관점이 시사하는 바는 인간의 파괴적인 행위가 반드시 미친 정신병자에 의해서만 저질러지는 것이 아니라는 점이다. '악의 평범성'과 보통 상태는 국가의 정책 결정 관료들에게도 만연해 있다. 현재까지 권위와 책임에 대한 사회심리학이 심리학 안에서 체계적으로 정착된 것은 아니지만, 그 전망이 어둡다고 생각되지는 않는다.

법학과 제노사이드 연구

제노사이드 연구는, 사회과학의 발전과 궤를 같이해 각 분과에서 질적인 발전을 이루었던 것처럼, 법학 분야에서도 양적·질적으로 팽창하는 양상을 띠었다. 법학은 전통적으로 제노사이드 연구의 기반이었다. 제노사이드 개념의 창시자인 라파엘 렘킨의 논의에는 사회학적 자원들이 풍부하지만, 법적인 자원들에 비할 바는 아니다. 그가 법률가라는 점에서 비롯한 것이긴 하지만, 렘킨의 목적이 제노사이드를 학문적으로 논의하는 데 있는 것이 아니라 국제법(국제인권법이자 국제형사법)으로 확립해 제노사이드를 처벌하고 방지하는 데 있었기 때문이다. 그럼에도 법학 분야에서 제노사이드 연구는 렘킨 이후 그다지 활발하게 진행되지 않았다. 그러다가 탈냉전 후 구유고의 여러 지역과 르완다에서 발생했던 대량 폭력을 경험하고 목격하면서 법학에서 다시 제노사이드 연구가 급격히 증가한다. 가장 직접적이면서 결정적인 이유는, 제노사이드 행위를 재판하고 처벌하기 위해 유엔 안보이사회(이하 안전보장이사회)가 결의한 임시 국제형사법정, 즉 구유고 국제형사법정ICTY(이하 구유고법정)과 르완다 국제형사법정ICTR(이하 르완다 법정)의 설립이었다.

임시 국제형사법정이기는 했지만, 유엔 제노사이드 협약이 만들어진 이래 제노사이드 범죄에 대한 첫 기소와 판결이 나왔다. 제노사이드에 대한 국제법은 다시 숨을 쉬게 되었고, 법정은 제노사이드의 범위를 명확하게 규정했다. 구유고법정의 규정은 '민족 청소'를 주요 대상으로 삼고 있었는데, 규정 안에서 '민족 청소'는 제노사이드와 분리된 것이 아니라 제노사이드 형태 중 하나로 정의되었다.[51] 그런데 구유고법정의 규정에는 제노사이드 범죄(규정 4조)뿐 아니라 1949년 제네바 협약들[52]의 중대한 위반(규정 2조), 전쟁법과 관습의 위반(규정 3조), 인도에 반하는 범죄(규정 5조)도 포괄하고 있었다. 게다가 국제법학자 대부분은 제노사이드 범죄가 인도에 반하는 범죄의 한 특별 유형이라고 생각하는 경향이 있었다. 그럼에도 구유고법정의 규정에서 양자를 분리 취급한 이유는 제노사이드 범죄가 의도성을 규정하고 있기 때문이다. 즉 제노사이드 협약이 범죄의 구성 요건 중 "……을 이유로 한 집단을 파괴하려는 의도"를 중요하게 다루고 있는데, 이 의도가 가해자인 세르비아계에 의해 표출되었기 때문에 제노사이드 범죄를 별도로 취급해 규정에 넣었다는 것이다.[53]

하지만 오히려 이것이 독이 되었다. 법학자들은 주관적인 마음의 영역에 해당하는 의도성의 문제를 법적 논리로 판별해 처벌의 근거로 입증할 수 없다고 봤다. 법정과 검사 측은 한편으로 사실 발굴과 같은 객관적 증거의 확보 노력과 다른 한편으로 법실증주의의 최대치를 웃도는 융통성 있는 해석과 판단을 하기는 했지만, 그 자체가 또 다른 논쟁으로 확산되는 결과를 가져왔다. 또한 구유고법정의 규정과 재판부는 여러 가지를 감안해 가해자 개인의 형사 책임에만 집중했는데, 이는 결과적으로 제노사이드의 근본 문제들을 해결하는 데 법학이 적합하지 못함을 스스로 드러내게 되었다. 창의적인 이론적 해석은 차치하더라도, 역사적인 사례를 판단함에 있어서도 만족할 만한 접근이 아니었다는 비판이 제기되었다.[54]

제노사이드 연구가 봉착한 한계들

이런 이유로 제노사이드 연구가 한계에 봉착해 있다는 지적도 만만치 않게 제기되고 있다. 제노사이드 연구에서 여전히 주도적인 역할을 법학이 담당하고 있기 때문이다. 단적인 예로 현재 제노사이드 정의에 대한 이해도 법적인 해석만이 유효한 상황이다. 1990년대 초반 역사학, 정치과학, 사회과학, 법학 등 여러 분과의 학자들이 유엔 제노사이드 협약의 정의와 법적인 용법을 비판하는 '정의 논쟁definition debate'을 벌이기도 했지만, 이 과정에서 제노사이드 개념이 명확해졌다기보다는 서로를 설득시키지 못한 채 군웅할거식 주장들만 남게 되었다.

그 결과 협약의 정의는 한계가 널리 알려졌음에도 불구하고 수많은 확장 수정판을 양산하며 계속 사용되었다. 이 때문에 21세기 벽두에 수단 다르푸르 지역에서 명백한 제노사이드 사건이 발생했지만, 그것이 제노사이드인지 아닌지를 둘러싸고 과거의 논쟁들이 다시 반복되는 상황이 벌어졌다. 20세기 끝에 보스니아와 르완다에서 벌어졌던 민간인에 대한 공격을 제노사이드로 볼 것인지, 아니면 제노사이드가 아닌 민족 청소로 볼 것인지, 그것도 아니면 단지 '더러운 내전'으로 볼 것인지에 대한 논쟁이 벌어졌듯이 말이다.

마틴 쇼는 《제노사이드란 무엇인가》(2007)라는 문제의 저작을 출판하면서 이러한 정의 논쟁에 다시 불을 지폈다. 그는 법적인 담론에 얽매여 협소하게 정의되던 제노사이드를 새롭게 정의하기 위해 기본적으로 베버의 사회학적 논의를 큰 틀과 방법론으로 삼고, 부분적으로 프랭크 초크와 커트 조나슨, 헬렌 페인, 지그문트 바우만, 마이클 만 등 여러 사회학자들의 논의들을 비판적으로 반영했다. 그 결과 그는 의도에 초점을 맞춘 제노사이드 개념 정의와는 차별적으로 갈등 상황의 구조 차원에서 제노사이드 개념을 정의할 수 있었다. 이런 마틴 쇼의 시도에 대해 제7회 국제제노사이드 학술회의(2007년 7월 9~13일, 사라예보)에 참석했던 많은 제노사이드 연구자들이 흥미롭고 진지한 논쟁을 벌이기도 했다.[55]

분명한 사실은 유엔 협약의 정의를 뛰어넘는 정의가 필요하다. 특히 협약의 정의를 구성하고 있는 '의도', '집단', '파괴' 개념에 대한 법적 용법을 극복할 필요가 있다. 사회학은 법적인 접근에 대한 하나의 대안을 제공할 수 있다. 1990년대의 '정의 논쟁'에서 주도적으로 논의를 이끌고갔던 연구자들은 대개 사회학자들이었다. 그들은 사회학 개념과 이론 및 방법론을 적극 활용해 제노사이드 연구에서 반복되는 기존 경향의 한계를 극복하고 제노사이드에 대한 사회학 이론을 구축하고자 했다.

물론 사회학계 전체로 보면 이들은 소수였다. 그간 사회학에서도 제노사이드라는 주제는 부차적인 것이었다. 바우만은 홀로코스트 이후의 사회학에 대해 검토하면서 사회학이 홀로코스트와 제노사이드를 집단적으로 망각하고 있다고 지적한 바 있다. 그에 따르면, 홀로코스트와 제노사이드 연구는 무언가 특별한 새로운 이론, 새로운 방법론을 요구하는 것이 아니었다. 사회학의 기존 분과들이 축적해온 상당한 결과들이면 충분한 것이었다. 사회학자들의 이론적 안일함과 자기만족적 태도가 이 주제들에 대한 연구를 게으르게 했다는 것이다.

바우만의 비판은 제노사이드 연구에서 사회학적 접근이 무용함을 주장하는 것이 아니다. 오히려 사회학의 기존 성과들이 충분히 제노사이드 연구를 풍부하게 할 수 있음을 역설하고 있다. 그가 "현재 상태의 사회학이 홀로코스트에 대한 우리의 지식을 늘리는 데 기여할 수 있는 것보다는 홀로코스트가 현 상황에 대해 해줄 말이 더 많다는 데 의문의 여지가 없다"[56]고 주장한 것도 이러한 맥락에서 이해해야 한다. 바우만의 홀로코스트 분석에서 주로 활용되는 현대성, 합리성, 관료제, 분업, 행위 등과 같은 용어는 사회학적 개념들이다. 그는 제노사이드 연구에서 사회학적 접근의 풍부한 잠재력을 보여주는 것으로 그치지 않고, '도덕의 사회학'을 제창한다. 마이클 만Michael Mann도《민주주의의 어두운 측면: 민족 청소를 설명하기》(2005)에서 사회학이야말로 윤리적 문제 설정을 배제하지 않고 역사적 소재들을 풍부하게 재해석할 수 있다고 언급한다. 제노사이드 연구에 대한 사회학적 접근의 가능성과 전망에 시사하는 바가 크다.

제2장

제노사이드의
탄생

1.
'이름 없는 범죄'를 대면하고 응답하다:
라파엘 렘킨의 활동과 연구

제노사이드는 "국민이나 민족 집단 자체를 절멸할 목적으로
그 집단 구성원들의 삶에서 본질적인 토대들을 파괴하기 위해 시도되는
다양한 행위들로 이루어진 공조 가능한 계획"을 의미한다.

생존을 넘어 운명을 자각하다

제노사이드라는 말은 20세기 이전에는 존재하지 않았다. '20세기 최초의
제노사이드'라 불리는 오스만제국의 아르메니아인 학살이 자행되고 있을
때 '제노사이드'라는 용어가 존재한 건 아니었다. 후대에 그렇게 붙여진 것
이었다. 제노사이드라는 용어는 폴란드 출신 유대인 라파엘 렘킨이라는 법
률가에 의해 만들어졌다. 그는 나치 독일의 제3제국 내의 모든 영토에서 벌
어지고 있는 대량 학살과 여러 잔학 행위들이 '이름 없는 범죄'[1]로 성토되고
있을 때, 제노사이드라는 이름을 붙였다.

라파엘 렘킨의 생애[2]를 추적한 연구자들이 공통적으로 지적하고 있듯이,
렘킨에게 제노사이드 연구는 운명적인 것이었다. 그는 어린 시절부터 학살
이라는 주제에 관심이 있었다. 그의 고향에서 유대인 학살pogroms이 빈번

1948년 7월 12일, 유엔 총회에 제출된
제노사이드 협약이 채택될 수 있도록 많은 노력을 기울인
라파엘 렘킨Laphael Lemkin 박사.

하게 발생했기 때문이다. 그가 자란 곳은 당시에는 러시아의 지배하에 있던 폴란드 비아위스토크Bialystok에서 동쪽으로 약 80킬로미터 떨어진 보우코비스크Wolkowysk 근방의 오제리스코Ozerisko 농장이었다. 그 지역은 지리적으로 폴란드와 우크라이나, 러시아 사이에 있었다. 러시아인과 폴란드인은 이 지역에서 정치적 우위를 점하기 위해 수백 년 동안 전쟁을 해왔고, 그 틈바구니에서 유대인들은 오로지 생존하기 위해 투쟁해야 했다.[3]

1차 세계대전의 전화戰禍는 그가 살던 집 문 앞까지 밀어닥쳤다. 그의 가족은 근처 숲에 몸을 숨겼지만, 그 와중에 형제 한 명이 폐렴과 영양실조로 죽었고 집도 파괴되었다. 그 시기 오스만제국에서는 120만 명이 넘는 아르메니아인들이 기독교도라는 이유만으로 학살되었다.[4] 오스만 주재 미국대사인 헨리 모겐소는 아르메니아인 대량 학살을 "역사상 최대의 범죄"라고 표현했다. 처음에 '기독교 문명에 반하는 범죄'라고 표현했다가 '인류 문명에 반하는 범죄'라고 수정했다.[5]

1918년 전쟁이 끝나자 전쟁 범죄 문제가 파리강화회의Paris Peace Conference에서 중대하게 부각되었다. 전쟁법 위반에 대해 국제 사회가 나서서 국가의 책임을 촉구했다. 그러나 국가의 주권이 본질적으로 개인의 권리보다 우선한다는 생각이 다시 강력히 대두되었다. 오스만제국 정부는 민족주의자들의 압력과 영국의 전범 처벌 요구 사이에서 갈등하기 시작했다. 애초 영국 점령군은 오스만제국 정부와 사법부가 전범들을 모두 석방하지 않을까 우려했고, 150명의 오스만제국 전범들을 국제재판에 넘기기 위해 몰타섬과 에게해의 렘노스섬으로 빼돌렸다. 그러나 영국 정부는 전범 대다수를 석방했고, 1921년 11월 영국인에게 범죄를 저지른 최후의 8명도 석방할 수밖에 없었다. 영국 군인을 포로로 잡은 오스만제국 정부에 굴복한 결과였다.[6]

1921년 3월 15일 소호몬 텔리리안Soghomon Tehlirian이라는 청년이 아르메니아인 학살을 기획하고 지휘했던 오스만제국 정부의 전직 장관인 탈랏 파샤Talaat Pasha를 암살하는 사건이 발생했다. 종전 후 오스만 특별군사재판(이스탄불 재판)에서 사형을 언도받았던 탈랏은 독일로 망명했고, 연합국은 독일에 범죄인 인도 요청을 했지만 독일은 이를 거부했다. 탈랏은 독일에서 자신의 행위를 정당화하는 주장들을 하고 있었다. 이런 탈랏에게 아르메니아인 학살의 생존자인 텔리리안이 학살당한 자신의 가족과 아르메니아인들을 대신해 정의의 철퇴를 가한 것이었다. 텔리리안의 변호사는 '집단 정체성'이라는 카드를 꺼내 피고인이 인내심 많은 아르메니아 대가족을 위해 복수한 것에 불과하다고 변호하기도 했다. 재판 배심원들은 텔리리안에게 무죄를 선고했고, 이는 엄청난 소동을 야기했다. 이 재판은 언론을 통해 광범위하게 보도되었고, 많은 사람들의 초미의 관심사였으며, 강의실에서는 토론의 소재로 사용되었다.

르보프대학Lwów University에서 법학을 공부하고 있던 렘킨도 이 재판에 각별한 관심을 가졌다. 이 문제와 관련해 렘킨은 수업 시간에 교수에게 국제 사회가 왜 탈랏을 체포할 수 없었는지 물었다. 이에 교수는 탈랏을 체포할 수 있는 법적 근거가 없다고 말했다. 비유하면 닭 몇 마리를 기르는 남자가 자신의 닭들을 죽이는데, 다른 사람이 이에 간섭하면 월권이라는 요지였다. 국가의 내부 상황에 간섭하면 그 국가의 주권을 침해한다는 것이었다. 이에 렘킨은 텔리리안이 탈랏 파샤를 살해한 것은 범죄가 되고, 탈랏이 수많은 사람들을 국가의 이름으로 학살한 것은 범죄가 되지 않는 현실에 대해 회의를 품기 시작했다. 이러한 사건들을 목격하고 경험하면서 그는 학살을 금지하는 법에 대해 체계적으로 공부하기 시작했다.[7]

렘킨은 1921년부터 1926년까지 르보프대학 법학부를 다녔다. 그는 교회법, 폴란드 사법 제도, 로마법 등 45개 과목을 들었는데, 일부 수업은 '인도에 반하는 범죄'를 만들었던 허쉬 라우터파하트Hersch Lauterpacht[8]가 수강했던 수업이기도 했다. 특히 그는 라우터파하트에게 오스트리아-헝가리제국 형법을 가르쳤던 율리우스 마카레비츠 박사를 지도교수로 삼아 폴란드 형법을 배웠고, 1926년 여름에 법학박사 학위를 받았다. 흥미로운 건 유대인이었던 마카레비츠 교수가 가톨릭 세례를 받았다는 점, 국경 지역에 소수민족의 인구수가 많을 때 위험하다고 생각했다는 점이다. 그는 르보프에 거주하는 유대인과 우크라이나인들이 새롭게 독립한 폴란드에 위험한 존재라고 여겼다. 심지어 그가 우익적 정치 성향을 갖고 있었으며 1919년 폴란드 소수민족보호조약을 혐오했다는 평가도 있다. 1945년 그는 국가보안부(KGB 전신)에 의해 체포되어 시베리아로 추방되었다가 폴란드 교수단의 중재로 르보프로 돌아와 법대 교수로 재직했다. 그런 그가 라우터파하트와 렘킨에게 영향을 끼친 것은 참으로 아이러니한 일이다.

렘킨이 대학을 다녔던 르보프 지역이 다양한 언어와 문화가 공존하는 사회였다는 점도 주목할 필요가 있다. 인구의 3분의 1이 유대인이었다. 이곳은 19세기 내내 오스트리아-헝가리제국의 동쪽 외곽에 위치한 렘베르크Lemberg로 불렸고, 1차 세계대전 종전 후 신생 폴란드로 편입되면서 르보프로 불리게 되었으며, 2차 세계대전 발발 직후 소비에트가 이 도시를 점령했을 때에는 리보프Lvov가 되었다. 1981년 우크라이나 독립 이후 리비우로 변경되었다. 점령과 재점령이 반복되면서 르보프 지역의 지배권이 자주 바뀌었고, 외국인 혐오증, 민족 차별, 집단 정체성 및 갈등의 토대 위에서 사회적 불평등도 만연했다. 이는 유대인 렘킨에게 영향을 끼쳤던 것으로 보인다. 렘킨은 르보프에서도 가난한 노동자들이 주로 거주하는 지역으로 이사한 적이 있는데, 이곳은 20년 후 나치 독일의 점령 때 렘베르크의 유대인 게토로 가는 입구이기도 했다.[9]

렘킨이 법학박사 학위를 취득한 1926년, 또 다른 폭탄이 터졌다. 1918년 우크라이나의 유대인 학살 때 부모를 잃은 유대인 시계공 사무엘 슈바츠바트Samuel Scholom Schwartzbart가 대량 학살의 책임자인 우크라이나 인민공화국 대통령이자 반볼셰비키주의자 시몬 페틀리우라Symon Petliura 장군을 암살하는 사건이 발생한 것이다. 파리에서 열린 슈바츠바트 재판도 텔리리안 재판 때처럼 언론과 대중의 큰 관심을 끌었고, 법정에는 방청객이 가득찰 만큼 크게 주목받았다. 배심원단은 슈바츠바트가 사전에 범행을 계획하지 않았다는 이유로 무죄를 평결했다. 렘킨은 폴란드 바르샤바에서 이 재판을 지켜보았다. 그는 바르샤바 항소법원에서 사무관으로 근무하고 있었는데, 민족, 인종, 종교 집단의 파괴와 관련해 인류의 도덕적 기준을 통일하는 데 필요한 법이 없음을 통탄해했다. 그는 회고록에서 두 번의 재판을 목도하면서 점차 그러나 분명하게 집단을 보호하는 국제법을 마련하기 위해 무언가를 해야 한다는 생각이 무르익게 되었다고 쓰고 있다.[10]

1929년 바르샤바에서 검사보로 임용된 렘킨은 소비에트 형사법, 이탈리아 파시스트 형법, 폴란드 사면법에 대한 책을 출판했다. 또한 폴란드 법편찬위원회 형법부의 서기로 임명되어 형법 편찬 작업을 했다. 그러면서 매해 유럽 각국의 수도에서 열린 각종 회의에서 유럽의 학자들과 만나면서 네트워크를 형성했고 국제연맹의 형법 발전 노력에 동참했다. 그렇게 그는 유럽 사법부의 최고위층 인사들 및 주요 지식인들과 친한 사이가 되었다.[11] 1933년 봄 그는 그해 마드리드에서 10월에 개최될 국제연맹 주관 국제형법 통일 학술회의에 참석하기 위해 터키의 만행과 히틀러의 학살을 막는 새로운 국제 규정을 만들 것을 제안하는 팸플릿을 출판했다. 그는 만행 범죄crimes of barbarity와 반달리즘 범죄crimes of vandalism를 국제법상의 범죄로 규정하고 금지하는 새로운 국제 규정을 만들자고 주장했다.[12] 여기에서 "야만적 행위는 그 동기가 무엇이든 간에(정치적·종교적 동기 등) 민족·종교·사회 집단에 대한 미리 계획된 파괴를, 반달리즘은 이들 집단의 독특한 특성을 담은 예술과 문화의 파괴"를 의미한다. 그는 만행의 범위에 "학살뿐만 아니라 집단 성원들의 경제적 생존을 파괴하는 행위, 개인의 존엄을 공격하는 모든 종류의 행위"까지 포함시켰다.

그러나 렘킨은 자신의 제안에 찬성하는 동조자를 얻기는커녕 강력한 반대와 항의에 부딪히며 상처를 입었다. 그는 마드리드 회의에 폴란드 대표로 참석하기를 희망했지만, 폴란드 법무부 장관이 그의 참석을 반대했고, 외무부 장관 유제프 벡Józef Beck은 여행 허가권 발급을 거부했다. 그럼에도 렘킨의 팸플릿과 새로운 국제법안은 마드리드 회의 참석자들에게 배포되었다. 렘킨의 제안이 배포되자 독일 대법원장과 베를린대학 학장은 강력하게 항의하며 회의장을 떠나기도 했다고 한다. 회의가 끝나고 며칠 후 독일이 국제연맹을 탈퇴한다는 발표가 나왔다. 국제연맹은 렘킨이 시도한 도전에 기민하게 호응할 수 없었다. 또 위험에 처한 소수민족의 안전을 위해 새로운 국제법을 만들려는 의지도 없었다. 설령 의지가 있더라도 너무 분열되어 있어 사실상 불가능했다. 결국 37개국을 대표해 참석한 대부분의 법률가들은 터키에서 발생했던 극악한 범죄가 유럽의 변방에서 벌어진 지극히 예외적인 사건이므로 자신들에게 중요한 의미가 없다고 판단했고, 렘킨의 제안은 흐지부지되었다.

렘킨은 외무부 장관 벡으로부터 독일인 친구들을 모욕하고 유대인 지위를 향상시키려 했다는 비난을 받았다. 그는 곧 검사직을 그만두어야 했다. 1년이 채 지나지 않아 폴란드는 독일과 불가침조약을 체결했고 1919년의 소수민족보호조약을 파기했다. 벡 장관은 국제연맹에 폴란드가 소수민족을 박해하지 않았다면서 다른 국가와 동등한 취급을 원한다고 밝혔다. 다른 국가들이 자국의 소수민족을 보호할 의무가 없다면 폴란드도 그런 의무가 없어야 한다는 주장이었다.[13]

1938년 3월 나치 독일은 오스트리아를 병합했고, 1939년 9월 1일 폴란드를 침공했다. 독일 공군은 바르샤바, 크라쿠프, 그리고 르보프를 포함한 폴란드 동쪽 도시에 폭탄을 투하해 공포를 조성했다. 변호사였던 렘킨은 9월 6일 바르샤바를 빠져나왔다. 그런데 몰로토프-리벤트로프 조약을 비밀리에 체결한 소련도 폴란드를 침공하면서 폴란드는 풍전등화의 신세가 되었고, 렘킨은 독일군과 소련군 사이에 갇혔다가 소련군에 붙잡혔다. 간신히 위험에서 벗어난 그는 소련군이 점령통치하고 있는 고향 보우코비스크로 숨어 들어갔다. 그는 부모형제들에게 외국으로 망명하자고 설득했지만, 그의 가족은 삶의 터전을 쉽사리 떠나지 못했다. 유대인은 한결같은 박해 속에서도 생존했다는 운명론과 나치가 최악의 행동은 하지 않을 것이라는 근거 없는 낙관론이 한몫했다. 결국 그는 가족을 남겨두고 리투아니아를 거쳐 친구인 스웨덴 전 법무부 장관 칼 슐리터Karl Schlyter의 도움을 받아 1940년 봄 스웨덴으로 망명했다.

1940년 4월 나치 독일은 덴마크와 노르웨이를 점령했다. 다음 달에는 프랑스가 쓰러졌고, 벨기에, 네덜란드, 리투아니아, 라트비아, 에스토니아가 넘어갔다. 렘킨은 스톡홀름대학에서 강의하면서 나치가 각각의 점령국가에서 발표했던 법령, 조례, 포고문 등을 닥치는 대로 모았다. 이 자료들은 "법이 증오를 선동하고 살인을 부추기는 데 악용될 수 있다는 사실을 보여주었다." 렘킨은 자신이 모은 자료들이 "'눈먼 세계'라고 이름 붙인 외부 세계의 불신자들을 위해 객관적이고 반박할 수 없는 확고한 증거가 될 수 있기를 바랐다."[14] 렘킨은 산더미처럼 쌓인 자료를 분석하면서 집중된 음모의 요소들을 발견했다.

독일은 '레벤스라움(생활권)'으로 편입된 영토와 현지 주민들을 독일화할 수 있음에도 불구하고 의도적으로 그렇게 하지 않고 피점령지 국민들을 무지한 상태로 만들었다. 지식인들을 제거했고 주민들을 노예노동자로 재편성했다. 렘킨은 나치 독일이 피점령지에서 취한 '결정적 조치'의 일정한 패턴을 추적했다. 첫 번째 조치는 국적 박탈로, 유대인과 국가 간의 연결고리를 단절시켜 개인을 무국적자로 만들어 법의 보호를 제한했다. 두 번째 조치는 '비인간화'로, 표적으로 삼은 민족의 기본적인 법적 권리를 박탈했다. 세 번째 조치는 정신적·문화적으로 완전히 파괴하는 것이었다.

렘킨은 1941년 초부터 점진적으로 전개된 유대인의 완전 말살을 위한 법령을 가려냈다. 각각의 법령은 개별적으로 보면 큰 악의가 없어 보여도 같이 적용되고 국경을 초월해 실행되면 배후의 큰 목적이 드러났다. 개별 유대인은 의무적으로 등록해야 했고, 쉽게 구별할 수 있도록 '다윗의 별' 표지를 달아야 했으며, 지정된 지역인 게토로 이주해야 했다. 허가 없이 게토를 벗어난 사람은 사형에 처해졌다. 유대인은 자산 몰수로 궁핍해졌고 배급에 의존하게 되었다. 탄수화물과 단백질 배급이 제한되면서 살아있는 송장이 되어갔다. 정신은 망가지고 자신의 목숨에 무관심해졌으며 강제노역으로 수없이 죽어나갔다. 살아남은 사람들에겐 처형의 시간을 기다리는 동안 계속해서 인간성에 대한 말살과 분해 조치가 이루어졌다. 이 모든 것이 각각 다른 여러 가지 법령들에 근거해 이루어졌다.[15]

렘킨은 자신이 이상적으로 생각하던 미국으로 가고 싶어 했다. 그래서 그는 노스캐롤라이나에 있는 듀크대학의 말콤 맥더모트Malcolm McDermott 교수에게 편지를 보내 도움을 요청했다. 맥더모트 교수는 렘킨과 함께 1939년에 폴란드의 형법을 함께 영어로 번역, 출판하면서 가까워진 친구이자 동료였다. 그의 도움으로 렘킨은 보우코비스크를 잠깐 들른 후 소련의 모스크바와 블라디보스토크, 일본 요코하마, 캐나다의 밴쿠버를 거쳐 1941년 4월 18일 미국 시애틀에 도착할 수 있었다.[16]

법과 언어로 미국과 유엔을 설득하다

2만 2,000킬로미터에 달하는 렘킨의 긴 여행은 듀크대학에 도착하면서 끝났다. 그러나 그는 새로운 여행을 준비하고 있었다. 그는 도착한 날 저녁 환영모임에서 만찬 연설을 하면서 다음과 같이 물었다.

> 만약 남녀노소 할 것 없이 많은 사람들이 여기에서 300킬로미터 떨어진 곳에서 학살당하고 있다면, 여러분은 돕기 위해 달려가지 않겠습니까? 그렇다면 300킬로미터가 5,000킬로미터로 바뀌었다고 해서 왜 마음의 결정을 바꾸어야 합니까?[17]

듀크대학에서 국제법 교수 자리를 얻은 그는 수많은 대중강연회와 언론을 통해 히틀러의 범죄를 알리면서 제노사이드 범죄를 처벌해야 하고 이를 방지할 수 있는 조치들을 국제 사회가 취해야 한다고 주장했다. 1941년 6월 22일 히틀러는 스탈린과의 협정을 위반하고 폴란드 동부를 침략했다. 단숨에 르보프, 주키에프, 보우코비스크가 독일군에 의해 점령당했다. 보우코비스크에 남겨진 렘킨의 가족도 나치 독일 법령의 적용을 받게 되었다. 그만큼 렘킨의 행보도 급해졌다. 맥더모트 교수의 소개로 국제연맹 시절의 동료들을 만났다. 렘킨의 연구를 지지하는 모임도 결성되었다. 렘킨은 자신의 주장을 효과적으로 반영하기 위해 미국 정부의 관리들을 접촉하고 설득해나갔다. 미 연방검찰청 차장검사 노먼 리텔Norman Littel 부부의 소개로 전쟁부와 루스벨트 행정부의 최고위층까지 만났다. 하지만 그때마다 자신의 이익을 최우선으로 하는 정치인들과 관리들 앞에서 좌절감을 느껴야 했다. 특히 렘킨은 루스벨트 대통령에게 메모를 보내 불법적인 대량 학살은 범죄 중의 범죄라고 강조하면서 표적이 된 집단을 보호할 수 있는 조약을 체결하고 히틀러에게 분명히 경고할 것을 제안했다. 하지만 답은 부정적이었고 그에게 실망만 안겨주었다.[18]

　마지막으로 렘킨은 자신의 강력한 무기인 법과 언어를 활용, 책을 출판하여 직접 호소하기로 결심했다. 그는 스톡홀름과 미국 의회도서관, 유럽 전역의 친구들로부터 계속 자료를 제공받았고, 출판을 위해 카네기 국제평화기금의 지원을 받기로 했다. 타이밍은 완벽했다. 1942년 1월 영국의 세인트제임스 궁전에서 9개국 망명정부(폴란드, 프랑스, 체코 등)가 나치 독일의 만행에 책임이 있고 죄가 있는 사람들은 형법으로 처벌하겠다고 선언했고, 10월에는 루스벨트 대통령이 연합국전쟁범죄위원회UNWCC를 설립하겠다는 계획을 발표했다.

1년 내내 집필에 매달린 렘킨은 1943년 11월 15일 마침내 원고를 완성했다.[19] 위기도 있었다. 렘킨은 대륙 건너편에서 자신과 같은 주장을 하며 나치의 잔학상에 대한 연합국의 관심을 촉구했던 폴란드 유대인 동료인 슈물 지기엘보임Szmul Zygiebojm이 1943년 5월 12일 연합국의 무관심에 좌절하며 자살하는 것을 지켜봐야 했다. 그의 장례식 날, 나치가 바르샤바 게토에서 일어난 반란을 진압한 후 거주자들을 모조리 학살했다는 기사가 워싱턴에 타전되었다. 렘킨도 목숨을 끊으려 했지만 그는 '자신의 특별한 위치' 때문에 지기엘보임처럼 죽을 수 없었다고 한다.[20]

1944년 11월 렘킨의 원고가 712쪽에 달하는 책《추축국의 유럽 점령지 통치》로 출판되었다. 지루하기 짝이 없는 순수 법률사전에 가까운 책이었지만, 예상 외로 독자들의 반응은 뜨거웠다. 차가운 법률적 용어로 표현된 히틀러와 나치 독일의 범죄에 엄청난 분노를 느낀 것이었다. 12월 3일《워싱턴포스트》에 첫 번째 서평이 실렸고, 그다음 달《뉴욕타임스》는 1면을 렘킨의 책에 대해 긍정적인 논평으로 채웠다.[21]《뉴욕타임스》의 퓰리처상 수상자이자 전 베를린 특파원인 오토 톨리슈Otto Tolischus는 도서 비평란에 다음과 같이 적었다.

현재 세계를 지배하는 괴물의 윤곽이 이 책의 건조한 율법주의에서 서서히 드러난다. 이 괴물은 피를 배부르게 마시고 그 종들을 야수로 변화시키며 가장 고귀한 인간의 감정을 비열한 목적을 위해 왜곡한다. 그 모든 것은 권력과 그럴듯한 합법성으로 무장한 채 개인을 꼼짝없이 무력하게 만들어버린다.[22]

사회학 분야에서 비판적인 논평이 제기되긴 했지만[23] 대부분의 논평과

1944년 허쉬 라우터파하트는 나치 전범들을 국제적으로 처벌하기 위한
법적 원칙과 기구의 필요성을 강조하면서 구체적인 제안을 했다.

대중의 반응은 호의적이었다. 그가 법률가이지만 운동가로 알려져 있는 배경에는 당시의 이런 활동들에 대한 평가가 반영되어 있다.

라우터파하트의 논평도 흥미롭다. 그는 《케임브리지 법학저널》에서 렘킨의 책을 미지근한 논조로 비평했다. 이 책은 "학문적으로는 역사적인 기록일 수 있지만 법에 기여한다고 정확하게 이야기할 수는 없다"는 것이다. 그는 제노사이드라는 새로운 용어와 그 실용성에 대해 회의적이었다. "집단의 보호가 법의 우선 목적이 되어서는 안 된다"는 입장이었다. 그에겐 집단이나 소수민족의 보호보다는 폴란드 소수민족보호조약이 이루지 못한 목표인 개인의 보호, 개인의 국제법적 권리장전의 확립이 더 중요했다. 의도치 않게 렘킨이 주목했던 집단의 보호가 개인의 보호를 저해하지 않을까 우려했던 것으로 보인다.[24]

렘킨의 집요한 노력은 뉘른베르크 재판 미국 측 수석검사인 로버트 잭슨 팀으로 이어졌다. 로버트 잭슨Robert H. Jackson은 루스벨트 행정부에서 법무부 장관을 역임한 후 미 연방대법원 대법관이 된 인사다. 잭슨은 나치 독일 수뇌부를 전쟁 범죄 재판에 세우겠다는 트루먼 대통령의 의지를 실현하기 위해 대규모 팀을 조직하고 있었는데, 그즈음 렘킨이 잭슨에게 〈제노사이드: 현대 범죄〉라는 글을 보내면서 자신의 책을 추천했다. 그 뒤로 렘킨의 책은 잭슨의 책상을 차지했고, 잭슨은 렘킨에게 이 책의 집필에 대해 감사를 표했다. 1945년 5월 28일 렘킨은 공식적으로 잭슨 팀에 합류해 전쟁 범죄국에서 일을 시작했다. 그런데 잭슨 사무실 운영책임자인 머레이 버네이스Murray Bernays 대령 등 일부를 제외하곤 렘킨을 골칫거리로 보는 상황이 벌어졌다. 렘킨의 책이 재판의 기본 문서로 삼기 좋고 렘킨의 백과사전에 가까운 지식이 유용하리라 기대를 받았지만, 문제는 렘킨의 스타일과 기질이었다. 그가 지나치게 열정적이고 현실 감각이 없으며 성격에 문제가 있다는 평가가 퍼졌다. 전략첩보국OSS 수석고문 제임스 도노반James Donovan은 잭슨 팀에게 렘킨을 런던에서 내보내라고 종용했다. 영국 측 검사들도 제노사이드를 범죄 목록에 넣는 것을 강하게 반대했다.

이런 반대에도 불구하고 렘킨은 극히 일부지만 결실을 맺게 되었다. 1945년 10월 6일 4대 열강은 네 가지 기소 조항(국제 범죄 공모, 평화에 반하는 범죄, 제노사이드 혐의를 포함한 전쟁 범죄, 인도에 반하는 범죄)이 들어있는 공소장에 합의했는데,[25] 세 번째 조항에 "정교하고 체계적인 제노사이드, 즉 점령한 영토 안에 거주하는 시민, 민족·국민 집단의 절멸을 저질렀다"는 내용을 포함시켰다. 국제법 체계에서 제노사이드를 언급한 첫 번째 공식 문건이었다.[26] 그러나 재판 첫날 프랑스와 소비에트 검사들이 몇 번 언급한 것 외에 130일 동안의 재판 과정에서 제노사이드에 대한 언급은 전혀 없었다.[27]

미국 검사단의 첫 모두진술은 잭슨 수석검사가 담당했다. 그는 렘킨의 주장을 지지했음에도 불구하고 10월 최종 공소장에서는 제노사이드라는 용어를 쓰지 않았다. 렘킨은 잭슨 팀의 조치에 따라 뉘른베르크에서 멀리 떨어진 워싱턴 D. C.에서 재판 진행 과정을 지켜봤다. 그런데 미국 검사단은 왜 공소장에서 제노사이드를 삭제한 것일까? 필립 샌즈는 미국 원주민 인디언들과 흑인에 대한 지역 정책이 많은 남부 상원의원들 때문에 제노사이드가 내포하고 있는 혐의를 꺼려한 것이라고 추정한다.[28] 영국 검사단의 첫 모두진술은 12월 4일이었는데, 역시 제노사이드와 집단에 대해 전혀 언급하지 않았다. 그 이유는 분명히 확인된다. 영국 수석검사인 하틀리 윌리엄 쇼크로스 Hartley William Shawcross로부터 진술 원고 초안의 수정을 부탁받은 라우터파하트가 제노사이드에 대해 언급하지 않았던 것이다.[29] 무엇보다 영국도 제국주의의 식민 지배와 원주민 학살 문제로부터 자유로울 수 없었다.

렘킨은 현장에서 밀려난 아웃사이더가 되었다. 하지만 그렇다고 손을 놓고 있지는 않았다. 그는 1차 세계대전 때 독일 장군이었다가 그 후 학자가 된 칼 하우스호퍼Karl Haushofer의 활동을 조사하는 임무를 맡았다. 하우스호퍼는 독일의 영토를 넓혀 독일인의 생존공간을 넓혀야 한다는 레벤스라움Lebensraum 사상의 지적 토대를 세웠고, 그의 제자인 루돌프 헤스를 통해 히틀러를 만나 영향을 끼쳤다. 렘킨은 하우스호퍼가 전범으로 기소되어야 한다고 제안했지만, 잭슨은 하우스호퍼의 활동이 교육과 집필에만 제한되었다는 이유를 들어 거부했다. 그 와중에 하우스호퍼와 그의 아내가 자살을 해 더 이상의 논의가 불필요하게 되었다.[30]

실망만 할 수는 없었다. 렘킨은 보다 적극적으로 활동하기 시작했다. 1946년 5월부터는 핵심 인사들에게 서한을 보내면서 뉘른베르크 재판에서 제노사이드 용어를 부활시키기 위해 애썼다. 그는 새로운 유엔 인권위원회 의장인 엘리너 루스벨트Elenor Roosevelt를 비롯해 영향력 있는 사람들과의 인맥 형성에 애를 썼고, 제노사이드 범죄에 대한 생각을 공유하고자 했다. 그리고 그는 미국 전쟁부의 조사 요청에 응해 런던을 거쳐 뉘른베르크로 향했다.[31] 1946년 6월 2일 렘킨은 유럽 여정의 목적을 파악하려는 잭슨 수석검사의 면담 요청을 받았다. 렘킨은 미국 전쟁부의 요청으로 나치 독일 친위대 요원 2만 5,000명 이상이 석방된 상황이 어떤 결과를 야기할지 조사하고 평가하기 위해 왔다는 사실을 잭슨에게 전달했다. 잭슨은 나치 친위대가 범죄 조직으로 기소를 당한 상태에서 어떻게 그런 일이 있을 수 있는지 상황 파악을 하지 못하고 있었다. 렘킨은 1946년 6월 내내 어떻게든 잭슨을 설득해 제노사이드가 별개의 범죄라는 주장을 관철시키려 했다. 대량 살인mass murder과 대량 절멸mass extermination 같은 용어는 민족적인 동기와 문화를 송두리째 파괴하려는 '범죄 의사'라는 핵심적 요소를 담고 있지 못하므로 부정확하다고 설득했다. 유대인뿐 아니라 다른 민족의 파괴에 대해서도 우려한다고 분명히 밝혔다. 그러나 미국과 영국 검사단은 끝내 렘킨의 주장을 거부했다.[32]

미국, 영국, 프랑스, 소련의 뉘른베르크 검사들은 모든 피고인들에게 사형을 선고해달라고 요청하며 최종 논고를 마쳤다. 각국 검사들의 논고에서 제노사이드 용어가 간혹 등장하기는 했지만, 전쟁 중의 행위에만 제한되는 분위기로 쏠렸다. 1946년 8월 케임브리지에서 열린 국제법협회 컨퍼런스에서도 렘킨의 주장에 대해서는 대체로 무반응이었다. 9월 30일과 10월 1일 뉘른베르크 최종 판결 선고가 내려졌다. 최종 의견에서 제노사이드에 대한 몇 개의 단어라도 포함시키려고 전방위적으로 뛰어다녔던 렘킨은 건강이 악화되어 미국 군병원에서 라디오로 판결 선고를 들어야 했다.[33]

판결 내용에는 제노사이드에 대한 언급이 전혀 없었다. 재판부가 제노사이드 범죄를 인정하지 않았던 것이다.[34] 판결문에는 제노사이드에 대한 논쟁이 있었다거나 4개국 중 3개국 검사들이 지지했다는 언급조차 없었다. 렘킨은 전쟁 전에 자행된 범죄가 완전히 외면되었다는 사실에 경악했다. 그는 판결 선고가 있던 그날이 인생에서 '가장 비참한 날'이었다고 고백했다. 한 달 전 부모님이 트레블링카 수용소로 끌려가 사망했다는 사실을 알았을 때보다 더 슬픈 날이었다고 회고한다.[35]

렘킨은 다시 1946년 10월 유엔 총회가 열리는 뉴욕으로 갔다. 그곳에서 그는 제노사이드를 국제법상의 범죄로 만들기 위해 호의적인 여론이 형성되도록 동분서주했다. 정치지도자들은 전쟁 방지에는 관심이 있었지만, 제노사이드에는 관심이 덜했다. 그러나 렘킨은 제노사이드가 꼭 전쟁이 아니며 전쟁보다 더 위험하다고 생각했다. 그는 만약 2차 세계대전 동안 국제적십자사 같은 공신력 있는 기관이 점령 지역의 민간인들에 대한 잔학 행위를 조사할 수 있는 권한을 가지고 있었다면, 제노사이드 규모가 크게 축소되었을 것이라고 환기시켰다. 그는 제네바 협약이 국제적십자사에 전쟁포로에 대한 처우를 감독하고 통제할 수 있는 권리만 부여했기 때문에, 역설적으로 전장에 있는 병사들은 살아남고, 안전하다고 생각했던 후방의 가족들은 절멸되는 상황이 벌어졌다고 지적했다. 그래서 그는 처벌을 통한 예방 원칙을 주장했다. 유엔과 국제법의 틀 속에서 제노사이드 범죄의 반인도성을 확인하고, 그 범죄를 명령하고 집행한 사람뿐만 아니라 그 범죄를 조장하는 '철학'을 수립하고 가르친 사람까지 처벌할 수 있는 법률적 근거를 마련해서, 제노사이드를 자행한 나라에 대해서는 유엔 안전보장이사회가 집단 책임까지 물어야만 제노사이드의 재발을 막을 수 있다는 것이었다.[36]

렘킨의 노력은 결실을 보았다. 유엔 대표단이 새로운 총회에서 대량 학살에 대한 결의를 통과시키는 문제로 논쟁을 벌이고 있을 때, 영국 대표가 국제연맹이 렘킨의 마드리드 제안을 받아들이지 않았기 때문에 나치가 전쟁 전에 저지른 잔악 행위들을 뉘른베르크에서 처벌할 수 없었다는 지적이 나왔다. 렘킨은 기뻐했다. 그는 강대국이 아닌 각국 대사들을 만나 자국 방어를 할 수 있는 큰 국가들에 비해 작은 국가들은 법의 보호막이 필요하다고 설득했고, 소련 안드레이 비신스키Andrei Vishinsky 외무상의 반대를 돌리기 위해 얀 마사리크Jan Masaryk 체코 대표를 설득하기도 했다.[37]

1946년 12월 11일 유엔 총회에는 새로운 세계 질서를 만들기 위한 다양한 결의안이 의제로 포함되어 있었다. 그중 2개가 뉘른베르크 재판과 관련된 것이었다. 국제인권장전 제정을 위한 길을 다지기 위해 총회는 인도에 반하는 죄를 포함해 뉘른베르크 헌장에서 인정한 국제법의 원칙이 국제법의 일부라는 점을 확인했다. 총회는 결의안 95호를 통해 라우터파하트의 사상을 공개적으로 지지하고 새로운 국제 질서에 개인을 확고히 자리매김하기로 결정했다. 그런 다음에 총회는 결의안 96(Ⅰ)호를 만장일치로 채택했다. 결의안 96(Ⅰ)호는 렘킨의 주장이 끝내 결실을 본 것으로, 뉘른베르크 재판의 판결 내용을 넘어서는 것이었다.[38] 결의안의 내용은 아래와 같다.

살인homicide이 개인 생존권의 부정이듯이, 제노사이드는 전체 인간 집단이 존재할 권리를 부정하는 것이다. 그러한 생존권의 부정은 인류의 양심에 충격적이며……인간성의 거대한 상실을 가져오며, 도덕성에 반하고, 유엔의 정신과 목적에 반한다. 그러한 제노사이드 범죄의 많은 사례들이 그동안 발생했고, 이때 **인종·종교·정치 그리고 여타의 집단들이 완전히 혹은 부분적으로 파괴되었다.** 제노사이드 범죄의 처벌은 국제적인 관심사의 문제이다.
그러므로 총회는, **제노사이드가 문명 세계가 정죄하는 국제법상의 범죄임을 확인하며, 범죄 주체가 사적 개인이든 공적 관료이든 혹은 정치인이든, 또 그 범죄가 종교적·인종적·정치적 혹은 다른 어떤 이유에서 저질러졌든, 주범들과 공범들은 처벌받을 수 있다는 것을 확인한다**(강조는 인용자).[39]

레오 쿠퍼는 이 결의안이 뉘른베르크 헌장과 비교할 때 매우 진전된 것이라고 평가한다. 뉘른베르크 헌장에 근거한 재판에서 인도에 반하는 범죄를 심판하긴 했지만, 그것은 어디까지나 공격적인 전쟁이나 전통적인 전쟁 범

96 (I). The Crime of Genocide

Genocide is a denial of the right of existence of entire human groups, as homicide is the denial of the right to live of individual human beings; such denial of the right of existence shocks the

¹ See page 187.

96 (I). Le crime de génocide

Le génocide est le refus du droit à l'existence à des groupes humains entiers, de même que l'homicide est le refus du droit à l'existence à un individu; un tel refus bouleverse la conscience hu-

¹ Voir page 187.

188

conscience of mankind, results in great losses to humanity in the form of cultural and other contributions represented by these human groups, and is contrary to moral law and to the spirit and aims of the United Nations.

Many instances of such crimes of genocide have occurred when racial, religious, political and other groups have been destroyed, entirely or in part.

The punishment of the crime of genocide is a matter of international concern.

The General Assembly, therefore,

Affirms that genocide is a crime under international law which the civilized world condemns, and for the commission of which principals and accomplices — whether private individuals, public officials or statesmen, and whether the crime is committed on religious, racial, political or any other grounds — are punishable;

Invites the Member States to enact the necessary legislation for the prevention and punishment of this crime;

Recommends that international co-operation be organized between States with a view to facilitating the speedy prevention and punishment of the crime of genocide, and, to this end,

Requests the Economic and Social Council to undertake the necessary studies, with a view to drawing up a draft convention on the crime of genocide to be submitted to the next regular session of the General Assembly.

Fifty-fifth plenary meeting,
11 December 1946.

maine, inflige de grandes pertes à l'humanité, qui se trouve ainsi privée des apports culturels ou autres de ces groupes, et est contraire à la loi morale ainsi qu'à l'esprit et aux fins des Nations Unies.

On a vu perpétrer des crimes de génocide qui ont entièrement ou partiellement détruit des groupements raciaux, religieux, politiques ou autres.

La répression du crime de génocide est une affaire d'intérêt international.

L'Assemblée générale, en conséquence,

Affirme que le génocide est un crime de droit des gens que le monde civilisé condamne, et pour lequel les auteurs principaux et leurs complices, qu'ils soient des personnes privées, des fonctionnaires ou des hommes d'Etat, doivent être punis, qu'ils agissent pour des raisons raciales, religieuses, politiques ou pour d'autres motifs;

Invite les Etats Membres à prendre les mesures législatives nécessaires pour prévenir et réprimer ce crime;

Recommande d'organiser la collaboration internationale des Etats en vue de prendre rapidement des mesures préventives contre le crime de génocide et d'en faciliter la répression, et, à cette fin,

Charge le Conseil économique et social d'entreprendre les études nécessaires en vue de rédiger un projet de Convention sur le crime de génocide, qui sera soumis à l'Assemblée générale lors de sa prochaine session ordinaire.

Cinquante-cinquième séance plénière,
le 11 décembre 1946.

1946년 12월 11일 통과한 유엔 총회 결의안 96(Ⅰ)호는 제노사이드를
국제법상 범죄로 선언한 최초의 국제적 문서다.

죄와의 관계에서였다.[40] 즉 "뉘른베르크에서 연합국 법정은 렘킨이 원했던 것처럼 학살이 벌어진 모든 장소와 시기에 대해 처벌하지는 않았다. 그 재판은 공격적인 전쟁(평화를 깨는 범죄)이나 다른 나라의 통치권을 위반하는 행위만을 심판했다. 예를 들면 히틀러가 국제적으로 인정하는 국경선을 침범한 이후에 저지른 전쟁 범죄와 인도에 반하는 범죄만을 기소했다. 나치 피고인들은 2차 세계대전 중에 저지른 범죄 행위만 심판받았을 뿐, 전쟁 전의 것은 심판 대상에 해당되지 않았다." "국제적 분계선을 넘지 않은 국가나 개인은 대량 학살을 다루는 국제법 아래에서 여전히 자유로웠던 것이다."[41] 그러나 이제 유엔의 결의안으로 여타의 집단들을 인종적·종교적·정치적 그리고 제노사이드적 공격으로부터 보호하기 위한 노력이 외국 정부뿐만 아니라 자국 정부에 의해서, 전시뿐만 아니라 평시에서도 가능해졌다.[42]

결의안 96(Ⅰ)호는 렘킨을 그의 인생 중 가장 비참한 날에서 회복시켜주었다. 그는 의욕을 되찾아 제노사이드에 대한 조약의 초안을 기초하고 지지를 얻기 위해 약 2년에 걸쳐 고군분투했다. 1948년 12월 9일 유엔 총회는 〈제노사이드 범죄 방지와 처벌에 관한 협약〉을 채택했다. 렘킨은 프랑스 파리 샤이오궁의 기자석에 선 채 채택되기 전 논쟁을 지켜보고 있었다. 55명의 대표가 협약에 찬성했고, 반대는 없었다. 유엔이 만든 최초의 인권협약이었다. 그 순간 렘킨의 마음속은 "오로지 감사하다"는 말로 채워졌다.[43] 렘킨은 남은 인생을 협약 비준 국가들을 늘리는 데 헌신했다. 1950년 10월 16일 그가 막후에서 재촉하고 자극한 덕분에 20개국이 제노사이드 협약을 비준했다.[44] 협약은 1951년 1월 12일 발효되었다.

미국은 조약의 첫 번째 서명국이었고, 트루먼 대통령은 1949년 6월 미국 상원에 비준을 요청했다. 그러나 상원에 만만찮은 반대자들이 존재했다. 남

1950년 10월 14일, 유엔 본부(뉴욕 레이크 석세스)에서
제노사이드 협약을 비준한 국가의 대표들. 뒷줄 서 있는 사람들 중
가장 오른쪽에 있는 사람이 라파엘 렘킨이고,
앞줄 앉아 있는 사람들 중 가장 왼쪽이 한국 대표 장기영John P. Chang이다.

부 출신 상원의원들은 다시 한번 미국의 인디언 원주민 학살 문제와 연결될 우려를 조장하며 반대를 선동했다. 그리고 한국전쟁의 발발도 영향을 끼쳤다. 공화당 상원의원 매카시Joseph McCarthy와 브리커John Bricker는 미국을 전쟁으로 끌어들인 유엔을 비난했다. 그들은 연방정부가 여러 국제조약에 가입해 미국의 권리를 유린하고 있다고 주장했다. 제노사이드 협약은 미국 주권을 희생한 대가로 유엔을 더 강력하게 만들고 미국을 희생한 대가로 연방정부를 더 강력하게 만드는 것의 대표 격으로 여겨지게 되었다. 아이젠하워 대통령도 브리커의 지지자들을 달래기 위해 제노사이드 협약과 모든 인권조약을 부정했다. 국무장관 덜레스도 제노사이드 협약이 다른 나라에서 내부적인 사회 변화들을 야기함으로써 조약들이 가진 '전통적인 제한선'을 초과하고 있다고 비난하면서 뉘른베르크의 판례를 단호하게 거부했다.[45]

렘킨의 인내는 약해지고 건강도 갈수록 약화되었다. 적은 많아지고 실망감은 커져갔다. 그는 1950, 1951, 1952, 1958, 1959년에 계속 노벨상 후보에 올랐는데, 사실상 언론의 관심은 이미 그로부터 멀어졌다. 1959년 8월 28일 렘킨은 제노사이드를 금지하기 위한 25년간의 투쟁 끝에 파크 가에 있는 밀턴 블로우의 광고 사무실에서 심장마비로 쓰려졌다. 맨해튼 서쪽 112번가에 있는 그의 아파트에는 각국 외무부 장관과 대사들을 위해 준비한 각종 메모와 500여 권의 책들로 가득 차 있었다. 사망 후 《뉴욕타임스》에는 아래와 같은 사설이 실렸다.[46]

유엔 사무실 복도에서 약간 구부정한 모습으로 자신들에게 다가오는 라파엘 렘킨 박사를 발견할까 노심초사하던 미국과 다른 나라의 외교관들은 이제 더 이상 마음 졸일 필요가 없어졌다. 또 렘킨 박사가 15년 동안 그토록 끈질

기게 제 몸을 돌보지 않은 채 헌신해왔던 제노사이드 협약을 비준하지 못한 것에 대해 궁색한 변명을 생각해낼 필요도 없을 것이다. …… 죽음은 그의 마지막 항변이었다. 그것은 '학살하지 말자'는 조약이 우리의 주권을 침해할 것이라고 우려해왔던 우리 정부에 대해 그가 던진 마지막 언어였다.

"삶의 본질적인 토대들에 대한 파괴"

렘킨의 책 《추축국의 유럽 점령지 통치》(1944)는 한 학자의 대표 저서 이상의 의미를 갖는, 연구사적으로 매우 중요한 책이다. 겉으로는 지루할 정도로 긴 법률사전의 모습을 하고 있지만, 일반 대중에게 나치의 만행과 제노

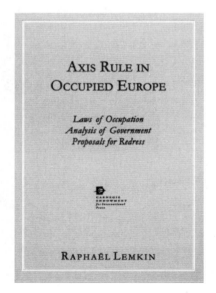

렘킨의 책 《추축국의 유럽 점령지 통치》(1944) 표지.

사이드를 막기 위해 호소하는 렘킨의 열망이 반영되어 있고, 완성도가 높다고 평가받는다.

책은 총 3부로 구성되어 있다. 1장부터 8장까지는 독일의 점령기술에 대해 다룬다. 추축국 정부와 그 종속국들이 당시 나치 점령 아래에 있던 유럽의 19개 국가에 부과한 법령과 규칙 등을 다루고 있다. 즉 점령국가인 독일의 통치와 주권 찬탈, 독일 경찰, 특히 비밀경찰인 게슈타포의 역할과 기능, 점령지에 대한 차별적인 독일 법 도입, 법원의 구성, 재산의 처분, 금융 관리, 노예제를 통한 노동 착취와 인구 감소, 유대인에 대한 비인간적 대우 등이 세세하게 논의되고 있다.

9장에서는 1933년 국제연맹이 주관한 국제형법 통일 학술회의에서 만행 범죄와 반달리즘 범죄를 국제법상의 범죄로 규정하자고 주장했던 발표와 대량 학살 행위의 처벌 법안을 다시 정리해 실었다. 다만 만행과 반달리즘을 대체할 새로운 용어를 찾았다. 그는 집단 성원들에 대한 모든 종류의 전면적인 폭력과 굴욕적인 행위들을 함께 묶는 용어와 법을 만들고자 했고, 이런 노력의 연장에서 '제노사이드'라는 용어가 탄생했다.[47] 이 책에서 그는 "국민이나 민족 집단nation and ethnic group에 대한 파괴"를 의미하는 제노사이드라는 용어를 만들어 사용했다. 이것은 인종, 부족을 의미하는 그리스어 'genos'와 학살을 의미하는 라틴어 'cide'의 합성어이다.[48] 필립 샌즈에 따르면, 컬럼비아대학 문서보관소에 있는 렘킨의 연구 논문에는 흥미로운 연필 낙서들이 있다. 노란색 줄이 쳐진 종이 한 장에 그는 '제노사이드'라는 단어를 25회 이상 썼다가 지웠고, 말살extermination, 문화적cultural, 신체적physical 같은 단어들도 적혀 있다. 그는 '메테노사이드metenocide'와 같은 용어도 생각해본 듯하다.[49]

제노사이드 용어를 문자 그대로 인종 학살 혹은 종족 학살로 이해하는 것은 곤란하다. 렘킨은 제노사이드가 한 국민이나 민족 집단에 대한 즉각적인 파괴를 의미하지 않는다고 강조한다. 오히려 제노사이드는 "국민이나 민족 집단 자체를 절멸할 목적으로 그 집단 구성원들의 삶에서 본질적인 토대들을 파괴하기 위해 시도되는 다양한 행위들로 이루어진 공조 가능한 계획"을 의미한다. "제노사이드의 목적은 그 집단의 정치·사회 제도, 문화, 언어, 민족 감정, 종교, 경제적 생존 기반을 붕괴시키고 개인들의 안전, 자유, 건강, 존엄성과 생명(삶)까지 파괴"하는 데 있다.[50]

책 2부에는 A(알바니아)에서 Y(유고슬라비아)까지 나치 독일이 점령한 17개 국가에서 실행된 조치들이 정리되어 있다. 각 나라별로 유대인, 폴란드인, 그리고 집시, 장애인을 포함해 각 집단이 박해당한 단계를 자세히 설명하고 있다. 조치들을 일반화하면 다음과 같다. 일단 국가가 점령당하면 대상 집단에게는 특정 신분이 부여되며, 해당 집단에 속하는 개인은 자신을 표시해야 했다. 예컨대 유대인의 경우 최소 10센티미터 넓이의 다윗의 별 모양이 그려진 완장을 차는 식이다. 활동에 제약이 가해지고 자산을 몰수당하고 자유로운 이동 및 대중교통 이용이 금지된다. 그다음 게토가 만들어지고 집단은 그곳으로 강제이주를 당하며, 이탈할 경우 죽인다는 위협을 받는다. 그다음에는 점령당한 영토에서 중앙의 지정된 지역(한스 프랑크의 총독령)으로 대량 수송이 이루어진다. 그곳은 '청산' 지역으로, 우선 식량 배급을 급격히 줄여 기아에 시달리게 하고 게토에서 총살을 하거나 다른 방식으로 죽인다. 렘킨은 이동 수단으로 '알 수 없는 목적지로 가는 특별기차'가 이용되고 있다는 사실을 이미 알고 있었다. 그는 약 200만 명의 사람들이 이미 학살당한 것으로 추정했다.[51]

책 3부는 증거에 관한 자세하고 독창적인 분석이다. 렘킨은 이 책의 권고 사항들이 아무리 유용할지라도, 법령들을 묶어내는 일이 진짜 중요한 역할을 할 것이라 생각해 책의 절반인 약 360쪽 정도를 증거 분석에 할애했다. 그는 히틀러와 그의 동조자들이 직접 쓴 문건들을 제시해서 자신이 과장하고 있다거나 선동하는 게 아니라고 보여주고 싶었다.[52] 이러한 생각에서 독일 법령들을 모두 영어로 번역해서 제시했다. 여기에 사망 기록에 대한 이해하기 쉽고 반박할 수 없는 세부 정보와 법률 문서들도 포함시켰다.[53] 그는 이 작업이 미국 독자들에게 널리 퍼져 있는 불신과 낙담을 물리치는 데 놀라운 힘을 발휘할 것이라고 확신했다.

렘킨에 따르면, 제노사이드는 두 국면으로 전개된다. 하나는 피지배 집단의 민족적 형태national pattern를 파괴하는 것이고, 다른 하나는 피지배 집단에게 지배자의 민족적 형태를 강제로 부과하는 것이다. 강제 부과는 피지배 국가를 제거하고 해당 지역을 식민화한 후, 그 영토에 남아 있는 피지배 국민을 상대로 혹은 그 영토만을 대상으로 진행한다. 그는 보통 과거에 민족적 형태의 파괴를 기술하는 데 사용했던 '국적 박탈denationalization' 개념의 한계를 지적한다. 그가 보기에 이 개념은 생물학적 구조의 파괴를 내포하지 않는다. 민족성의 파괴만을 의미하지 지배자가 민족성을 부과하는 것을 함축하지 않으며, 시민권의 박탈만을 의미한다. 또한 '독일화', '마자르화', '이탈리아화'처럼 어떤 강력한 민족에 의한 부과를 가리키는 용어도 부적절하다고 보았다. 이런 용어의 사용은 제노사이드의 문화적·경제적·사회적 측면만을 부각시킬 뿐 물리적 쇠퇴나 심지어 인구 파괴와 같은 생물학적 측면을 놓친다는 것이다.[54]

렘킨은 제노사이드 개념을 구체적으로 논의하면서 앞서 언급한 '국적 박탈'이나 '독일화'와 같은 개념들과 극적으로 대비시킨다. 나치 독일은 점령 지역의 국민적·민족적 총체들의 토대들을 공격하기 위해 여러 점령국에서 새로운 '제노사이드 기술techniques'을 사용했다. 나치는 포획된 사람들 captive peoples의 삶의 다양한 측면들을 동시다발적으로 공격했다. 나치는 정치적·사회적·문화적·경제적·생물학적·물리적·종교적·도덕적 기술들을 통해 단지 사람들의 생명을 앗아가는 것이 아니라 유대인 삶의 총체적 측면을 파괴하려고 했다.

정치 영역에서는 자기 통치의 제도들을 파괴하고 독일이 통치를 실시해 독일인에 의한 식민화를 실시하고, 사회 영역에서는 사회 단결을 방해하고 지식인, 성직자……같은 요소들을 학살하거나 제거한다. 문화적인 영역에서는 문화 제도를 파괴하고 문화 활동을 금지하고, 교양교육 대신에 직업교육을 시켜서 인간주의적 생각을 방해한다. 경제 영역에서는 부를 독일인들에게 이전시키고 무역 활동을 금지시키고 직업을 박탈한다. 생물학적 영역에서는 피점령 지역 주민들에 대한 인구 감소 정책과 점령 지역에서 독일인의 출산을 장려하며, 물리적 생존의 영역에서는 비독일인에 대한 기아배급체계를 적용하고 주로 유대인, 폴란드인, 슬로베니아인과 러시아인을 대량 학살한다. 종교 영역에서는 영적인 지도를 포함해 민족적 지도를 제공하는 나라들의 교회 활동을 방해하고, 도덕 영역에서는 포르노 책자와 영화 장려 그리고 과도한 술 소비 장려를 통해서 도덕적 타락의 분위기를 만든다.[55]

최호근은 정치적·사회적·문화적·경제적·종교적·도덕적 기술들을 '부드러운' 제노사이드, 생물학적·물리적 기법들을 '강경한' 제노사이드라 말한다. 이처럼 다양한 기술을 통해 실행에 옮겨진 나치의 제노사이드 정책은 끔찍한 결과를 가져왔다. 만약 나치 독일이 2차 세계대전에서 승리했다면 그 결과는 더 파국적이었을 것이다.[56]

요약하면, 렘킨의 제노사이드 개념은 '즉각적인 파괴'를 의미하는 것이 아니라 '삶의 본질적인 토대들에 대한 파괴'를 의미한다. 다시 말해 렘킨은 제노사이드를 통해 집단의 모든 성원들에 대한 대량 학살과 같은 물리적 파괴만이 아니라 집단의 삶의 토대들과 사회적 양식들에 대한 사회적 파괴를 포함해 정의했다.

마틴 쇼는 학살이 궁극적인 파괴 수단이지만, 그것이 반드시 집단 파괴를 의미하는 것은 아니라고 주장한 바 있다. 집단 파괴는 삶의 방식과 사회적 연결망, 제도, 공동체의 가치에 대한 절멸을 목적으로 하며, 이것이야말로 궁극적인 의미의 집단 파괴에 해당한다고 말한다. 만행과 반달리즘에 대한 렘킨의 초기 주장이나 제노사이드 기술들에 대한 논의를 고려할 때 충분히 납득 가는 주장이다. 유엔 제노사이드 협약과 이를 둘러싼 학자들의 '정의 논쟁'에서 제노사이드가 물리적 파괴를 의미하는 것으로 한정되었음을 감안하면, 쇼는 오랫동안 등한시되어왔던 렘킨 생각의 토대들을 재발견해 강조한 것이다. 분명 "제노사이드는 항상 물리적 폭력을 포함하지만, 그것만큼이나 다른 수많은 것들을 포함한다. 제노사이드를 학살로 정의하는 것은 그것 뒤에 놓여 있는 사회적 목적들을 잃어버리게 한다. 제노사이드는 대량 학살 그 이상의 어떤 것들을 포함하는 것이다."[57]

2.
국제법상의 범죄로 이를 방지·처벌해야 한다:
협약의 내용과 한계

제노사이드를 금지하고 처벌하는 실정법이 만들어지면, 이를 집행할 수 있는 효과적이고 중립적인
집행기관이 설립되는 것이 논리적이다. 제노사이드 협약은 각국의 국내 법정, 국제형사법정,
국제사법재판소의 3개 사법기관과 유엔의 관련 기관 등 4개 기관을 집행기관으로 상정하고 있다.

1946년 12월 11일 결의안 96(Ⅰ)호 통과 후 1947년 3월 26일 유엔 경제사
회이사회는 유엔 사무총장에게 제6위원회(법률위원회)가 검토할 수 있는 제
노사이드 협약의 초안을 만들도록 지시하는 결의안 47(Ⅳ)호를 채택했다.
1947년 11월 21일에는 유엔 총회에서 결의안 96(Ⅰ)호를 확인하고, 경제사
회이사회가 작업을 계속하도록 하는 결의안 180(Ⅱ)호를 채택했다. 이에 유
엔 사무국은 렘킨을 참여시킨 가운데 제노사이드 협약의 첫 번째 초안을
만들어 제출했다. 1948년에는 유엔 경제사회이사회에 중국, 프랑스, 레바
논, 폴란드, 미국, 소련, 베네수엘라 등의 대표로 구성된 특별위원회Ad Hoc
Committee가 설립되었다. 특별위원회는 만장일치로 초안을 채택했고, 1948
년 8월 총회에 제출했다. 총회는 그 보고서를 총회의 제6위원회에 위탁했
다. 제6위원회는 협약 초안의 내용을 논의하고 수정하기 위해 51차례의 모
임을 가졌다.[58] 마침내 1948년 12월 9일 파리의 샤이오궁에서 열린 총회에

서 대표 55명의 만장일치로 협약이 통과되었다.[59] 이렇게 탄생한 〈제노사이드 범죄 방지와 처벌에 관한 협약 결의안 260AC(Ⅲ)〉은 총 19조로 구성되어 있다. 여기에서는 협약의 본론인 제9조까지 비판적으로 분석한다. 제1조는 제노사이드 범죄가 전시뿐 아니라 평시에도 발생할 수 있고, "언제 행해졌든 불문하고 이것을 방지하고 처벌"해야 하는 "국제법상의 범죄임을 확인"하고 있다. 이 조항은 국경선을 침범한 이후 저지른 전쟁 범죄와 인도에 반하는 범죄만을 처벌했던 뉘른베르크 재판의 한계를 거울삼아 명시되었다. "국제법상의 범죄임을 확인한다"는 문구는 1946년 유엔 결의안 96(Ⅰ)을 고려하여 의도적으로 삽입한 것이다.

제2조는 제노사이드 범죄의 정의 및 이에 해당하는 행위들에 대해 명시하고 있는데, 구체적인 내용은 다음과 같다.

제2조 본 협약에서 제노사이드라 함은 **국민적, 인종적, 민족적, 종교적 집단**을 **전체 또는 부분을 파괴할 의도**를 가지고 실행된 **아래와 같은** 행위를 말한다.
① 집단 구성원을 살해하는 것
② 집단 구성원에 대하여 중대한 신체적 또는 정신적 위해를 가하는 것
③ 전부 또는 부분적으로 육체적 파괴를 초래할 목적으로 의도된 생활조건을 집단에게 고의로 부과하는 것
④ 집단 내의 출생을 방지하기 위해 의도된 조치를 부과하는 것
⑤ 집단의 아이들을 강제적으로 타 집단에 이동시키는 것(강조와 밑줄은 인용자)

제2조는 사실상 '의도성'을 중심으로 제노사이드 행위를 규정하고 있다. 즉 집단을 파괴하려는 '특정 의도specific intent'를 제노사이드의 중요한 구성

요소로 삼고 있다. 그런데 제노사이드 가해자의 의도를 판별하는 것은 주관적인 의미의 이해 영역에 해당하므로 쉽지가 않다. 가해자들은 언제나 그 특정 의도를 전면 부인한다.

이러한 모호성은 '전체 혹은 부분', '아래와 같은' 문구들에도 계속된다. 제2조에서 명시된 제노사이드 정의는 렘킨의 제노사이드 정의와 비교해볼 때 물리적·생물학적·문화적 범주만 간신히 살아남은 채 상당히 후퇴했다. 이를 두고 마틴 쇼는 사회적 파괴로서의 제노사이드라는 렘킨의 정의가 신체적 파괴로 축소되었다고 비판한다.[60] 제2조의 ②항 역시 "영국과의 아편전쟁을 경험한 중국이 마약을 사용하여 집단을 정신적으로 황폐화시키는 것을 막자는 의도에서 제안하여 채택되었지만, 마찬가지로 그 의미가 모호하여 범죄의 구성요소로서 적절하지 않다는 비판을 받고 있다."[61]

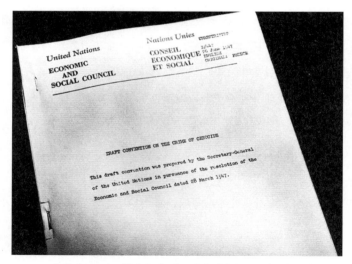

유엔 제노사이드 협약 초안. 이 초안의 협약은 1947년 3월 28일
경제사회이사회의 결의에 따라 유엔 사무총장에 의해 준비되었다.

제3조와 제4조는 제노사이드와 관련해 처벌받아야 할 범죄 행위를 밝히고 있다.

제3조 다음의 행위는 처벌될 것이다.

① **제노사이드**

② 제노사이드를 저지르기 위한 **공모**

③ 제노사이드를 저지르기 위한 **직접적 또는 공공연한 교사**

④ 제노사이드를 저지르기 위한 **시도**

⑤ 제노사이드의 **공범**

제4조 제노사이드 또는 제3조에 열거된 여타 행위의 어떤 것이라도 **이를 저지른 자는 헌법적으로 책임 있는 통치자, 공무원, 또는 사적 개인을 불문하고 처벌**될 것이다(강조와 밑줄은 인용자).

제3조는 제2조의 행위에 해당하는 범죄를 실행하는 것 외에도 공모, 교사(선동), 시도(미수), 공범 행위까지 처벌될 수 있는 행위로 들고 있다. 그리고 제4조는 제노사이드를 행한 사람에 대한 처벌을 다루고 있는데, 그 사람이 사적 개인은 물론 공무원과 심지어 정부 수반(또는 국가원수)일지라도 처벌을 피할 수 없다고 규정하고 있다.

제2조에 비해 제3조와 제4조는 매우 주목할 만하다. 왜냐하면 제3조는 제노사이드를 법적인 의미를 넘어 과정으로서 이해하게 해주며, 제4조는 주된 가해자들이 국가 지도부나 이를 뒷받침하는 관료들이기 쉽다는 사실을 전제로 하고 있기 때문이다.[62] 이것은 1946년 유엔 결의안의 정신을 이어받아

제노사이드 범죄자의 범주를 매우 포괄적으로 규정하면서 제노사이드 범죄를 처벌·방지하겠다는 의지를 강력히 보여준 것이라 할 수 있다.

그러나 그 의지를 실현하는 데 필요한 개념적 완결성과 제도적 장치를 충분하게 마련하는 데 성공했는지는 회의적이다. 제노사이드가 무엇인지 불충분하게 정의한 제2조도 문제지만, 제노사이드 방지를 위한 제도적 장치가 사실상 무력화되어 있는 제5조, 제6조, 제7조 때문이다.

제5조는 제노사이드 범죄에 대한 처벌을 위해 필요한 국내 이행을 위한 조치로 국내 입법 의무를 부과하고 있다.

제5조 체약국은 **각국의 헌법에 따라서** 본 협약의 규정을 실시하기 위해 제노사이드 또는 제3조에 열거된 여타 행위의 어떤 것에 대하여도 죄가 있는 자에 대한 유효한 형벌을 규정하기 위해 **필요한 입법을 제정할 것을 약속**한다 (강조와 밑줄은 인용자).

제5조는 제노사이드 범죄자를 효과적으로 처벌할 수 있는 입법을 하라는 것 외에 구체적으로 어떠한 내용의 입법을 할 것인가에 대해서는 각국의 헌법 질서에 맡기고 있다. 한국을 포함한 많은 체약국은 기존 형법으로 제노사이드 범죄자를 처벌할 수 있으므로 필요한 입법의 요구를 이미 충족했다는 입장을 취하고 있다. 또한 체약국에 대한 입법 의무 외에 제노사이드가 국내법적으로 어떠한 효력을 갖는가에 대해서도 규정이 전혀 없다. 그렇다면 협약 체약국이 이 조문에 따른 국내 입법을 하지 않을 경우 제노사이드 협약을 근거로 제노사이드를 국내법상의 범죄로 취급하여 제노사이드 범죄자를 처벌할 수 있는가 하는 의문이 제기될 수밖에 없다.[63]

국제법과 국내법의 관계에 대해 '이원론'의 입장[64]을 취하고 있는 국가에서는 제노사이드 협약의 효과로 제노사이드가 자동적으로 국내법상의 범죄가 되지 않는다. 설령 '일원론'의 입장[65]을 취하는 국가가 제노사이드를 국내법상의 범죄라고 인정할지라도 국내법이 없는 경우 다음과 같은 문제가 발생한다. 첫째, 협약 제2조와 제3조는 제노사이드에 대한 구성 요건을 일반적인 용어로 규정하고 있어 국내법상의 형법 규정과 비교하여 너무 추상적이다. 둘째, 제3조가 제노사이드의 공모, 교사, 시도(미수), 공범을 범죄로 규정했지만 각국의 국내 형법에서 의미가 다를 수 있는 이 용어들에 대해 아무런 정의를 하지 않았다. 셋째, 제2조와 제3조는 제노사이드 범죄 행위에 대해서만 규정했지, 여기에 부과되는 형벌에 대해서는 아무런 규정을 하지 않았다.[66] 제노사이드는 최근 국제관습법으로 인정되고 있다. 이원론의 입장을 취하는 국가도 국제관습법은 직접 국내법으로 편입된다고 인정하고 있다. 하지만 이 경우에도 구성 요소와 형벌 규정의 미비로 인한 문제점이 발생한다.

제노사이드를 금지하고 처벌하는 실정법이 만들어지면, 이를 집행할 수 있는 효과적이고 중립적인 집행기관이 설립되는 것이 논리적이다. 제노사이드 협약은 각국의 국내 법정, 국제형사법정, 국제사법재판소의 3개 사법기관과 유엔의 관련 기관 등 4개 기관을 집행기관으로 상정하고 있다. 제6조는 처벌을 위한 조치로 제노사이드가 행해진 영토 내의 국가 법정과 국제형사법정의 심리를 규정하고 있다.

제6조 제노사이드 또는 제3조에 열거된 여타 행위에 대해 혐의가 있는 자는 그러한 행위가 <u>**영토 내에서 저질러진 국가의 권한 있는 법정에 의하여**</u> 또는

국제형사법정의 관할권을 수락한 체약국에 관해서는 관할권을 가지는 동 법정에 의하여 심리된다(강조와 밑줄은 인용자).

제노사이드는 국가 지도부의 참여나 묵인하에 행해지는 경우가 대부분이다. 제6조의 전반부에서는 제노사이드가 행해진 영토 내의 국가 법정을 처벌기관으로 상정하고 있다. 이 조항은 제노사이드를 저지른 국가 지도부가 권력을 유지하고 있는 한 사실상 사문화될 수밖에 없다. 제6조 후반부에서 규정하고 있는 국제형사법정international penal tribunal의 관할권과 심리도 제노사이드 범죄를 예방할 수도 없고, 범죄를 처벌할 수도 없다. 협약이 채택될 당시 국제형사법정이 없었고, 설령 이른 시일 내에 그것이 만들어지더라도 국제형사법정의 관할권은 '체약국의 수락'이라는 조건이 달려있어 체약국에 자동으로 미치는 것이 아니기 때문이다. 국제형사법정의 설립 문제는 우여곡절 끝에 약 50년이 지나서야 비로소 빛을 보게 되었다. 1998년 7월 17일 국제형사재판소International Criminal Court에 관한 '로마 규정Rome Statue'[67]의 채택 이후 제노사이드는 핵심 범죄로 분류되어 국제법상 '보편적 관할권'이 확립되었다.[68]

제노사이드 범죄자는 권력을 잃은 후 처벌하려고 해도 체포하는 것이 힘들다는 문제가 있다. 제7조는 영토적 관할권이 효과적으로 집행될 수 있도록 하기 위해 제노사이드 범죄자의 인도에 대해 규정하고 있다.

제7조 제노사이드 또는 제3조에 열거된 여타 행위는 **범죄인 인도의 목적으로 정치적 범죄로 인정되지 않는다.** 체약국은 이러한 경우에 **실시 중인 법률 또는 조약에 따라서 범죄인 인도를 허가할 것을 서약**한다(강조와 밑줄은 인용자).

제7조 전반부에서는 제노사이드 행위자를 정치범으로 취급하지 않는다는 점을 명시함으로써 정치범 불인도의 원칙이 걸림돌이 되지 않도록 했다. 그러나 후반부에서는 체약국에 제노사이드 범죄자를 반드시 인도해야 한다는 의무를 부과한 것이 아니라 각 체약국의 법률이나 조약에 따라 인도할 것을 규정하고 있다. 즉 별도의 범죄인 인도조약이나 국내 입법이 없는 한 제노사이드 범죄자의 인도가 보장되지 않는 것이다. 실제 제노사이드 협약이 만들어진 이후에 제노사이드 범죄자를 처벌하기 위해 진행된 국내 법정에 의한 재판들이 모두 궐석재판으로 진행되었던 점은 이러한 문제를 잘 보여준다.[69]

제8조는 제노사이드 방지를 위해 유엔의 권한 있는 기관에 조치를 요구할 체약국의 권한을 규정하고 있다.

제8조 체약국은 <u>유엔의 권한 있는 기관이</u> 제노사이드 또는 제3조에 열거한 여타 행위의 어떤 것이라도 **이를 방지 또는 억압하기 위해 적당하다고 인정되는 유엔 헌장 아래의 조치를 취하도록** <u>요구</u>할 수 있다(강조와 밑줄은 인용자).

제6조에서 규정하고 있는 국내 법정과 국제형사법정에 의한 제노사이드 범죄자의 처벌은 사후*ex post facto*의 책임 추궁에 초점을 맞추고 있는 반면, 제8조는 제노사이드의 방지와 억제를 위해 필요한 조치를 취할 수 있다는 것에 의미가 있다. 사후에 제노사이드 범죄자를 처벌하는 것도 제노사이드가 발생하지 않도록 억제하는 효과가 있지만, 제노사이드가 발생할 수 있는 상황에 대한 사전 경보 장치, 그리고 이를 막기 위한 외교적 압력이나 무력 조치가 무엇보다 중요하고 필요하다. 이 임무를 수행할 수 있는 유엔의

기관으로 협약의 논의 과정이나 그 후의 논의 과정에서 유엔 안전보장이사회, 유엔 사무총장, 인권고등판무관이 거론되었다. 유엔 회원국은 유엔 헌장의 목적 달성에 필요한 조치를 유엔 기관에 청원할 수 있으므로 안전보장이사회가 제노사이드 방지를 위해 필요한 조치를 취하는 데 법적인 장애는 없다. 안전보장이사회는 유엔 헌장 제7장의 강제 조치를 법적으로 취할 수 있다. 그간 안전보장이사회의 태도를 보면 다른 국가에 직접적인 영향이 없는 경우에도 인권침해 그 자체가 세계 평화와 안전에 위협이 된다는 입장을 취하고 있다. 강제 조치를 취할 수 있는 요건이 충족되는가의 여부를 판단하는 데 있어 안전보장이사회는 많은 재량을 가지고 있다. 따라서 안전보장이사회가 제노사이드를 방지하는 기관으로서 활동할 수 있는가의 여부는 안전보장이사회 상임이사국의 정치적 의지에 달려있다.[70] 실제 구유고법정과 르완다법정은 유엔 안전보장이사회의 결의에 의해 설립되었다.

그러나 문제는 그 전제로 체약국의 청원(요구)이 있어야 한다는 것이다. 오직 국가만이 청원할 수 있고, 개인이나 국내·국제 NGO에게는 청원권이 없다. 제노사이드 범죄를 저지르고 있는 국가가 체약국인 경우 자기가 저지른 범죄의 방지를 위해 유엔에 조치를 요구할까. 제노사이드 범죄에서 제3자가 되는 체약국도 이해관계가 없는 상황에서 유엔에 청원할 가능성은 극히 드문 경우, 예컨대 엄청난 규모로 범죄가 자행되어 국제 여론의 주목과 압력이 가중되는 상황에서 인류의 공동선 추구를 위한 인도주의적 개입이 요구되는 경우를 제외하고는 없을 것이다. 제노사이드 범죄 당사국과의 외교적 마찰을 감수하면서까지 타국에서 발생한 제노사이드 사건에 개입해 유엔에 조치를 요구하기란 쉽지 않다.

협약의 협상 과정에서도 이러한 문제점이 지적되었다. 제노사이드와 관련해 유엔 사무총장에게 유엔 기관에 통고하는 의무를 부여하자는 의견이 제시되기도 했다. 그러나 협약이 체결될 당시에는 유엔 헌장 제99조에 명시되어 있는 세계 평화와 안전의 유지에 관한 유엔 사무총장의 권한을 좁게 해석했고, 이 의견은 채택되지 않았다. 협약이 체결된 후 유엔 사무총장의 권한에 인권보호를 위한 통고권이 포함된다는 입장이 인정되었다. 현재는 사무총장의 의지가 있으면 제노사이드 문제를 안전보장이사회 등 유엔의 주요 기관에 제기하는 것은 어렵지 않다.[71]

제9조는 분쟁 해결을 위한 사법기관의 하나로 국제사법재판소ICJ를 들고 있다. 제6조와 제7조에서 본 국내 법정과 국제형사법정은 제노사이드 범죄자 개인을 처벌하기 위한 것이다. 이와 다르게 제9조는 조약의 해석, 적용, 이행에 관한 분쟁을 해결하기 위한 것이다.

> 제9조 본 **협약의 해석 적용 또는 이행에 관한 체약국 간의 분쟁**은 제노사이드 또는 제3조에 열거된 여타 행위의 어떤 것이라도 이에 대한 **국가 책임에 관한 분쟁을 포함**하여 **분쟁 당사국 요구에 의하여 국제사법재판소에 부탁**한다(강조와 밑줄은 인용자).

제9조는 제노사이드를 자행한 국가의 국제적 책임 문제도 국제사법재판소의 강제관할권에 속한다는 점을 명시하고 있다. 따라서 개인은 국내 법정이나 국제형사법정에 의해 형사처벌을 받고, 국제 의무를 다하지 못한 국가의 책임 문제는 국제사법재판소에서 해결하자는 것이 협약의 구조라 할 수 있다.

3.
밀고 당기다가 타협하다:
협약의 쟁점과 논쟁

피해자와 가해자가 명백하게 존재하는 상황에서도 가해자가 의도가 없었다고
우기기만 하면 제노사이드는 없었던 일이 되어버릴 수 있다는 경험적 사실이
모든 제노사이드 가해자들에게 요령으로서 학습되고 공유되었다.

협약이 이렇게 불완전하고 심지어 모순적인 데에는 이유가 있다. 협약은
결의안 통과 이후 약 2년 동안 이해관계를 달리하는 나라들 간의 밀고 당기
는 싸움 속에서 정치적으로 타협된 산물이다. 2년이라는 기간은 강대국들
의 힘의 논리와 주요 회원국들의 역사적 경험, 법 논리가 서로 충돌하고 타
협하는 논쟁의 시간이었다.[72] 유엔 총회에 제출된 협약의 최종 버전을 통과
시키기 위해 법률위원회에서 열린 51차례의 모임은 그 숫자가 말해주듯 매
우 격하고 감정적인 것이었다. 레오 쿠퍼는 이때 부각되었던 쟁점들을 다
섯 가지로 정리했다.[73]

정치적 집단 포함 여부

특별위원회와 법률위원회 대표들은 어떤 집단을 보호 집단에 포함시킬 것인지를 두고 논쟁을 벌였다.[74] 1946년 결의안에는 "인종적·종교적·정치적 그리고 여타의 집단들"이 보호받아야 할 집단으로 명시되었는데, 1948년 봄의 특별위원회에서는 '정치적 집단'이 문제가 되었다. 이때 정치적 집단의 배제를 강력하게 주장한 것은 소련 대표였으며, 폴란드와 이란 대표가 이 입장을 적극 지지했다. 이들에 따르면, 보호 집단의 기준은 반드시 쉽게 구별 가능한 것이어야 하며, 개인들의 주관적 특성을 배제한 객관적인 것이어야 한다. 인종, 종교, 국민 집단이 바로 그러하며, 이들의 구별 가능한 특성은 영속적이고 불가피한 것이다. 그러나 정치적 집단은 구성원들의 자발적 의사에 따라 쉽게 구성될 수도 있고 해체될 수도 있다는 점에서 가변성이 너무 크다. 소련, 폴란드, 이란 대표의 관점을 요약하면, 정치적 집단은 일시적이고 불안정한 특성을 갖고 있기 때문에 보호 집단에 정치적 집단을 포함시키는 것은 제노사이드의 정의를 모호하게 만들어 전체 협약의 효력을 약화시킬 것이라는 주장이다. 그렇다고 정치적 집단을 보호하지 말아야 한다는 의미는 아니며 그러한 해석은 경계해야 한다고 언급하기도 했다. 정치적 집단에 대한 보호는 국내법과 국제법, 그리고 인권위원회에 의해 준비될 적절한 조치들로 이루어져야 한다고 덧붙였다.

이에 대해 프랑스 대표는 소련이 파시즘과 나치즘의 범죄 사례를 지나치게 의식하고 있다고 비판하면서, 제노사이드 협약은 파시즘과 나치즘 등장 이전에 발생했던 제노사이드 사례들은 물론 앞으로 일어날지도 모를 새로운 양상의 제노사이드들까지 포함할 수 있어야 한다고 반박했다. 과거 제노사이드 범죄가 인종적·종교적 집단에 자행되었더라도 미래에는 정치적 동기에 의해 자행될 것이 명백하다는 프랑스의 주장에 볼리비아, 아이티, 쿠바 대표가 적극적인 지지를 표명했고, 미국과 영국 대표는 소극적으로 동조했다. 특히 아이티 대표는 제노사이드 범죄자들이 인종적·종교적 집단을 절멸시킨 후 정치적 견해차를 구실삼아 법망을 빠져나갈 것이라고 주장했다. 더 나아가 "제노사이드는 항상 정부가 공모했기에 그 범죄는 결코 처벌되지 않는다. 그 범죄에 책임 있는 정부는 항상 어떤 집단에 대한 절멸을 반란 진압이나 공공질서 유지를 위한 것이라고 말하면서 정치적 고려에 따라 지시한 것이라고 내세울 것"이라고 강조했다. 이 주장은 다른 나라 대표들 사이에서 큰 공감을 얻었다. 그 결과 정치적 집단은 특별위원회의 초안에서도 보호 집단으로서 살아남게 되었다.

그러나 1948년 11월 29일에 열린 법률위원회에서 이란, 이집트, 우루과이 대표가 다시 정치적 집단 포함과 관련하여 부정적인 주장을 펴면서 논쟁이 벌어졌다. 결국 정치적 집단은 빠졌다. 쿠퍼는 막후에 실세들 간 합의가 있었다고 판단한다. 미국 대표는 정치적 집단의 보호 원칙에 동조하기는 했지만, 이 때문에 협약이 비준되지 않고 국제법정 설립 제안이 거부될 것을 크게 우려했다. 소련은 이 원칙이 관철될 경우 스탈린 치하에서 발생한 대규모의 정치적 학살이 국제적 쟁점이 되어 타국이 국내 정치에 개입하도록 만들 수 있다는 점을 우려하면서 그런 소지를 완전히 차단하고 싶어 했다. 다른 나라들도 감추고 싶은 과거의 일들로 외부의 개입이 이루어지는 것을 두려워했다. 이런 분위기가 법률위원회를 지배하면서 결국 최종 표결에서 정치적 집단은 빠졌고, 보호 대상은 국민적·민족적·인종적·종교적 집단에 한정되었다. 이 과정과 결과를 보면, 쿠퍼의 말대로, 법률위원회에서 각 나라 대표들은 권력을 갖고 있는 정부를 대변했고, 대다수 정부들은 정치적 반대자를 탄압하는 데 제약받지 않을 자유를 유지할 수 있기를 원했다고 말하는 것이 지극히 타당할지도 모르겠다.

제노사이드의 범위와 규모

각 나라 대표들은 제노사이드로 간주되는 행위들의 범위를 어디까지로 할 것인가를 둘러싸고 설전을 벌였다.[75] 렘킨은 제노사이드가 정치적·사회적·문화적·경제적·생물학적·물리적·종교적·도덕적 영역에서 수행된다고 설명한 바 있다. 그러나 경제사회이사회의 초안은 그 가운데 세 가지 영역, 즉 물리적 제노사이드(보호 집단 성원들의 죽음을 야기하거나 성원들의 건강이나 신체에 위해를 가하는 행위), 생물학적 제노사이드(출생의 제한), 문화적 제노사이드(집단의 아이들을 강제로 이동시키거나 추방하고, 국어 사용을 금지하며, 책과 문서들, 기념물, 역사적·예술적·종교적 가치가 있는 대상들을 파괴함으로써 박해받는 집단의 종적 특성을 파괴하는 것)로 축소되었다. 특별위원회에서도 이 범주는 유지되었지만, 내용상 많은 변화가 있었다. 그중 생물학적 범주는 상당히 약화되었고, 문화적 범주는 다음과 같이 정의되었다.

- 일상 대화나 학교, 인쇄와 출판에서 그 집단의 언어 사용을 금지하는 것
- 도서관, 박물관, 학교, 역사기념물, 예배당, 혹은 여타의 문화적 제도들과 그 집단의 대상들을 파괴하거나 금지하는 것

문화적 제노사이드의 포함 여부도 논쟁 대상이 되었다. 이번에는 각 나라 대표들의 공수 역할이 뒤바뀌었다. 소련과 동유럽 국가들은 문화적 제노사이드가 포함되어야 한다고 압박한 반면, 서유럽 국가들은 뺄 것을 요구했다. 쟁점은 문화 보호 항목을 제노사이드 협약에 넣을 것인가, 아니면 인권과 소수자 권리 협약에 넣을 것인가의 문제로 구체화되었다. 과거 식민지 모국으로서 서유럽 국가들은 점령 지역의 문화적 전통 파괴와 문화유산 수탈의 경력 때문에 이 문제에 매우 민감했고 방어적이었다. 결국 문화적 제노사이드는 흔적만 남기고 삭제되었다. 협약은 "아이들을 강제적으로 타 집단에 이동시키는 것"을 특별히 언급했고, 민족적ethnical이라는 단어가 보호 집단의 목록에 추가되었다. 이는 차별적인 문화나 언어를 가진 집단을 보호해야 한다는 요구를 반영한 것이었다.

제노사이드 규모 문제도 주요 쟁점으로 떠오르면서 논쟁이 가열되었다.[76] 얼마나 많은 사람들이 절멸되어야 학살이 제노사이드가 되는가? 협약의 첫 초안에 '전체 혹은 부분'이라는 표현이 있었다. 이 구절은 특별위원회에서 삭제되었지만, 총회에서 채택된 최종본에 이 구절이 다시 등장할 정도로 논쟁이 치열했다. 핵심적인 쟁점은 몇 명이, 몇 퍼센트가 이 '부분'에 해당하는가에 대한 것이었다. '부분'을 삭제하고 '전체'의 문구만을 삽입하면 수많은 제노사이드 범죄들이 면죄부를 부여받게 될 것이라는 점은 누구나 예상할 수 있는 것이었다. 그러나 어느 누구도 이 '부분'을 명확하게 정의할 수 없었다. 인간주의적 관점에서 볼 때 죽음과 고통은 수학적 계산의 문제가 아니기에 '죽음의 수'는 상당히 불편하고 거슬리는 것이었다. 따라서 법률위원회로서는 제노사이드 협약의 구속력을 약화시키지 않는 한에서 상당한 또는 두드러진 피해자 수가 어느 정도인지를 판별할 수 있는 구체적 기준을 마련하기 어려웠다.

'의도'의 입증

'의도'의 문제 또한 치열한 쟁점으로 떠올랐다.[77] 협약하에서 제노사이드 범죄는 파괴 결과만으로 성립되지 않는다. 반드시 파괴하려는 의도가 입증되어야 한다. 이 논리에 따르면, 한 집단에 대한 절멸조차 의도하지 않은 inadvertent 것이었다고 주장할 경우 제노사이드가 되지 않는 상황이 발생한다. 애초 특별위원회의 초안은 다음과 같은 보다 복잡한 의도에 대한 정식화를 제안했다.

> 제노사이드는 집단 성원의 민족적(국민적) 혹은 인종적 기원, 종교적 신념, 혹은 정치적 견해를 **이유로on grounds of** 민족적(국민적), 인종적, 종교적, 정치적 집단을 파괴할 **의도intent**를 가지고 저지르는 **고의적인deliberate** 행위이다(강조와 밑줄은 인용자).

이 초안은 서로 다른 법체계를 갖고 있는 각 나라 대표들 사이에서 복잡한 논쟁을 촉발시켰다. 제노사이드를 정의할 때 '의도'를 포함시킨 것은 확증하기 어려운 주관적 요소를 도입한 꼴이었다. 이것을 객관적인 척도로 대체하려던 시도도 결국 성공하지 못했다. '의도'는 유지되었고, '고의적인'은 중복 표현이어서 삭제되었다. 소련은 '정치적 견해'와 '정치적 집단'도 삭제할 것을 요구했다. 이런 식으로 이것저것 빠지면 남는 결과는 매우 기괴한 것이 될 터였다. 영국 대표는 "……를 이유로"라는 동기에 관한 문구가 의도의 여부를 판단하는 과정에서 가해자들에게 빠져나갈 구멍을 마련해줄 것이라고 주장하면서 삭제를 요구했다. 결국 밑줄 친 구절 자체가 삭제되고 베네수엘라 대표가 제안한 "……와 같은"으로 대체되었다. 그러나 이것은 문제의 해결이 아니라 더욱 모호하게 만드는 것이었다. 이에 대해 최호근은 다음과 같이 평가한 바 있다.

제노사이드가 일어날 때마다, 의도성을 따지는 협약은 우발성을 강조하는 가해자 집단 앞에서 무력함을 보일 수밖에 없었다. 피해자와 가해자가 명백하게 존재하는 상황에서도 가해자가 의도가 없었다고 우기기만 하면 제노사이드는 없었던 일이 되어버릴 수 있다는 경험적 사실이 모든 제노사이드 가해자들에게 요령으로서 학습되고 공유되었다. 제노사이드 협약의 작성에 참여했던 사람들이 의도를 강조한 데는 물론 이유가 없지 않았다. 일단 시작되면 엄청난 인명 손실을 가져오는 제노사이드의 특성을 고려할 때, 사건이 본격화되기 전 선전선동과 법령들을 통해 절멸의 의도가 드러나는 시점에서부터 국제 사회가 개입해야 참사의 확대를 막을 수 있다는 논리는 상당한 설득력을 갖고 있었다. 그러나 결과적으로는 초기 단계에서부터 국제 사회가 개입한 제노사이드 사례가 하나도 없다. 의도성에 대한 지나친 강조는 결국 제노사이드 협약이 사후약방문에도 미치지 못하는 문서로 전락하는 데 크게 기여했다.[78]

제노사이드 방지와 처벌 방법

1946년 유엔 결의안에서 확인된 처벌을 통한 방지의 원칙이 제노사이드 협약에 반영되어 효력을 발휘하기 위해서는 재판관할권의 소재를 결정하는 문제가 중요했다.[79] 첫 번째 초안에서는 '보편적 강제의 원칙'이 포함되어 있었다. 이후 '보편적 재판관할권' 개념으로 정착되는 이 원칙에 따라 초안은, 협약을 체결한 국가들이 제노사이드를 방지하고 억제해야 하며 더 나아가 국경과 장소에 상관없이 협약을 위반한 사람을 처벌할 것을 보장했다. 그러나 최종안에는 이 원칙들이 삭제되고 유엔은 "유엔의 일반적 역량의 범위 안에서 행동을 취해야 한다"로 바뀌었다.

또한 초안은 제노사이드 행위를 처벌하는 국내법을 만들어야 할 의무를 부과하고 제노사이드 범죄를 전담하는 국제형사법정을 설립한다고 규정했지만, 이에 대해서도 격렬한 반론이 제기되면서 난항을 겪었다. 이러한 내용들이 국가의 주권을 침해한다는 주장이 강력한 공감대를 형성했기 때문이다. 그러나 국제형사법정을 지지하는 측도 있었다. 프랑스 대표는 제노사이드에서 국가가 행사하는 절대적 역할 때문에 제노사이드를 실효성 있게 억제하거나 방지하려면 국제형사법정이 필요하다고 주장했다. 범죄를 저지른 국가나 정부에게 처벌과 방지를 맡기는 것이 아니라 국제 사회의 개입에 의해 이루어져야 한다는 것이다.

결국 법률위원회에서는 이를 표결에 부쳤고, 근소한 차이로 이 조항을 삭제하기로 결정했다. 이에 프랑스가 다시 국제형사법정이 삭제되면 협약 초안에 서명하지 않겠다고 버티는 바람에 국제형사법정은 살아남게 되었다. 정치적 타협으로 제6조의 후반부 내용이 살아남은 것이다. 국제형사법정에 관한 규정에 반대한 영국은 최종적으로 이 타협안을 받아들이기는 했지만, "존재하지도 않고 그 범위도 알려지지 않은 법정을 지지한다고 영국은 약속할 수 없다"라는 해석 각서를 붙였다. 그 결과 제6조는 법적으로 큰 의미가 없게 되었다.[80] 다만 법률위원회는 국제법위원회에 제노사이드 범죄자를 처벌하기 위해 독립적인 국제형사재판소를 세울지 아니면 국제사법재판소International Court of Justice에 형사부를 만들지 연구를 요청하면서 이 문제에 대한 논의가 재개되었다. 그 후 지지부진한 논의가 계속되었고, 50여 년이 지난 1998년에 '로마 규정'으로 제6조는 법적으로 유효하게 되었다.

협약 논쟁의 의미

마틴 쇼는 "협약을 비판하는 것이 제노사이드 연구의 주요 '산업'이었다"[81]고 말한다. 제노사이드 협약은 형성 과정에서부터 격렬한 논쟁이 벌어질 정도로 비판의 소지를 안고 있었다. 그럼에도 불구하고 협약이 만들어지지 않았다면 제노사이드에 대해 이렇게 많은 이야기들을 할 수 없었을 것이다. 협약은 개념적 논의를 위한 기초도 제공해주었다.

제노사이드는 '사회 집단들에 대한 의도적인 파괴'라는 주장에 기본적으로 동의한다. 그러나 의도, 파괴, 집단과 같은 용어들을 법적인 관점에서 너무 협소하게 이해할 것이 아니라 보다 확장시키면서 동시에 정교하게 만들 필요가 있다. 예컨대 제노사이드 협약은 국민적·민족적·인종적·종교적 집단으로 보호 집단의 목록을 한정했지만, 이 목록을 더욱 추가할 수도 있고, 아니면 아예 포괄적인 정의로 바꿀 수도 있다. 학살과 물리적 위해가 주요한 행위라고 이해되는 것도 물리적 폭력 없는 제노사이드를 인정하기 어렵다는 점에서 중요하지만, 렘킨의 제노사이드 개념에서 일관되게 나타나는 집단 파괴로 이어졌던 삶의 조건들에 대한 다양한 제약이라는 생각도 결코 간과해서는 안 된다. 협약은 물리적인 파괴와 사회적 파괴 사이의 관계를 충분히 다루지 못하고 있는데, 이 관계야말로 제노사이드를 이해하는 데 매우 핵심적인 것이 아닐까? 예컨대 협약에서 출산과 아이들에 대한 통제가 제노사이드 범죄에 해당함을 기술한 것(제2조 ④와 ⑤항)은 성폭력 또는 젠더화된 폭력을 강조하는 흐름과 함께 주목받고 있다. 비록 협약의 초안이 사회과학자가 아닌 외교관과 법률가에 의해 만들어지고 정치적 논쟁과 합의의 결과로 국가의 이름으로 승인되었지만, 협약은 지적으로도 강력한 개념을 준비한 것이었다. 협약이 여러 가지 점에서 약점이 많은 것은 틀림없는 사실이지만, 그 영향력은 정치적·법적 비중만큼이나 현실적인 내부적 강점들을 보여주고 있다.[82]

그동안 제노사이드 협약에 대한 이해는 매우 다양했다. 특히 대부분의 사회과학자들은 협약의 제노사이드 정의를 명시적으로나 암묵적으로나 일단 받아들인 후 거기에 더해 정치적 집단이나 여러 사회적 집단을 포함시키는 확장된 정의를 사용하곤 했다. 이 과정에서 학계에서는 제노사이드 정의를 둘러싼 수많은 논쟁들이 벌어졌다. 이 논쟁들은 협약을 둘러싼 비판적 논쟁과 연동되어 진행되었다.

이러한 '정의 논쟁'에 많은 제노사이드 연구자들이 참여했고 상당한 성과를 거두기도 했지만, 과도한 '정의 내리기'에 반감을 갖는 사람들이 생겨나기 시작했다. 이스라엘 차니에 따르면 "정의를 둘러싼 과도한 논쟁은 논의하고 있는 그 주제(제노사이드)의 현실이 어디에 있는지를 종종 잃어버리게 한다. 즉 제노사이드 연구를 수행하고 있는 학자들은 더 이상 자신들이 다루고 있는 연구 주제의 현실을 감정적으로 경험하지 못하고 있다"[83]는 것이다. 마틴 쇼는 이런 우려에 동의를 표하지만, 그럼에도 폭력의 유형을 구별하기 어렵게 하는, 즉 엄밀하지 못한 느슨한 정의가 정당화되는 것은 아니라고 말한다. 그는 다음과 같이 말한다.

우리가 피해자들에게 정의를 행하고 폭력의 극악무도함을 이해하려고 한다
면, 구체적인 방식만큼이나 추상적으로 이러한 주제들에 관여할 필요가 있
다. 핵심은 제노사이드를 방지하고 처벌하는 것이다. 그러나 이렇게 되려면,
야만성을 이해해야만 한다. 정의의 문제는 피할 수 없다.[84]

제3장

학계의 제노사이드
논쟁과 비판

물리적인 대량 학살로 축소되다:
제노사이드 정의 논쟁의 쟁점과 비판

제노사이드는 전쟁의 맥락에서 자행되었을 뿐만 아니라
제노사이드 자체가 새로운 종류의 적(근본적으로 민간인 집단)을
수반했던 특별한 종류의 전쟁이었다.

제노사이드를 정의한 첫 사회학자, 대드리안

서구 학계의 제노사이드 연구는 제노사이드 협약을 비판하는 데서 출발했
다. 그러나 그 방향은 렘킨의 길에서 벗어났다. 정의 내리기 논쟁이 거듭될
수록 제노사이드의 의미는 물리적인 파괴로 축소되고 대량 학살(집단 학살)
로 단순화된 채 대량 폭력의 유형 중 하나로 환원되어갔다. 학계의 논쟁을
보면 학자들에 따라 협약 이해에 다양한 편차가 존재함을 확인할 수 있다.
여기에서는 배하큰 대드리안, 헬렌 페인, 프랭크 초크와 커트 조나슨, 이스
라엘 차니의 논의에 주목한다.

배하큰 대드리안은 아르메니아 제노사이드를 포함해 제노사이드에 대한
일반적인 설명을 시도했다. 그에 따르면, "제노사이드는 공식적인 권위를
바탕으로 모든 권력 자원에 대한 압도적인 권리를 갖고 있는 지배 집단이

강제나 파괴적인 폭력을 통해 소수 집단의 수를 감소시키려는 성공적인 시도로, 이때 소수 집단에 대한 궁극적인 절멸은 바람직하고 유용한 것이 되어버린다."[1] 그는 가해자 집단과 피해자 집단의 권력 사이의 불균형의 정도와 유형을 강조하면서 5개 범주의 제노사이드 유형을 설명한다. 첫째는 동화同化가 가해자의 목적인 문화적 제노사이드, 둘째는 폭력에 의한 민간인 학살이나 침략 기간에 질병의 우연한 확산과 같이 가해자의 활동이 의도하지 않은 결과들을 낳은 잠재적 제노사이드, 셋째는 지배 집단에 도전하는 소수 집단의 일부를 처벌하기 위해 계획된 보복적 제노사이드, 넷째는 경제적 자원의 통제를 얻기 위해 대량 학살을 이용하는 공리주의적 제노사이드, 다섯째는 아르메니아인 학살이나 홀로코스트에서처럼 가해자의 주요 목적이 그 집단에 대한 총체적 소멸인 최적의 제노사이드이다.[2]

대드리안의 제노사이드 정의는 사회학자에 의한 최초의 정의라는 점을 빼면 협약의 정의보다도 후퇴한 것으로 평가된다. 페인은 이런 방식의 정의를 두고 "가해자가 지배 집단이고 피해자가 소수 집단이라는 것을 제외하면 무엇이 제노사이드로 관찰되고 분류되는지 분명한 게 없다"[3]고 비판한다. 초크와 조나슨도 한편으로는 가해자의 의도성을 강조하면서도 다른 한편으로는 의도하지 않은 결과까지 제노사이드 유형 분류에 포함시켰기 때문에 분류의 엄격성을 약화시켰다고 비판하면서 가해자의 동기, 의도하지 않은 결과, 문화적 제노사이드, 비제노사이드적 학살 모두를 뒤섞은 대드리안의 분류는 효용성이 떨어진다고 혹평한다.[4]

협약 정의의 활용과 극복 사이에서, 페인과 초크·조나슨

국제제노사이드학자협회 초대 회장인 헬렌 페인은 자신의 책《제노사이드: 사회학적 시각》(1990)에서 제노사이드에 대한 학술 연구가 부족하다고 지적하면서 20세기의 두드러진 현상 가운데 하나인 제노사이드를 사회학적인 연구 대상으로 삼아야 한다고 주장한다. 그녀는 제노사이드 개념의 발전을 서술하고 제노사이드 연구에서의 몇 가지 핵심적 쟁점들을 논의한 후, 제노사이드에 대한 새로운 개념을 제안한다.[5] 그녀에 따르면, 제노사이드는 "가해자가 집단 성원의 생물학적·사회적 재생산의 방해를 통해 직접적·간접적으로 집단(성)을 물리적으로 파괴하는 지속적이고 목적이 있는 행위이며, 이것은 희생자가 위협이 되지 않거나 항복하더라도 지속된다."[6] "지속적이고 목적이 있는 행위"는 제노사이드가 의도적 파괴 행위라고 명시한 협약과 정확히 일치한다. 집단의 물리적 파괴가 "직접적" 혹은 "재생산의 방해를 통해" 수행될 수 있다는 생각은 협약에서 수단들을 열거한 것을 반영한 것이다.

그러나 그녀는 세 가지 측면에서 제노사이드 협약의 개념을 수정한다. 첫째, 협약은 보호 집단을 국민적·민족적·인종적·종교적 집단이라고 제한하지만, 그녀는 일반적인 "집단(성)"으로 열어둔다. 둘째, "물리적"이라는 단어를 삽입시켜 제노사이드를 사회적 파괴의 측면에서도 강조했던 렘킨의 범죄의 범위에 대한 생각을 협약보다 축소해 생물학적인 학살과 여타의 조치들로 엄격하게 제한한다. 셋째로 그녀는 피해자가 "위협이 되지 않거나 항복하더라도 지속된다"고 덧붙여서 제노사이드가 전쟁과 분리되어 있음을 강조한다. 피해자는 군사적인 위협이 되지 못하더라도 파괴된다는 것이다.[7] 페인은 자신의 논의가 협약이 갖고 있는 문제점들을 해결할 것이라고 기대한다.

이와 달리 프랭크 초크와 커트 조나슨은 협약의 정의 방식에 얽매이지 않는 제노사이드 정의를 제안한다. "제노사이드는 국가나 다른 권위(체)가 한 집단을 파괴할 목적으로 일방적으로 대량 학살하는 형태이다. 이때 그 집단과 성원됨은 가해자가 정의한다."[8] 그들은 이 정의를 통해 제노사이드가 일차적으로 국가에 의해 또는 국가의 후원과 묵인 아래 준군사 조직·단체 같은 또 다른 권위체가 자행하는 국가 범죄임을 분명히 한다. 그들은 제노사이드를 페인보다 더 좁게 '대량 학살'이라는 물리적 파괴로 한정한다.

이에 대해 페인은 초크와 조나슨이 의도적인 생물학적 파괴의 다른 형태들을 놓치고 있다고 비판한다. 그녀는 그들이 국가를 가해자로 명기한 것이 불필요하게 가해자를 제한적으로 만들었다고 지적한다. 국가가 제노사이드를 자행하는 주요 행위자이긴 하지만 정당, 식민개척자, 준군사기구 등도 제노사이드에 책임이 있다는 것이다. 페인은 '다른 권위(체)'라는 단서 조항은 빠져나가는 수단에 불과하다고 혹평한다.[9]

초크·조나슨과 차니의 정의를 둘러싼 논쟁들

그럼에도 나는 초크와 조나슨의 정의가 흥미로운 논쟁거리를 제공하고 있다고 생각한다. 우선 "피해자 집단의 성원이 되는 것은 가해자가 정의한다"는 서술이다. 이 서술은 가해자들이 '적' 집단에 대한 상상과 망상에 따라 범죄를 정당화하며 자행한다는 점을 잘 포착하고 있다. 이러한 생각은 피해자 집단이 반드시 객관적으로 존재한다거나 집단 정체성이 집단 자신의 의식에 의해 정의된다는 가정, 즉 렘킨으로부터 시작해 제노사이드 협약과 페인에게도 전제되는 가정을 문제삼고 있다. 마틴 쇼도 이런 점에서 초크와 조나슨이 피해자 집단에 대해 사고할 때 간과해서는 안 될 핵심 사항을 지적했다고 말한다. 대부분의 연구자들이 동의하는 것처럼 집단에 대한 의도적인 파괴가 제노사이드의 핵심이라면, 분명 가해자가 피해자 집단을 어떻게 상상하고 규정하는가가 중요하다.[10] 이러한 시각에 대해 반론도 있다. 페인은 가해자의 관점에 너무 치우칠 위험이 있고 피해자의 자기인식도 인정할 필요도 있다고 비판한다.

다음으로 '일방적인'이라는 용어이다. 초크와 조나슨은 한쪽이 다른 쪽과 전투를 할 수 없고 저항할 수도 없다는 제노사이드의 특징을 잡아낸다. 대량 학살의 폭력이 조직적으로 무장한 군대와 비무장한 민간인 사이에서 벌어진다는 점도 덧붙인다. 설령 피해자들이 가해자에게 대항하기 위한 시도에 관여했더라도 그러한 절망적인 시도는 이러한 대량 학살의 일방성을 강조할 뿐이라는 것이다.[11] 이런 의미에서 제노사이드는 전쟁과 완전히 구분된다고 강조한다.

'일방성'에 대한 감각은 제노사이드가 무엇인지를 근본적으로 알려준다. 그러나 일방적인 제노사이드는 종종 전쟁처럼 조직적으로 무장한 군대 간의 충돌 상황에서 일어나기도 한다. 그 과정에서 저항이 나타날 수도 있고, 이것이 다시 새로운 충돌로 이어져 일방적인 학살이 양자 간 혹은 다자 간 충돌과 폭력 상황의 일부가 될 수도 있다. 다시 말해 제노사이드를 일방적인 학살로만 규정하는 것은 이러한 관련성과 연쇄를 놓칠 수 있다.[12]

심리학자이자 홀로코스트 연구자인 이스라엘 차니도 이러한 경향을 되풀이하고 있다. 차니에 따르면 "제노사이드는 일반적으로 피해자가 근본적으로 저항도 하지 못하고 도움도 받지 못하는 상황하에서 적으로 보이는 군사력에 대한 군사행동 중이 아닐 때 상당수의 인간이 대량 학살되는 것"[13]을 의미한다. 그는 이와 같은 "일반적이고 범용적인" 서술을 통해 '집단에 대한 파괴 행위'라는 렘킨의 시각을 반영하고자 했을 것이다. 그러나 결과적으로는 페인이나 초크와 조나슨보다 제노사이드를 더욱 물리적인 폭력으로 축소시켰다. 심지어 렘킨의 사상뿐 아니라 협약에서 본질적이었던 '집단' 요소마저 완전히 지워버리고 말았다. 게다가 제노사이드에서의 민간인 학살과 전쟁에서의 민간인 학살이 원칙적으로 다르다는 점을 지적하고자 했으나, 그 차이를 "적으로 보이는 군사력에 대한 군사행동 중이 아닐 때"라고 정의하면서 완전히 잘못된 길로 나아갔다.

홀로코스트의 사례를 보더라도 그렇다. 나치가 전쟁과 점령을 통하지 않고 유대인을 완전히 통제하는 것이 가능했을까? 독일이 폴란드를 침공하여 점령했던 기간에 유대인들은 야만적으로 뿌리 뽑혔고, 게토에 강제 수용되었으며, 굶주리고 과도한 노동에 시달렸다. 소련과 유고슬라비아에 침공했던 독일군과 동행했던 살인특무부대Einsatzgruppen는 소련 전쟁포로, 공산주의자, 여타의 시민과 함께 유대인을 살육했다. 항상 그런 것은 아니지만, 제노사이드와 전쟁의 관계는 너무나 분명하고 강력했다. 제노사이드가 반드시 전쟁 '시작'부터 전개되는 것은 아니고 '평시'에도 제노사이드적 파괴가 진행된다고 강조하는 것은 타당하다. 그러나 '일방성'에 대한 생각이 과도하게 강조되면서 차니처럼 완전히 전쟁 맥락 바깥에서 제노사이드를 정의하려는 건 명백하게 잘못된 시도라고 판단한다.

마틴 쇼도 차니의 접근이 제노사이드의 의미를 잘못 이해하고 있다고 비판한다. 쇼는 다음과 같이 질문한다. 만일 민간인에 대한 제노사이드적 학살이 군사행동 중에 발생한다면, 그것과 병사들의 '보통의' 살해 행위의 관계, 또는 그것과 의도하지 않은 민간인에 대한 '부수적 피해'라고 주장하는 학살과의 관계를 어떻게 볼 것인가? 차니는 아무런 관계가 없다고 넌지시 비춘다. 이런 입장은 분명 약점이다. 예를 들면 나치에게 유대인들도 (군사력은 없지만) 적으로 보이는 집단이었고, 유대인에 대한 최악의 범죄가 독일의 군사행동 중에 발생했기 때문이다. 역사학과 홀로코스트를 평생 연구한 루시 다비도비츠Lucy S. Dawidowicz는 유대인에 대한 나치의 제노사이드를 유대인에 대한 전쟁이라고 주장하기도 했다. 제노사이드는 전쟁의 맥락에서 자행되었을 뿐만 아니라 제노사이드 자체가 새로운 종류의 적(근본적으로 민간인 집단)을 수반했던 특별한 종류의 전쟁이었다.[14]

〈표 3-1〉 대드리안, 페인, 초크와 조나슨, 차니의 제노사이드 정의

학 자	내 용
배하큰 대드리안	제노사이드는 공식적인 권위를 부여받고 모든 권력 자원에 대한 압도적인 권리를 가진 **지배 집단**이 강제나 파괴적인 폭력을 가지고 **소수 집단의 수를 감소시키려는 성공적인 시도**로, 소수 집단에 대한 **궁극적인 절멸은 바람직하고 유용.**
헬렌 페인	가해자가 집단 성원의 생물학적·사회적 **재생산을 방해**하는 것을 통해서 **직접적·간접적으로 집단(성)을 물리적으로 파괴**하는 지속되고 목적이 있는 행위이며, 이는 **피해자가 위협이 되지 않거나 항복하더라도 지속.**
프랭크 초크와 커트 조나슨	**국가나 다른 권위(체)가 한 집단을 파괴할 목적으로 일방적으로 대량 학살**하는 형태로, 이때 그 **집단과 성원됨은 가해자가 정의.**
이스라엘 차니	피해자가 **근본적으로 저항도 하지 못하고 도움도 받지 못하는 상황**하에서 **적으로 보이는 군사력에 대한 군사행동 중이 아닐 때 상당한 수의 인간을 대량 학살.**

그런데 차니는 같은 글에서 제노사이드 유형학을 발전시키면서 침략전쟁(정당하지 못한 전쟁) 중에 발생하는 제노사이드도 제노사이드 유형 중 하나라고 주장하면서 혼란을 가중시키고 있다. 그는 전쟁에서 적을 패배시키기 위해 민간인 중심지에 대한 대량 파괴처럼 침략전쟁의 목적을 위해 수행되거나 허락되는 제노사이드를 2차 세계대전 때 독일과 일본의 사례를 들면서 설명하고 있다.[15] 더 나아가 그는 '인도에 반하는 전쟁 범죄'[16]가 제노사이드 범죄의 '정의 모체definitional matrix'로 봐야 한다고 주장하기까지 한다. 어떻게 이런 상반된 주장이 한 논문에서 동시에 전개될 수 있었을까? 쇼는 차니가 일단 제노사이드가 군사행동 중이 아닐 때 발생하는 대량 학살이라고 정의해놓았지만, 역사적 실례들이 수두룩한 군사행동 중에 발생하는 제노사이드적 대량 학살을 무시할 수 없기 때문에 이를 하위 유형으로 처리했다고 해석한다.[17]

지금까지 살펴본 학자들의 제노사이드 정의 외에도 학계에서는 다양한 개념 정의가 시도되었다. 그런데 역으로 대량 학살을 포함한 여러 정치적·사회적 폭력을 논의하는 장에서 제노사이드 용어가 회피되는 현상이 벌어지기도 했다. 이러한 현상 이면에는 정치적 이유가 있다. 제노사이드로 규정되거나 인정되면 법적·정치적 조치가 이어져야 하기 때문이다.

이러한 경향은 제노사이드 정의를 둘러싼 이론적 혼란에서 나온 것이다. 제노사이드 용어를 회피하거나 용어 사용에 혼란이 발생하는 것은 대체로 세 가지 이유를 들 수 있다. 첫 번째 이유는 홀로코스트 연구자들이 홀로코스트만이 제노사이드의 기준에 해당한다고 보고 여타의 대량 학살 사건들은 이 기준을 충족시키지 못한다고 주장하기 때문이다. 홀로코스트의 유일무이성uniqueness을 확립하려는 시도라 할 수 있다. 두 번째 이유는 '민족 청소'라는 용어가 제노사이드적 폭력의 하위 개념으로서 위에서 거부된 사례들을 수용하기 위해 사용되고 있기 때문이다. 세 번째 이유는 '사이드cide'가 붙은 각종 용어들이 학술·대중 담론에서 증식되어 제노사이드의 다양한 유형들이 제노사이드가 아닌 다른 이름으로 인식되고 있기 때문이다.[18] "제노사이드가 무엇인가"에 대한 논쟁은 "어디까지 제노사이드인가"라는 논쟁으로 전환해갔다.

2.
어디까지가 제노사이드인가:
제노사이드 범위 논쟁

라파엘 렘킨의 제노사이드 용어는 홀로코스트 개념의 신화와 '민족 청소' 용어의 실용주의적
활용 사이에서 점차 물리적 학살로 축소되어갔다. 게다가 유엔 제노사이드 협약의 축소된 정의는
여기저기서 벌어지는 제노사이드적 사례들을 제노사이드로 포괄하지 못했다.

홀로코스트와 제노사이드

제노사이드는 제노사이드 용어와 유엔 제노사이드 협약이 탄생하던 시기
외에는 오랫동안 홀로코스트의 그림자 뒤에 가려져 있다. 학문적인 관심
에 있어서도 홀로코스트는 제노사이드라는 주제보다 압도적이었으며 고
등교육과 공론의 영역에서도 그러했다. 미국 워싱턴 D.C. 시내 한복판에
우뚝 솟은 홀로코스트 기념관과 3,000여 명에 달하는 전문 연구 인력은 현
재 홀로코스트라는 주제가 미국 사회에서 차지하는 위치를 상징적으로 보
여준다.[19]

이러한 상황 속에서 나치의 유대인 학살은 배타적으로 유일하다는 의미
를 내포하는 정관사 'the'가 붙은 대문자 '홀로코스트the Holocaust'로 확립되
었고, 이 용어는 렘킨의 의도와 달리 제노사이드로부터 분리된 채 유일무

이한 것으로 강조되었다. 이런 상황에서 학계의 논쟁들은 여타 제노사이드 사례들, 가령 20세기 초의 아르메니아 사건이나 20세기 말 르완다 사건을 제노사이드로 인식하기 위해 오히려 홀로코스트와의 유사성을 찾아야 하는 아이러니한 상황에 직면하게 되었다. 그 결과 학계의 제노사이드 연구는 홀로코스트의 유일무이성과 비교가능성 논쟁으로 환원되었다.

홀로코스트의 유일무이성을 둘러싼 논쟁은 초기에 크게 두 입장으로 나뉜다. 한쪽에서는 홀로코스트가 역사상 어떤 사건들과도 비교할 수 없으며 언어로 표현될 수 없는 "다른 행성에 속하는 것"으로 "유일무이하게 독특한uniquely unique 것"이라고 주장한다. 반면 다른 한쪽에서는 홀로코스트가 "인간에 대한 인간의 잔인성을 보여준 극악한 사건임에도 불구하고 끔찍한 악행으로 가득한 이번 세기에 일어난 또 하나의 사건"으로 간주한다. 전자가 유일무이성을 절대화시킨 입장이라면, 후자는 유일무이성을 상대화시킨 입장이라고 할 수 있다.[20]

유일무이한 홀로코스트

스티븐 카츠Steven Katz는 홀로코스트의 유일무이성을 절대화하는 대표적인 입장에 서 있다. 그는 홀로코스트만이 제노사이드의 유일한 사례라고 주장한다. 그에 따르면, 제노사이드라는 용어는 한 집단 전체(그 집단은 가해자에 의해 규정된다)를 물리적으로 파괴하기 위한 의도가 현실화되었을 경우에만, 그리고 그것이 성공적으로 이루어졌을 경우에만 사용할 수 있다. 이 정의를 충족시키지 못하는 모든 유형의 대량 학살은, 그렇다고 해서 덜 비도덕적이거나 덜 악하다는 건 아니지만, 제노사이드라고 할 수 없다는 것이다.[21] 표적 집단의 전체성, 물리적 파괴, 의도의 명징성, 성공적 실행이라는 요건을 동시에 만족시킬 수 있는 제노사이드 사례는 홀로코스트를 제외하고는 없다. 카츠의 정의는 협약의 정의보다 더 엄격하고 제한적이다. 이런 정의에 부합하는 사례가 있다면, 나치에 의한 집시(신티와 로마 집단) 학살 정도이며, 이에 근접하는 사례로 오스만제국의 아르메니아인 학살 정도를 꼽을 수 있다. 그럼에도 그는 자신이 라파엘 렘킨의 정의를 충실히 따르고 있다고 주장한다. 그는 "국민이나 민족 집단 자체를 절멸할 목적으로 그 집단 구성원들의 본질적인 삶의 토대들을 파괴하기 위한 다양한 행위들로 이루어진 공조 가능한 계획"이라는 렘킨의 정의를 인용하면서, 다음과 같이 언급한다. "유대인에 대한 완전한 생물학적 멸종으로 이해되는 이것만이 오늘날 홀로코스트라고 부를 수 있다."[22] 그러나 카츠의 정의는 렘킨의 정의를 유대인에 대한 생물학적 멸종으로 축소시키고 있을 뿐이다. 렘킨으로부터 한참 떨어져 나왔을 뿐만 아니라, 나중에 카츠 자신도 인정한 바 있듯이, 렘킨을 엄청나게 오해했다.[23]

카츠의 홀로코스트에 대한 이해도 문제가 있어 보인다. 나치가 점령 지역에서 모든 유대인 하나하나를 전부 실제로 학살할 작정이었든 아니었든 간에, 나치의 제노사이드적 정책은 점령지 주민들을 여러 범주로 분류하고 차등적으로 처리했다. 나치의 정책 스펙트럼 한쪽 끝에는 사람을 학살하지 않는 경향도 존재했다. 예컨대 아리아인의 혈통이 섞여서 독일화될 수 있다고 분류한 사람의 경우에는 말이다. 스펙트럼의 중간 범위에는 아리아인의 혈통과 관련 없는 사람들이 있는데, 이 경우 노예적 지위로 전락하거나 학살될 가능성도 있었다. 반대편 끝에는 유대인과 집시, 장애인이 있었는데, 이들은 최종적으로 체계적인 대량 학살의 대상이 되었다. 만일 이러한 범주들의 구분이 나치에게 유의미했다면, 이것은 집단을 사회적으로 파괴하기 위한 수단으로서 학살, 그리고 정책 목적 그 자체로서 학살 간 구분일 것이다. 장애인, 폴란드인 엘리트, 유대인, 소련인 전쟁포로, 집시 모두 2차 세계대전의 다양한 국면에서 학살되었지만, 이 집단들을 향한 정책들은 나치 통치, 전쟁, 점령의 모든 국면에서 똑같이 학살적인 것은 아니었다. 적어도 나치 반유대주의적 정책의 '최종적 해결' 국면과 그 이전 국면들을 구분해야 한다. 절멸정책의 발전을 인식하는 것은 중요하지만, 그것은 긴 제노사이드 역사의 최종 국면이었다. 유대인 절멸은 이 최종 국면에 이르러서 체계적으로 극대화된 여러 유형 중 하나였다.[24]

만일 나치체제가 1941년 상반기에 갑자기 사라졌다면, 7만~8만 명의 독일인 정신질환자에 대한 소위 '안락사'와 폴란드의 지식인 계급에 대한 체계적 학살이 가장 악명 높은 인간 파괴의 업적이 되었을 것이다. 만일 나치체제가 1942년 봄에 사라졌다면, 소련에 대한 '파괴 전쟁'이 가장 역사적인 오명을 갖게 되었을 것이다. 그 시기의 첫 9개월 동안 소련의 전쟁포로 200만 명이 대량 학살된 것은 같은 시기에 유대인 약 150만 명이 학살된 것보다 두드러져 보이기 때문이다.[25]

정리하면, 홀로코스트의 의미는 여러 피해자 집단들을 동시에 표적으로 삼았던 제노사이드적 정책과 전쟁의 맥락에서 포착할 수 있다.

홀로코스트가 유일무이하며 어떤 사례들과도 비교불가능하다는 주장을 하는 사람들은 상당히 강력한 세력을 이루고 있다. 이스라엘 차니는 미국에서 홀로코스트는 그 어떤 것과 비교할 수 없다는 주장이 정치적 권력에 의해 강력하게 뒷받침되고 있고, 학계와 박물관, 공동체에서 이를 지지하지 않는 사람들을 내쫓거나 억압해왔다고 주장한 바 있다.[26] 이는 상당히 설득력 있는 주장이다. 1970년대부터 미국의 유대인들이 홀로코스트의 기억을 유대인 사회 안팎에 확대·심화시키기 위해 조직적인 노력을 기울여온 것은 잘 알려져 있다. 최호근에 따르면, 이 과정에서 유대인들이 장악하고 있는 헐리우드 영화계와 TV, 언론과 출판업계가 행사한 역할은 대단했다. 더 나아가 유력한 여론 생산자였던 그들은 가톨릭과 개신교, 학교에 각별한 공을 들였다. 그 결과는 성공적이어서 주립학교의 필수 학습계획에 홀로코스트를 포함시키도록 규정하는 주들이 점차 늘어났다. 1979년 미국 법무부 산하에 홀로코스트 가해자들에 대한 전담 조사기관이 만들어질 수 있었던 것도 유대인들의 요구가 비유대인들로부터 상당한 호응을 얻었기 때문이다.

이러한 사회 분위기 속에서 학계의 유대인 학자들은 홀로코스트가 다른 대량 학살의 사례들을 판단하는 표준으로 확고하게 자리매김할 수 있도록 시도했다. 이런 작업이 소기의 성과를 거두게 되자 그들의 연구 활동은 홀로코스트의 유일무이성과 비교불가능성을 부각시키는 데 집중되었다.[27] 그 결과 홀로코스트 연구 목록은 헤아릴 수 없을 정도가 되었고, 이를 바탕으로 워싱턴 D.C.의 홀로코스트 기념관을 비롯해 미국 주요 도시에는 관련 박물관과 기념관, 연구기관이 세워졌으며, 다시 그 속에서 엄청난 전문 연구 인력이 배출되었다. 이런 상황에서 학자로서 홀로코스트의 비교불가능한 유일무이성을 비판한다는 것은 차니의 말대로 상당한 위험과 불이익을 감수하는 것이었다. '홀로코스트 산업'을 비판한 시카고 드폴대학의 노르먼

핀켈슈타인Norman G. Finkelstein 교수가 유대인 단체의 외부 압력에 의해 정년보장 심사에서 떨어진 것은 이런 상황을 잘 보여준다.[28]

홀로코스트 유일무이성의 상대화

유일무이성을 전적으로 긍정하거나 부정하는 식이 아닌 상대화시키는 연구들도 있다. 앨런 로젠버그에 따르면, 홀로코스트는 "상대적으로 유일무이하다"는, 여타 제노사이드 사건들과 비교될 수 있고 그래야 된다는 입장이다. 가브리엘 로젠펠드Gavriel D. Rosenfeld는 유일무이성 개념이 홀로코스트를 전면 부정하거나 왜곡하려는 '역사 수정주의' 시도에 방어적으로 대응하다보니 강화된 측면이 있다고 성찰적으로 분석한다. 그렇다고 해서 유일무이성을 차별성distinctiveness이라든지 특수성particularity 개념 정도로 대체할 수 있는가에 대해선 부정적이었다.[29] 게다가 홀로코스트를 제노사이드 연구로 맥락화하는 것, 즉 다른 대량 학살 사건들과 비교해 질적으로 다르지 않다는 논의에 대해서도 비판적이었다. 홀로코스트를 제노사이드의 사례 중 하나로 분석하려는 시도는 널리 인정되는 제노사이드의 정의가 부재하기 때문에 좌절할 수밖에 없다고 평가한다.[30]

예후다 바우어Yehuda Bauer도 상대적 유일무이성의 입장에 서 있다. 그는 나치의 반유대주의 캠페인을 포함한 유대인 학살이 제노사이드의 가장 극단적인 형태를 보여준 사례라고 주장한다.[31] 그는 유일무이성의 딜레마에 대해 다음과 같이 언급했다.

만일 유대인에게 발생한 것이 유일무이하다면, 그것은 역사의 바깥에서 발생했고, 신비로운 사건이며, 전도된 기적이 된다. 말하자면, 이는 그 개념이 정상적으로 이해될 때 인간이 만든 것이 아니라는 의미에서 종교적인 의미의 사건이다. 다른 한편, 만약 그 사건이 전혀 유일무이한 것이 아니라면, 무엇이 유사한 것이고, 선례인가?[32]

그는 유일무이성 문제를 역사적 맥락 안에 위치시켜 설명해야 한다고 주장한다. 그리고 홀로코스트를 선례로서 다른 제노사이드 사례들과 비교할 수 있다고 보았다. 그럼에도 불구하고 그는 다른 제노사이드 사례들과 달리 홀로코스트에만 특수하고 전례가 없는 것이 있다고 주장한다.

홀로코스트의 유일무이성은 …… 숫자의 문제가 아니다. 그것은 대량 학살 방법의 문제도 아니다. 홀로코스트를 유일무이하게 하는 것은 국민이나 인종 집단에 대한 계획적인 총체적 절멸, 학살자(가해자)를 자극하는 유사종교적·종말론적 이데올로기 등 두 요소의 존재이다.[33]

그는 유대인만이 의도적인 총체적 절멸정책의 희생자였다고 주장하고 있다. 그는 약 200만 명이 넘는 소련의 전쟁포로가 나치의 관행과 정책으로 인해, 포로수용소의 열악한 시설, 영양실조, 기아에 시달리며 학살되었다는 점을 알고 있었다. 또한 수많은 폴란드인이 실재적·잠재적 저항자로 인식되어 잔인한 방식으로 처형되었다는 점을 강조하기도 했다. 그러나 이러한 잔인한 정책들이 제노사이드적 성격을 띠고 있음에도 불구하고 소련인이나 폴란드인의 총체적 절멸을 목표로 한 것이 아니었다고 주장하면서 유

대인에 대한 의도적인 총체적 절멸과 차별화를 시도한다.[34]

　앨런 로젠버그는 바우어의 논의가 개념적으로 혼란스럽고 비일관적이라고 비판한다. 무엇보다 바우어는 렘킨의 제노사이드 개념을 사용하면서 그의 주장을 지지한다고 말한 바 있는데, 로젠버그는 바우어가 렘킨을 완전히 오독했다고 비판한다.

'제노사이드' 개념을 사용하는 데 있어 바우어의 태도는 모순적이었다. 그는 이 개념을 총체적 절멸 이하를 겨냥한 정책에 적용하려 했다. 그러나 바우어는 자신의 초기 저작에서 (렘킨과 마찬가지로) 제노사이드를 한 국민이나 민족에 대한 계획된 총체적 파괴를 뜻하는 것으로 사용한 바 있었다. 이러한 점을 상기할 때, 그의 제노사이드 개념 사용은 매우 산만하기까지 했다. 바우어는 초기 저작[35]에서 "홀로코스트는 제노사이드 범죄였다. 즉 개별 민족 집단이나 인종 집단의 모든 구성원들을 그 집단의 성원이라는 이유로 말살하려는 시도다"라고 언급한 바 있다. 이러한 언급에서 분명 '홀로코스트'와 '제노사이드'는 두 개의 다른 유형의 사건을 나타내는 것으로 보이지 않는다.[36]

로젠버그는 바우어의 주장이 사실적 차원에서도 취약하다고 평가한다. 예컨대 로젠버그는 바우어가 집시나 다른 집단에 대한 나치의 의도가 유대인들에 대한 의도와 매우 달랐다고 주장한다. 그러나 많은 연구들은 나치가 집시들의 총체적 제거를 시도했음을 뒷받침하는 증거들을 보여준다. 무엇보다 로젠버그는 바우어가 초기에 "히틀러가 유대인과 마찬가지로 집시들을 절멸하고자 했다"는 점을 분명히 인식했음을 바우어 본인의 말을 인용해 되돌려준다.[37]

정리하면, 바우어는 홀로코스트가 제노사이드 "연속체continuum의 가장 극단적인 지점"에 있다는 초기 입장을 포기했다. 그리고 홀로코스트의 유일무이성을 손상시키지 않기 위해 유대인 절멸만을 의미하는 홀로코스트와 나치가 저지른 다른 대량 학살들, 즉 제노사이드 개념이 적용될 수 있는 학살들을 구별하고자 했다. 그러다보니 '총체적 절멸의 의도'를 강조할 수밖에 없었고, 총체적 절멸은 홀로코스트로, 그 이하의 절멸은 제노사이드로 분리된 채 위계화되었다. 스티븐 카츠가 그랬던 것처럼 렘킨을 떠난 것이다. 차이점이 있다면 카츠는 홀로코스트만이 제노사이드에 부합하며 따라서 다른 대량 학살 사례들과 비교할 수 없다고 주장한 데 반해, 바우어는 홀로코스트는 총체적 절멸이고 그 이하는 제노사이드이며 따라서 홀로코스트만이 상대적으로 유일무이하다고 주장했다는 점이다. 카츠와 바우어의 입장은 분명 큰 차이가 있음에도 불구하고, 유일무이성에 대한 의식적이고 목적론적인 강조가 그 차이마저도 희석시키는 것처럼 보인다.

라파엘 렘킨이 나치의 '이름 없는 범죄'를 목도하면서 '제노사이드'라는 이름을 붙였다는 사실을 기억할 필요가 있다. 그런 의미에서 홀로코스트는 제노사이드의 가장 극단적인 형태라고 생각한다. 즉 홀로코스트의 파괴적 특성이 보여준 다양한 과정, 기술, 방법들이 매우 특수하고 전례가 없다는 의미에서 홀로코스트는 제노사이드 연속체의 최대치이다. 홀로코스트를 가능하게 했던 현대적 수단들은 다른 제노사이드 사례들과 비교할 때 전례가 없는 것이었다. 예컨대 유대인을 박멸해야 할 '해충'으로 인식시키는 극단적인 인종주의가 이데올로기적 선동에 그치지 않고 법 제도와 결합되어 합법적으로 작동되었다는 점에서, 광범위한 관료제 조직과 과학기술(전문가)의 결합은 효율적인 학살의 포드주의를 가능하게 했다는 점에서, 그리고 희생자들을 '대상물objects'이라는 가장 노골적인 물리적 특성으로 환원시키는 데 다양한 심리기제들이 활용되었다는 점에서 매우 두드러진다. 간단히 말해 홀로코스트는 20세기 제노사이드의 한 극단적인 유형으로 다른 제노사이드 사례들과 비교할 때 가장 현대적인 특징을 구현하고 있다.

'민족 청소'

홀로코스트의 유일무이성을 둘러싼 논쟁들은 제노사이드를 물리적 절멸 혹은 생물학적 학살로 협소하게 정의하는 경향에 큰 영향을 끼쳤다. 이 때문에 제노사이드 연구자들 사이에서 제노사이드가 대량 학살을 의미한다는 축소된 관점이 광범위하게 받아들여졌다. 앞서 살펴본 대드리안, 페인, 초크와 조나슨, 차니뿐만 아니라 거의 모든 제노사이드 연구자들이 이런 관점을 취하고 있다. 역사사회학자 마이클 만은 한 술 더 떠서 '총체적 청소'와 '사전에 계획된 대량 학살' 모두를 수반하는 가장 극단적인 학살정치를 언급할 때만 제노사이드 개념을 사용했다. 그에게 제노사이드는 고의적인, 체계적이고 총체적인 절멸을 의미하는 협소한 개념이었다.[38] 문제는 제노사이드 개념이 이처럼 협소한 절멸의 의미로 축소되면, 극히 극단적인 제노사이드 사건을 제외하고 대부분의 경우 사면되는 효과가 발생한다는 것이다. 이에 공무원과 기자, 학자들은 재빠르게 새로운 용어로 제노사이드를 재발명했는데, 그 가운데 가장 폭넓게 쓰인 용어가 '민족 청소ethnic cleansing'다.

'ethnic cleansing'은 슬라브 말인 '이트니치스코이 치스츄나이etnicheskoye

chishcheniye'에서 나왔다. 이 슬라브 용어는 소련 당국이 1980년대 후반 아제르바이잔 남서부에 위치한 나고르노-카라바흐Nagorno-Karabakh에서 아르메니아인들을 추방하려는 아제르바이잔의 시도를 기술하면서 사용한 말로서 유고슬라비아를 통해 서구의 담론으로 들어왔다. 더욱이 '청소 cleansing'라는 단어는 2차 세계대전 때 크로아티아의 파시스트들이 세르비아인들을 추방할 때, 그리고 1990년대 초반 코소보에서 알바니아 정부가 세르비아인들을 추방할 때 사용했던 말이다. '민족 청소'는 청결과 정화의 의미를 내포하는 가해자의 용어로서 특정 집단들을 그들이 살던 곳에서 제거하는 파괴적인 성격을 지시하기에는 역부족이다. 추방이나 강제 이주 또는 제노사이드라는 용어가 있음에도 언론에서 그리고 정치적·법적·사회학적 담론에서 왜 가해자의 용어를 사용해야 하는지 의문들이 제기되어왔다.[39]

그러나 이 용어는 지속적으로 사용되었고 확산되어왔다. 구유고 지역에서의 여러 전쟁들 이후 유엔 안전보장이사회의 문서와 여러 비정부 기구 INGO의 문서에서 이 용어가 널리 채택되었다. 학계에서는 앤드류 벨-피아코프Andrew Bell-Fialkoff가 처음으로 이 용어에 대한 학술적 정의를 내린 이래, 마이클 만이 이 용어를 사회학적으로 승인해주었다.

'민족 청소'의 국제법 용법과 제노사이드

현재적 의미의 '민족 청소' 용어는 1992년 8월 국제기구들의 문서에서 등장하기 시작했다. 당시 '민족 청소'는 유엔 안전보장이사회, 총회, 인권위원회, 경제사회이사회의 결의안에 인용부호(큰따옴표)가 달린 채 사용되었는데, 이 용어가 가해자의 용어임을 의식했기 때문이다.[40] 이 기구들이 제출한 구유고 지역 상황에 대한 보고서들은 각각 '민족 청소'가 무엇인지를 정의하고 있다. 조금씩 차이는 있지만, 공통적으로 민족적 동질성을 위해 특정 민족의 민간인 집단을 체계적·강제적으로 재배치, 이주, 추방하거나 고문, 강간, 거주지의 파괴, 대량 학살 등의 행위를 저지르는 것을 의미한다.[41]

'민족 청소'라는 새로운 용어를 사용한 사람들은 그것을 제노사이드와의 관계 속에서 정의할 필요를 느꼈다. 헬싱키 워치(휴먼 라이츠 워치 전신)는 보스니아에서 전쟁이 발발했을 때 경험 많은 법률가 팀을 구성하고 현장조사단을 파견했다. 헬싱키 워치 사무국장 아리예 나이어Aryeh Neier는 세르비아가 주도하는 '민족 청소'가 제노사이드에 해당하는지를 검토했다. 이를 바탕으로 헬싱키 워치는 1992년 8월 발간한 보고서에서 조직적인 처형과 추방, 무차별 폭격 등을 언급하며 제노사이드가 자행되고 있음을 주장했다.[42] 이후 상황이 계속 악화되고 난민들이 쏟아져 나오면서 '민족 청소'의 참상이 언론에 주요하게 보도되기 시작했는데, 거의 모든 기사들이 홀로코스트 또는 제노사이드를 유추하는 방식으로 보도되었다.[43]

흥미로운 사실은 홀로코스트를 들먹이는 일이 이 시기에 빈번하게 일어났지만, '민족 청소'가 제노사이드에 해당하는지에 대해서는 의견이 분분했다는 것이다. 사만다 파워에 따르면, 헬싱키 워치의 법률가들은 제노사이드 용어를 사용해야 한다고 확신하고 있었다. 세르비아인은 보스니아의 이슬람교도를 쓸어버리고자 했다. 모든 이슬람교도를 죽이지는 못하더라도 이슬람 지역 사회를 약탈하고 다시는 회복하지 못하도록 가능한 모든 일을 했다. 반면 미국 부시 행정부는 제노사이드 용어 사용을 가능한 회피했다. 제노사이드를 인정하는 것은 도덕적 당위성을 불러일으킬 수 있으므로 그 용어를 기피하고 '민족 청소' 용어를 더 선호했다. 이와 관련해 부시 대통령의 국가 안보 보좌관 브렌트 스코크로프트Brent Scowcroft는 '제노사이드'라면 미국의 대응이 요청되겠지만, '민족 청소'는 그렇지 않을 것이라고 믿었다.[44]

우리는 보스니아 문제를 일컬어 '제노사이드'와 달리 혼동되는 의미를 지닌 '민족 청소'라고 했다. 공포를 야기한다는 측면에서 두 표현은 비슷하지만, 그 목적은 서로 다르다. **'민족 청소'는 "어떤 민족 집단을 파괴하고 죽여 없애 버리고 싶다"는 것이 아니라 "그들은 우리와 함께 살지 않을 것이다. 그들은 자신들이 원하는 곳에서 살 수 있지만, 우리와 함께는 아니다"는 것을 의미 한다. …… 제노사이드를 금지하는 조항은 있지만, 사람을 죽이는 것을 금지 하는 조항은 없다.** …… 그러므로 미국은 국제법을 지키고 있는 것처럼 보일 필요가 있기 때문에 제노사이드 방지에 국가적 관심을 둘 필요가 있다(강조는 인용자).[45]

그러나 미국 부시 정부는 '민족 청소'를 제노사이드로 인정할 수밖에 없 었다. 외부적으로는 언론과 유엔 및 국제인권레짐의 압력을, 내부적으로는 국내 여론과 정부 및 의회 내 일각에서의 압력을 받았다. 무엇보다 당시 대 통령 당선이 확실시되던 빌 클린턴 후보의 압력이 결정적이었다. 결국 1992년 12월 18일 부시 행정부는 제노사이드임을 인정했다. 그날 미국은 침략 행위와 함께 "제노사이드의 형태 중 하나라 할 수 있는 '민족 청소' 같 은 끔찍한 정책"에 대해 세르비아와 몬테네그로 세력들에게 책임을 부과하 는 장문의 유엔 총회 결의안에 동참했다.[46]

'민족 청소'와 제노사이드의 관계를 설정하는 것은 국제법 전문가들에게

UNITED NATIONS

General Assembly

Distr.
GENERAL

A/RES/47/121
7 April 1993

Forty-seventh session
Agenda item 143

RESOLUTION ADOPTED BY THE GENERAL ASSEMBLY

[without reference to a Main Committee (A/47/L.47/Rev.1)]

47/121. The situation in Bosnia and Herzegovina

The General Assembly,

Having considered the item entitled "The situation in Bosnia and Herzegovina",

Taking note of the report of the Secretary-General, 1/

Reaffirming its resolution 46/242 of 25 August 1992,

Recalling all the resolutions adopted by the Security Council regarding the Republic of Bosnia and Herzegovina, and other parts of the former Yugoslavia,

Appreciating all the ongoing international efforts to restore peace in the Republic of Bosnia and Herzegovina, particularly those efforts being pursued by the United Nations, the European Community, the International Conference on the Former Yugoslavia, the Conference on Security and Cooperation in Europe and the Organization of the Islamic Conference,

Commending the untiring efforts and bravery of the United Nations Protection Force in securing relief operations in the Republic of Bosnia and Herzegovina, as well as the efforts of the Office of the United Nations High Commissioner for Refugees and other relief and humanitarian agencies, and expressing its condemnation of the recent attacks on the United Nations Protection Force in Sarajevo by Serbian forces resulting in loss of life and injuries to some of its personnel,

---

1/   A/47/747.

1992년 12월 18일 유엔 총회 제91차 본회의에서 통과된
〈47/121 보스니아와 헤르체고비나의 상황〉 결의안 문서.

도 매우 중요한 문제였다. 그들은 이 용어를 (긍정하든 부정하든 간에) 제노사이드와의 관계 속에서 정의했다. 1992년 12월 유엔 총회 결의안 이래 이 문제의 중요성이 인식되었다. 1993년 유엔의 법률가들은 검토 끝에 구유고 지역의 '민족 청소'가 유엔 제노사이드 협약에서 규정하는 제노사이드 범죄로 간주된다고 확인해주었다. 보스니아 정부에 의해 특별재판관으로 임명된 엘리후 라우터파트Elihu Lauterpacht 국제사법재판소 판사도 "'민족 청소'가 보스니아—헤르체고비나에 있는 이슬람교도들을 제거하기 위해 세르비아인이 행한 고의적인 군사행동"에 의해 전개되었고, "그러한 세르비아인의 행위가 (제2조의) 제노사이드의 정의 중 ①, ②, ③항에 해당하므로 제노사이드로 간주된다"고 판단했다.[47] 라우터파트 판사의 견해가 국제사법재판소 전체의 의견을 대변한 것은 아니었지만, 이후 구유고국제형사법정ICTY의 판사들은 몇몇 사례의 '청소'를 제노사이드로 인정했다. 리아드Fouad Abdel—Moneim Riad 판사 또한 스레브레니차 학살Srebrenica genocide의 주범인 스르프스카공화국 대통령 라도반 카라지치Radovan Karadzic와 군 참모총장 라트코 믈라디치Ratko Mladic 장군에 대한 두 번째 기소 확정에서 다음과 같이 언급했다.

'민족 청소' 정책은 제노사이드적 특징들을 갖고 있다. 게다가 이번 경우에 스레브레니차와 그 포위 지역에서 실행되었던 '민족 청소'에서 국민적·민족적·인종적·종교적 집단에 대해 완전히 혹은 부분적으로 파괴할 의도가 추론된다.[48]

그러나 구유고 국제형사법정의 검사단은 판사단과 달리 '민족 청소'를 제노사이드 범죄로 기소하는 것에 매우 신중했고 조심스러워했다.[49] 이러한 태도는 '청소'와 제노사이드 간의 관계가 불확실하다고 생각한 결과였으며, 검사들은 제노사이드보다는 인도에 반하는 범죄로 기소하는 것을 선호했다.[50]

'민족 청소'와 제노사이드에 대한 학술 논쟁

'민족 청소' 용어를 수용한 학자들은 이 용어와 제노사이드 간의 차이점을 강조하는 방향으로 나아갔다. 앤드류 벨-피아코프는 제노사이드를 '대량 살해'와 동일시했고, '청소'와 다른 별개의 항목이라고 생각했다.[51] 노먼 나이마크Norman M. Naimark도 마찬가지였는데, 다음과 같이 주장했다.

> 제노사이드는 민족·종교·국민 집단의 일부 혹은 전체에 대한 의도적 학살이다. 즉 사람들에 대한 **살해**가 그 목적이다. (그러나) 민족 청소의 의도는 **특정 영토에서 이들의 모든 흔적을 제거**하는 데 있다. 다시 말해 목적은 '외래의' 민족성, 민족·종교 집단을 제거하고 그들이 이전에 거주해왔던 영토들에 대한 통제를 **빼앗는** 것이다(강조는 인용자).[52]

나이마크는 제노사이드를 특정 집단의 인적 요소를 절멸시키는 것으로, '민족 청소'는 그것보다는 특정 지역의 요소에 초점이 맞추어진 것, 즉 실지 회복irredentism에 기반을 둔 것으로 보고 있다.[53]

그러나 '민족 청소'는 단순한 실지 회복에 그치지 않고, 회복한 영토에 대해 권리를 제기할지도 모를 잠재적 경쟁 민족의 제거를 의도한다는 점에서 제노사이드를 수반하거나 심지어 제노사이드보다 더 조직적일 수도 있다. 예전에 실지로 점했던 영토이든, 상상이나 신화에 의해 점하는 지역이든 상관없이 민족·인종·종교 집단에 대한 학살을 자행하는 경향을 보였다.

나이마크 논의를 종합적으로 검토해보면, 그도 '민족 청소'와 제노사이드의 경계가 매우 모호해질 수 있음을 알고 있는 것처럼 보인다. 벨-피아코프도 '청소'라는 용어가 그 자체로 매우 모호하다고 말한 바 있었고,[54] 20세기의 '민족 청소' 사례를 연구한 다른 학자들 또한 이 때문에 '민족 청소'를 제노사이드의 완곡한 표현이라고 언급하기도 했다.[55] 그럼에도 불구하고 나이마크는 동시에 이 둘 사이를 구분해야 한다고 강조한다.

한 극단에서 민족 청소는 강제 추방 혹은 '집단 이동'이라 불리는 것과 가깝다. 사람을 이동시킨다는 생각과 수단은 합법이거나 반#합법일 수 있다. 그러나 다른 극단에서 민족 청소와 제노사이드는 **그 궁극적인 의도 면에서만 구분될 수 있다.** 대량 살해가 사람들을 땅에서 제거하기 위해 저질러지는 것처럼 민족 청소도 제노사이드의 유혈 속으로 진입한다(강조는 인용자).[56]

주목할 점은 나이마크가 "궁극적인 의도 면에서만 구분될 수 있다"는 단서를 두고 있다는 것이다. 그는 계속해서 "민족 청소가 의도 면에서 제노사이드적이지 않을 때조차 결과 면에서는 종종 제노사이드적이다"라고 말한다. 나이마크는 왜 이렇게 이 둘 사이의 구분에 집착하는 것일까? 이에 대한 마틴 쇼의 추론이 대단히 통렬하다. 그는 나이마크가 이 지점에서 무심코 비밀을 누설하고 있다고 지적한다. 이러한 구분에 대한 강조는 평화로우면서 비폭력적인(그러나 여전히 강제적일 수 있는) 집단의 이동(혹은 제거)이

라는 관념을 성립시키기 위해서라는 것이다.[57]

20세기 세계사에서 추방을 죄악시할 수만은 없는 상황이 있기는 하다. 나치 독일과 일본제국주의는 그들이 점령한 지역에서 직접 통치를 하든 괴뢰국을 세우든 간에, 그 지역에 엄청난 수의 자국 국민을 이주시켰다. 그들은 '일등 국민'으로서 온갖 이익과 혜택을 보며 두 제국의 첨병 역할을 했다. 따라서 그들에 대한 추방은 '원상회복'을 원하는 피점령·피식민 국가와 국민·민족의 입장에서 보면 당연한 것일 수 있다. 2차 세계대전 종전 직후 승전국의 지시나 묵인 아래에 나치 독일과 일제의 국민들에 대한 추방은 비일비재했다. 문제는 당시의 추방이 우리가 생각하는 것 이상으로 상당히 유혈적이었으며, 제노사이드적 '청소'의 양상을 띠기도 했다는 것이다.

이 문제는 1946년 멜치어 펠리가 라파엘 렘킨의 책을 논평한 글에 일찍부터 지적된 바 있다.[58] 렘킨이 나치에 대해 비난한 9개 사실들은 거의 모두 연합군 측에도 마찬가지로 적용될 수 있다고 주장하면서 그는 다음과 같이 언급했다.

나치가 저질렀던 최악의 민간인에 대한 대량 절멸 행위들('제노사이드')은 이제 비인간적인 조건 아래에서 동유럽과 중부유럽의 집에서 추방된 수백만 명의 독일인들의 운명이 되었다. …… 물론 실질적인 차이는 존재한다. 나치가 뻔뻔하게 고의적으로 계획된 악행을 일삼은 반면, 서구의 연합국은 비합법적 책략들을 쓰면서 그것을 인도주의나 그 밖의 다른 어구로 은폐했다.[59]

펠리가 말한 대로 동유럽에 거주했던 수백만 명의 독일인들은 일순간에 뿌리 뽑힌 채 서쪽으로 추방되었다. 알프레드 드 자야스Alfred de Zayas에 따르면, 연합군 측은 패전국 이전 영토로의 변경을 명기하고 있는 포츠담선언(1945년 7월 26일)에 근거해 그들을 "질서 있고 인간적으로" 이동시켰다고 밝혔지만, 실상은 그렇지 못했다. 1937년 기준으로 독일 영토의 3분의 1에 해당하는 오데르–나이세 동부 지역이 폴란드와 소련 영토로 귀속되면서 독일인들이 대량 추방되었다. 동유럽에 거주했던 독일인을 포함하면 약 1,200만 명이 강제 추방되었고, 연합군은 이에 동의했다.[60] 추방 과정에서 200만 명이 넘는 독일인들이 굶주림에 지친 채 아사하거나 병으로 죽어갔다. 주로 여자와 아이들, 노인들이 이런 상황에 취약했음은 물론이다.[61] 게다가 당시 연합군은 독일 여성들을 집단으로 성폭행했는데, 미리암 게브하르트Miriam Gebhardt의 연구가 이를 실증적으로 잘 보여준다. 그녀는 점령지 독일에서만 연합군 군인에게 성폭행당한 독일 여성의 수를 엄격하게 잡아도 최소 86만 명으로 추산하고 있다. 소련군뿐 아니라 미군, 프랑스군, 영국군까지 이 "강간의 아수라장"에 가담했다. "남성의 얼굴"을 한 전쟁과 점령의 실상이었다.[62] 피점령국민들이 저지른 보복 학살과 기나긴 이동 과정에서 폭격의 '부수적 피해'로 죽기도 했다. 이런 사실들은 언론에서, 심지어 독일 주둔 미군정의 정치고문에 의해서 보고된 것이기도 했다.[63]

이러한 잔악 행위들을 어떻게 이해해야 하는가? 분명 대규모로 이루어진 추방이자 강제 이주였고 살인적인 '청소'였다. 목적은 분명했다. 승전국 소련과 동유럽의 지도자들은 나치 독일이 점령한 지역들을 수복하면서 그 지역에서 독일인들을 몰아내기로 결정했다. 이를 위해 그들은 직접적·간접적 학살을 포함하는 방법을 통해 독일인 공동체를 파괴하려는 분명한 목적을 갖고 있었다. 대개 사람들은 당연히 연합국이 묵인했거나 동의했던 소련·폴란드·체코슬로바키아 정부에 의한 독일인 공동체의 파괴를, 나치 독일에 의해 수행된 유대인, 슬라브족, 여타 집단들에 대한 파괴와는 다른 차원의 것으로 생각할 것이다. 그러나 대규모 집단 강제 이동이 원래 나치의 주요 정책이었음을 고려하면 그 둘의 파괴를 동일선상에 올려놓아야 하지 않을까? 히틀러가 유혈적이지 않은 수단으로 바람직하지 않은 인종을 고사시키려는 목적을 가졌듯이, 소련·폴란드·체코슬로바키아 정부도 나치체제의 공범자 및 협력자들을 처벌하고 수백만 명의 독일인들을 독일로 몰아내고 싶어 했다. 집단이 거주하고 있는 땅에서 집단 존재를 파괴하려는 의도와 그 실천의 결과라는 측면에서 봤을 때 이 둘은 매우 유사했다.[64]

마틴 쇼는 홀로코스트와 '민족 청소'가 그동안 대립항, 하나는 극단적인 제노사이드로, 다른 하나는 충분히 제노사이드적이지 않은 것으로 간주되어 온 데 대해 매우 아이러니하다고 지적한다. '민족 청소'가 나치의 용어는 아니었지만, 나치즘의 의료화된 언어에는 수많은 전례들이 있다. '인종 정화'는 히틀러가 즐겨 썼던 단어다. 히틀러의 《나의 투쟁》은 유대인을 역사의 암적 존재로 묘사한다. 나치스는 유대인을 파괴되어야 할 해충으로 상상했고, 자주 바이러스, 기생충, 페스트의 이미지를 덧씌웠다. 나치 정책은 제3제국의 영토에서 유대인을 '청소judenrein'하는 데 초점이 맞추어졌다. '청소'라는 언어는 나치 독일이 점령한 영토에서 이루어진 독일군의 작전에도 스며들었다. 서부 폴란드의 경우 폴란드인과 유대인들을 '청소'해 독일제국에 병합시킨 후 그 땅에서 독일 민족이 정주할 수 있도록 했다. '청소'는 제노사이드에 대한 나치의 완곡어법이었던 셈이다.[65]

제노사이드적이지 않은 집단 추방이란 허구적이다. 그러나 제노사이드 연구에서 추방의 문제는 철저하게 무시되어왔다. 유엔 제노사이드 협약의 주조 과정에서도 초안 작성자들은 처벌 가능한 행위 안에 '청소' 현상을 포함시키려는 움직임을 고의적으로 방해했다. 당시 초안에 대해 "한 지역에서 다른 지역으로의 대량의 집단 이동 혹은 퇴거displacement는 제노사이드로 구성되지 않는다. 그러나 퇴거된 집단의 전체 혹은 일부가 죽는 방식으로 점령이 수행된다면, 제노사이드다"라고 언급함으로써 추방과 제노사이드를 구분하려 했으며, 결국 협약에는 추방, 이동, 퇴거와 같은 의미계열의 단어들이 언급되지 않았다.[66] 그러나 20세기 전형적인 제노사이드 사례라 할 수 있는 홀로코스트와 아르메니아 사례에서 추방이 물리적 파괴의 수단이자 전주곡이었던 것을 보면, 이러한 구분이 얼마나 허구적인지 알 수 있다.

영토 문제를 제외하고 제노사이드를 인식하는 것은 매우 어렵다. 사람들은 물리적인 공간에서 존재하고 구체화된다. 사회 집단을 파괴하는 것은 항상 영토 안의 집단 존재와 집단의 경제적·사회적·문화적 힘을 파괴하는 것을 의미한다. 그래서 그들의 위치와 상관없이 한 집단 성원을 증오·혐오하게 하는 이데올로기에 의해 추동된 제노사이드들조차 실제로는 영토 안의 집단을 표적으로 삼는다. 나치스는 '국제적 유대인들'을 적으로 간주해왔지만, 구체적으로는 나치가 점령했던 영토 안의 유대인 공동체를 파괴하려고 했다. 유대인 제거라는 말은 처음에는 독일에서, 다음에는 독일에 병합된 폴란드에서, 종국에는 전체 유럽제국에서 제거하는 것임을 의미했다. 이러한 제거는 처음에는 마다가스카르섬으로의 영토적 추방으로, 이후에는 나치 통제하의 모든 유대인들에 대한 완전한 물리적 절멸로 계획되었다.[67]

제노사이드는 항상 영토적 추방, 이동, 퇴거를 수반한다. 제노사이드 가해자들은 일반적으로 영토 내 표적으로 삼은 집단들의 힘을 파괴시키면서 동시에 또는 순차적으로 그 영토에서 추방하거나 제거한다. 2차 세계대전 전 나치스에게 독일에서 유대인의 힘을 파괴하는 것과 떠나게 하는 것은 동전의 양면이었다. 이후 나치스는 제3제국 내 유대인의 힘을 파괴했고, 유대인을 게토로 집중시킨 다음 유럽 각지의 강제수용소로 추방하고는 물리적으로 절멸시켰다. 이러한 과정들은 유대인을 파괴하는 목적을 향해 나아간 서로 다른 수단들이었다. 결론적으로 제노사이드에 대한 최소의 완곡한 표현으로 '민족 청소'라고 할 것이 아니라 렘킨의 생각했던 사회적 파괴로서의 제노사이드임을 강조하는 방향으로 나아가야 하지 않을까?

제노사이드와 '사이드'들

라파엘 렘킨의 제노사이드 용어는 홀로코스트 개념의 신화와 '민족 청소' 용어의 실용주의적 활용 사이에서 점차 물리적 학살로 축소되어갔다. 게다가 유엔 제노사이드 협약의 축소된 정의는 여기저기서 벌어지는 제노사이드적 사례들을 제노사이드로 포괄하지 못했다. 이러한 상황 속에서 학자들은 제노사이드를 대신하는 새로운 폭넓은 '주인기표'를 찾고자 했다. 예컨대 마이클 만은 '살인적 청소murderous cleansing'를 사용했고, 청소와 폭력의 정도에 따른 여러 유형들을 등급화한 표를 작성했다.[68] 이 표에서 그는 제노사이드 개념을 폭력의 유형(세로축) 중 '사전에 계획된 대량 학살'과 청소의 유형(가로축) 중 '전체적' 항목이 교차하는 지점에 위치시킴으로써, '살인적 청소'의 가장 극단적인 형태의 하위 개념으로 엄격하게 제한해 사용했다.[69] 루돌프 럼멜Rudolph Rummel은 '데모사이드domocide'라는 개념을 만들어 주개념으로 삼았다. 데모사이드란 정부가 어떤 사람이나 사람들의 집단을 살해하는 것으로, 그는 제노사이드, 대량 살해, '폴리티사이드politicide'

를 데모사이드의 하위 개념으로 포함시켰다. 럼멜에게 폴리티사이드는 정치적 이유로 국가가 후원한 학살을 의미했고, 제노사이드는 '인종 학살'을 의미하는 것으로 축소되었다.[70] 그는 개별적 죽음에 주목했기 때문에 사회적 과정을 설명하기보다 각 사건들의 사망자 수를 측정하고 비교하려는 목적에서 데모사이드라는 용어를 사용했다. 따라서 사회학적 분석이라기보다는 추상적으로 시체들을 쌓아올리는 통계적 접근이 되기 쉬웠다.

만이나 럼멜의 틀은 정치적 억압이나 폭력 형태들을 기술하기 위해 여러 학자들이 개발한 2차적 개념들을 통합시킨 것이다. 제노사이드 개념은 이틀의 하위 유형에 불과하게 된다. 그러나 이런 전략은 별로 유용하지 않을 뿐만 아니라 혼란만 부추긴다. 우선 개념적 증식 자체가 심각한 문제다. 렘킨도 많은 학자들이 제노사이드의 일부 기능적 측면만을 내포하는 용어를 사용하는 것을 비판하곤 했다. 학자들이 협약의 협소한 제노사이드 정의를 무비판적으로 받아들인 결과였다. 학자들은 협약의 정의에서 빠진 다양한 제노사이드적 사례들을 정의해야 했고, 그 결과 수많은 '○○사이드' 용어들이 범람하게 되었다.

다음으로 다양한 유형의 제노사이드를 설명하기 위한 유연한 언어가 필요하다는 점을 인정한다 하더라도, 2차적 차이에 대한 지나친 강조는 오히려 논의를 혼란스럽게 한다고 생각한다. 마틴 쇼도 '청소'와 같은 새로운 용어들의 발명이 제노사이드에 속하는 행위를 제노사이드와는 다른 별개의 현상들로 서술하게 만든다고 경계한다. 역사적으로 다양한 현상들은 따로따로 있는 것이 아니라 한 방향 혹은 또 다른 방향으로 결합되는 경향이 있다. 이런 점을 고려했을 때 그 현상들을 따로 떼어두기보다 연결하는 개념들과 이론들이 필요하다.[71]

수많은 '사이드'들은 제노사이드의 일면들에 불과하다. 여기에서는 여러 '사이드'들 중 학계에서 가장 폭넓게 승인되고 사용되는 폴리티사이드 politicide, 에쓰노사이드ethnocide, 젠더사이드gendercide를 중심으로 살펴본다.

폴리티사이드

바바라 하프에 의해 만들어지고 발전된 폴리티사이드politicide는 특정 체제에 대한 정치적 반대 때문에 어떤 집단이 학살되는 것을 말한다.[72] 정치적 집단에 대한 학살은 오랜 시간 제노사이드 논쟁에서 중심에 있었다. 예컨대 렘킨은 한 집단의 정치적 제도들에 대한 파괴를 제노사이드의 일부로 바라봤다. 유엔에서 협약을 만드는 과정에서도 정치적 집단의 포함 여부는 가장 논쟁적인 이슈 중 하나였다. "과거의 제노사이드 범죄가 인종적·종교적 집단에 자행되었더라도 앞으로의 제노사이드는 정치적 동기에 의해 자행될 것이 명백하다"는 프랑스 대표의 선견지명에도 불구하고 정치적 집단은 보호 대상 목록에서 결국 배제되었다.

이렇게 된 배후에는 소련이 있었다. 소련은 스탈린이 벌인 대규모 정치적 학살이 쟁점화되는 것을 원치 않았다. 소련에 동조한 다른 나라의 대표들도 정치적 반대자를 탄압했던 전력을 국내 정치의 성역으로 삼아 외부 개입을 차단하고 싶어 했다. 그러나 이러한 이유를 뒤로 숨기고 표면상 내세운 것은 정치적 집단의 가변적 성격이었다. 국민적·민족적·인종적·종교적 집단은 태어나면서 소속되는 공동체community이지만, 정치적 집단은 소속을 선택하는 결사체association라는 것이다. 정치적 집단의 가변적 성격은 쉽게 구별할 수 없는 주관적인 것이기 때문에 보호 집단의 기준으로 삼을 수 없다는 논리였다. 그러나 국민적·민족적·인종적·종교적 집단이 공동체적인 반면, 정치적 집단이 결사체적이라는 구분은 이상형(이념형)적인 것이지 현실에서 영구적으로 고정된 구분은 아니다. 국민적·민족적·종교적 집단이 결사적 특성을 가질 때도 있으며, 정치적 집단이 공동체적 특성을 발전시키기도 한다. 정당과 운동은 모든 종류의 공동체적 유대와 함께 정치적 선택을 강화하고 생활방식을 공유하는 공동체이기도 하다.

역사적으로 제노사이드가 발생했을 때 정치 엘리트와 활동가들은 제노사이드의 첫 표적이 되는 경우가 많았다. 오스만제국은 아르메니아인들을 본격적으로 강제 이송·추방하고 대량 학살하기에 앞서 아르메니아인 정치 엘리트들을 제거했다.[73] 나치스 역시 독일 내 유대인 공동체를 제거하기 전에 공산당과 사회당, 노동조합과 같은 정치적 반대 세력을 파괴했다. 나치스는 폴란드를 점령했을 때에도 폴란드의 정치 엘리트와 관료, 특히 군 관료와 지식인 엘리트들을 표적으로 삼았다. 르완다 제노사이드에서도 후투족의 내셔널리스트들은 투치족 집단을 대량 학살하기 전에 우선 후투족을 포함해 적대적 정치인들을 학살했다. 보스니아에서도 세르비아계 내셔널리스트들은 크로아티아계와 이슬람교도계 정당의 성원들과 엘리트들을 최우선으로 제거했다.[74]

제노사이드의 첫 국면으로 정치적 학살이 전개되는 이유는 정치적 엘리트들이 저항의 잠재적 구심점이자 조직자가 될 수 있기 때문이다.[75] 이와 관련해 바우만도 흥미로운 지적을 한다. 정치 엘리트들이 저항의 구심점이자 조직자가 될 수 있는 것은 그들이 단순히 정치 지도자이기 때문이 아니라 공동체의 엘리트이기 때문이라는 것이다.[76] 따라서 정치적 학살은 제노사이드의 여러 국면들 중 한 국면으로 구성될 수 있고, 한 양상이 될 수도 있다. 이러한 의미에서 폴리티사이드는 제노사이드 일반 차원에서 정치적 표적화라고 할 수 있다.

에쓰노사이드

에쓰노사이드ethnocide는 렘킨이 《추축국의 유럽 점령지 통치》 9장의 한 각주에서 소개한 신조어다. 그는 이 용어를 물리적 파괴와 함께 집단의 생활방식과 문화의 정치적·사회적 제도들, 언어, 종교, 그 밖의 관습과 전통을 붕괴시키는 문화적 파괴 모두를 포함하는 것으로 이해했다.[77]

에쓰노사이드는 다른 '사이드'들과 비교할 때 특이한 점이 있다. '폴리티사이드', '젠더사이드', '클래시사이드'와 같은 용어에는 희생자 집단의 성격을 드러내는 단어가 포함되어 있다. 즉 위에서 예시한 각각의 '사이드'들은 정치 집단, 젠더 집단, 계급 집단이 정치적·젠더적·계급적 이유로 학살되었다는 것을 의미한다. 이와 같은 용어 만들기의 논리에서 보면, 에쓰노사이드는 민족 집단이 민족적(문화적) 이유로 학살되었다는 것을 의미해야 한다. 그런데 《제노사이드 사전》에 따르면, 이 용어의 현재 용법은 대량 학살 없이 문화에 대한 파괴만을 의미하는 것으로 사용되고 있다.[78] 1981년 12월에 있었던 유네스코의 선언이 이를 잘 보여준다.

에쓰노사이드는 개별적으로든 집단적으로든, 민족 집단ethnic group의 자신의 문화와 언어를 향유하고, 발전시키며, 전승할 권리가 부정됨을 의미한다.

…… 우리는 에쓰노사이드가, 즉 문화적 제노사이드가 제노사이드 협약에 의해 범죄로 비난받는, 제노사이드에 맞먹는 국제법적인 폭력임을 선언한다.[79]

렘킨은 1933년에 만행과 반달리즘 범죄를 국제법상의 범죄로 규정하자고 주장했을 때부터 문화적 파괴를 제노사이드의 요소 중 하나로 보고 있었다. 집단 파괴는 반드시 그 집단의 문화(살아온 생활방식의 의미에서, 그리고 기호와 인공물에 구현된 전통의 의미에서)를 억압하고 종종 '말소'하는 것을 수반했다. 이러한 이유로 영토적인 차원 못지않게 문화적인 차원을 빼고 제노사이드를 이해하는 것은 어려울 수밖에 없다. 그럼에도 에쓰노사이드는 현재 광범위한 폭력이나 학살을 수반하지 않은 문화적 억압으로만 적용되어 제노사이드와 구분해 사용되고 있다.

그러나 깊고 광범위한 문화적·언어적 억압은 집단에 대한 폭력적 공격으로 나아가거나 폭력적 억압이 발생하는 무장 갈등으로 나아갈 가능성이 상당히 크고, 그 끝은 제노사이드로의 돌입이 될 것이다. 따라서 물리적으로 폭력적인 제노사이드와 구별하는 문화적 제노사이드로서만 에쓰노사이드를 이해하는 것은 문제가 있다. 그보다는 문화적 제노사이드가 모든 제노사이드적 공격에 필수적인 어떤 것으로, 제노사이드의 문화적 차원이 될 수 있다고 이해하는 것이 더 설득력 있지 않을까?[80]

젠더사이드

젠더사이드gendercide는 매리 워렌Marry A. Warren의 《젠더사이드: 성 선택의 함의》(1985)에서 처음으로 등장했다. 워렌은 희생자가 남성이든 여성이든 간에 희생자의 젠더 때문에 체계적으로 학살될 수 있다는 것에 주목해 제노사이드 용어를 유비한 젠더사이드 개념을 만들었다.[81] 그녀는 다음과 같이 말한다.

제노사이드에 대한 유비類比인, '젠더사이드'는 특정 성(혹은 젠더)의 사람들을 고의적으로 절멸하는 것이다. '지노사이드gynocide'와 '페미사이드femicide'와 같은 용어들은 소녀와 여성을 사악하게 학살하는 것을 가리키기 위해 사용되었다. 그러나 젠더사이드는 희생자가 남성일 수도 있고 여성일 수도 있는 성-중립적인sex-neutral 용어다. 그러한 성-중립적 용어가 필요한 이유는 성적으로 차별적인 학살이 희생자가 남성일 때에도 나쁜 것이기 때문이다. 이 용어는 젠더 역할이 종종 치명적 결과를 가졌다는 사실을 환기시키며, 인종적·종교적·계급적 편견의 치명적 결과와 비슷하다는 점에서 중요하다.[82]

그러나 워렌은 이 용어의 문제의식에 부합하는 역사적 사례들을 들지 못했다. 아담 존스Adam Jones가 지적했듯이, 워렌은 여아 살해female infanticide, 중세 유럽의 마녀사냥, 인도의 '미망인' 화형, 여성의 성기 손상, '여성혐오 이데올로기', 아이들에 대한 성 선택에 초점을 맞추었다.[83] 마틴 쇼는 이 사례들이 여성과 소녀에 대한 광범위한 차별과 폭력의 형태였다고 힘주어 말한다. 그러나 그것들 중 어떤 것도 사람의 범주로서 여성이나 여아를 파괴하려는 명확한 시도에 해당하지 않는다고 논한다. 오히려 이런 억압의 형태들은 어떤 문화 내 여성에 대한 종속적인 자리를 강화하기 위해 고안된 것이라 말한다.[84] 아담 존스가 보기에도 워렌은 성-중립적 용어로 젠더사이드를 적극적으로 활용하려 했지만, 그러한 문제의식과 달리 분석은 '반여성적 젠더사이드'에 국한되었다고 비판한다.[85]

이러한 한계를 극복하기 위해 아담 존스는 젠더사이드를 '젠더—선택적 대량 학살gender—selective mass killing'로 재정의했다. 그의 목적은 당연히 분석 대상을 남성에 대한 학살로 확장하여 들여다보는 것이었다. 비전투원 남성들은 매우 빈번하게 대량 학살과 제노사이드적 학살의 표적이 되었기 때문이다.[86] 이를 예증하기 위해 그는 1995년 보스니아의 스레브레니차에서 여성이나 아이들, 노인들은 버스를 통해 '안전지대'로 추방된 반면, 전투 가능 연령대의 비무장 남성들은 대량 학살되었던 사례를 들고 있다. 이러한 사례들은 젠더화된 폭력을 거의 무조건적으로 여성에 대한 폭력으로 인식하는 상황에 문제를 제기한다. 이렇게만 보면 마치 워렌의 불완전한 젠더사이드 기획을 존스가 완수한 것처럼 보인다.

그러나 젠더화된 폭력이 남성들을 향할 수도 있음을 보여주는 것이, 그래서 말 그대로 젠더화된 폭력을 성—중립적으로 강조하는 것이 젠더사이드의 존재를 논증하는 데 반드시 필요한 것일까? 젠더사이드 개념에 동조하는 사람들은 성을 매개로 한 폭력의 형태들에 주목했던 것이 아닐까? 젠더사이드에 대한 폭넓은 지지는 그 용어가 남성들보다는 표적화된 여성 집단에 대한 강간과 성적 공격, 여타의 야만적인 행위를 가리키기 때문이 아닐까?

마틴 쇼는 워렌과 존스의 논의들에 대해 각각 중요한 통찰이 있다고 평가한다. 그러면서도 가해자들이 이러한 폭력을 통해 젠더 집단을 파괴하려한 것이 아니라 자신들이 적으로 정의했던 민족, 국민, 여타의 집단을 파괴하고자 한 것이었다고 비판한다. 예를 들어 스레브레니차에서 남성들이 학살된 것은 그들이 이슬람교도였고 민족적 공동체의 파괴에 저항할 수 있는 남성이었기 때문이라는 것이다. 그리고 르완다에서 후투족 내셔널리스트들이 여성을 강간하고 노예화했던 것은 그들이 그냥 여성이었기 때문이 아니라 투치족 여성이었기 때문이다.[87]

젠더화된 폭력 형태들을 이해하기 위해 젠더사이드라고 불리는 별개의 현상으로 보기보다 제노사이드의 젠더 차원으로 이해하자는 마틴 쇼의 논의에 동의한다. 요점은 학살당한 존재가 누구인가가 아니라 사람들이 공동체의 일부로서 그들의 사회적 실존을 파괴하기 위해 어떻게 젠더화된 개인들로 인식되었고, 그 결과 희생되었는가에 있다.[88]

'사이드'들

'−사이드cide'로 끝나는 개념들은 '데모사이드', '폴리티사이드', '에쓰노사이드', '젠더사이드' 외에도 수없이 많다. 대표적으로 '클래시사이드classicide', '오토제노사이드autogenocide', '어비사이드urbicide' 등이 많이 사용되는데, 그 내용은 다음과 같다.

클래시사이드는 마이클 만이 만든 용어로, 소련의 스탈린주의와 중국의 마오주의, 캄보디아의 크메르 루주가 '계급의 적'을 '청산'하기 위해 살인적인 '청소'를 감행한 사례를 설명하기 위한 것이었다. 만의 '살인적 청소'에 대한 유형학에서 클래시사이드는 강제 전향이나 폴리티사이드보다 살인적이지만 제노사이드에는 미치지 못하는 범주다.[89]

오토제노사이드라는 용어는 가해자 자신이 속하는 집단 성원에 대한 대량 학살로 정의되며, 주로 캄보디아의 크메르 루주가 저지른 대량 학살 사례에 적용되었다.[90] 제노사이드 협약은 국민적·민족적·인종적·종교적 동기에서 기도된 대량 학살만을 제노사이드로 규정하고 있으며, 희생당한 집단이 국민·민족·인종·종교 면에서 가해자와 특별한 차이를 보이지 않을 경우에는 제노사이드로 인정하지 않고 있다.[91] 이 때문에 대안적으로 오토제노사이드라는 용어가 쓰이고 있다.

어비사이드는 앞의 '사이드'들에 비해 상대적으로 낯선 용어이지만, 도시적 삶의 파괴를 의도하는 대량 학살의 사례들을 연구하는 학자들 사이에서는 종종 등장하는 개념이다. 스탈린의 부르주아 문화에 대한 공격이나 마오의 반–도시주의, 크메르 루주의 프놈펜 비우기, 세르비아인들의 사라예보에 대한 공격 등에서 이러한 경향들을 찾아볼 수 있다. 이와 관련해 마틴 코워드Martin Coward는 이를 도시성의 요소들인 빌딩과 도시 조직fabric에

〈표 3–2〉 각각의 '사이드'의 내용

'사이드' 유형	학자	내용
폴리티사이드 politicide	바바라 하프 Barbara Harff	특정 체제에 대한 정치적 반대 때문에 특정 집단이 학살
에쓰노사이드 ethnocide	라파엘 렘킨 Raphael Lemkin	물리적 파괴와 함께 문화적 파괴 모두를 포함
	유네스코 선언	집단 학살 없는 문화에 대한 파괴
젠더사이드 gendercide	매리 워렌 Marry Ann Warren	피해자가 남성이든 여성이든 간에 피해자의 젠더 때문에 체계적으로 학살
	아담 존스 Adam Jones	젠더 선택적 대량 학살
클래시사이드 classicide	마이클 만 Michael Mann	계급의 적을 청산하기 위한 의도적인 대량 학살
오토제노사이드 autogenocide	유엔 보고관	가해자 자신이 속하는 집단 성원에 대한 대량 학살
어비사이드 urbicide	마틴 코워드 Martin Coward	도시성의 요소들인 빌딩과 도시 조직fabric에 대한 파괴

대한 파괴라고 강조한 바 있다.[92]

　이렇게 확장된 '사이드'들은 민간인 사회 집단에 대한 폭력을 명확히 이해하는 데 오히려 혼란을 준다. 이 '사이드'들은 공통적으로 제노사이드 협약이 매우 협소하게 정의한 물리적 파괴를 대전제로 삼고, 제노사이드 정의에 포함되지는 않으나 제노사이드에 가까운 수많은 대량 파괴 사례들을 희생자 집단의 성격을 드러내는 단어와 '사이드'를 결합해 임시방편적으로 용어들을 만들어내고 있다. 따라서 이러한 용어들은 '기술적 단어descriptive word'이지 '설명적·분석적 개념'이 될 수 없다. 총괄적 개념으로서 제노사이드 개념을 만든 렘킨의 정신으로 되돌아가 지금도 계속 증식되는 이 '사이드' 용어들을 제노사이드 개념 안으로 통합해야 한다. 클래시사이드는 제노사이드의 계급적 차원으로, 어비사이드는 제노사이드의 도시적 차원으로 이해하는 것이 보다 적절하지 않을까?

　오토제노사이드는 제노사이드 협약이 기준으로 삼고 있는 보호 집단의 목록이 역으로 발목을 잡고 있는 상황을 역설적으로 보여주고 있다. 제노사이드 가해자들이 '국민적·민족적·인종적·종교적 집단'이라는 협약 기준을 악용해 예방과 처벌을 위한 법망을 피하고 있는 상황이 이를 반증한다. 네덜란드 법학자인 피터 드로스트Piter Drost는 이미 1959년에 제노사이드 협약이 특정 집단만을 보호 대상으로 규정하면, 실제로는 그 집단조차도 보호할 수 없게 될 것이라고 경고한 바 있다.[93] 이런 점에서 보호 대상의 목록 기준을 늘리는 대신 제노사이드를 아예 모든 민간인 집단에 대한 폭력으로 확장하는 것이 더욱 적절하다.

3.
제노사이드 메커니즘
연구로

제노사이드 발생의 구조적 원인과 메커니즘을 규명하려는 관심은, 한편으로 제노사이드 수행의
전반적 과정에 미친 특정한 사회심리적 메커니즘의 발현에 대한 연구로, 다른 한편으로 대량 학살이라는
압도적 폭력 상황으로 나아가기까지 폭력의 상승 과정을 경로 중심적으로 분석하는 연구로 분화되어갔다.

구조적 접근과 메커니즘 연구

"무엇이, 어디까지가 제노사이드인가" 논쟁은 제노사이드 사례들에 대한 역
사적 연구가 심화되면서 점차 제노사이드가 발생하는 정치사회 및 문화심
리 구조와 수행의 조건들, 상승하는 단계에 대한 관심으로 전환되었다.

제노사이드가 왜 발생하고, 어떤 조건에서 수행되는지에 대한 구조적 접
근의 필요성을 강조한 학자가 있다. 토마스 쿠시만Thomas Cushman은 제노
사이드 발생의 구조적 조건을 배경, 개입, 가속화 조건으로 구분해 분석한
다. 배경 조건은 제노사이드가 발생하게 된 직접적인 원인과 관련되어 있
다.[94] 정치적 반란, 혁명, 내전, 정치권력의 집중·독점 같은 정치 구조의 변
화, 내부/외부를 구분해 차별하는 방식으로 집단 정체성을 강화시키는 사
회 구조의 변화에서 정치사회적 원인을 찾는다.

제노사이드의 발생 원인을 문화적 요인과 사회심리적 요인들로 확장해 분석하는 논의들도 주목된다. 레너드 뉴먼Lenoard S. Newman과 랄프 어버 Ralph Erber는 잠재적 희생자에 대한 문화적 평가절하, 권위에 대한 복종 문화, 전체주의적인 획일적 문화, 문화적·민족적 우월주의, 문화적 피해주의 및 패배주의, 전쟁과 침략을 반복했던 경험과 호전적 문화를 제노사이드 발생의 문화적 요인으로 꼽는다. 린다 울프Linda M. Wolf와 마이클 헐시저 Michael R. Hulsizer는 사회심리적 요인으로 무엇보다도 우리/그들을 구분해 범주화하고 경계를 만드는 사회심리적 인식을 꼽았다. 이러한 인식들은 프로파간다 조작을 통해 그들 및 외부 집단을 악한 적 또는 해충으로 묘사하고 타자를 적대하는 감정을 촉발하는 방향으로 나아간 사례들이 많았다.[95]

허버트 허시도 제노사이드 발생 요인으로 문화적 조건과 심리적 조건에 주목한다. 그에 따르면, 문화적 조건들은 보통 국가의 파괴적인 활동을 합리화하거나 정당화하는 데 이용되는 문화 또는 국민−국가에서 강조되는 신화 및 이데올로기와 연결되어 있다. 이러한 신화들은 집단이나 국가의 성원들이 신성한 원천의 자손이라거나 신성한 개입에 의해 보호받는다는 내용으로 이루어져 있다. 이러한 유형의 생각은 내부 집단이나 국가를 우월하게 보고 차별화시키려는 외부 집단이나 국가를 적으로 인식하고 비인간화한다. 이런 문화나 국가 신화 및 이데올로기는 권위 있는 인사들의 언어로 설파되고, 문화적 적응과 사회화 과정을 통해 이를 내면화한 내부 집단의 성원들은 잔학 행위를 명령받았을 때 기꺼이 복종하게 된다. 따라서 제노사이드를 발생시키는 문화적 조건들은 심리적 조건들과 연결되어 있다. 제노사이드 수행에 필수적인 심리적 조건은 권위에 대한 복종과 관계가 있기 때문이다. 명령을 따르는 것이 다른 모든 고려 사항에 우선한다는 것이다. 개인은 더 이상 스스로를 자신의 행위에 대해 책임지지 않고 권위자의 명령과 희망을 수행하는 도구로 규정하게 된다. 아돌프 아이히만도 유별난 사례라기보다 평범하면서 상상력이 없는 보통 사람이었다는 것이다. 이러한 악의 평범성 사례는 소련과의 전면적인 핵전쟁에 의한 절멸을 아무렇지 않게 이야기하는 미국의 정책 결정 관료들에게도 널리 퍼져 있었다.[96]

제노사이드 발생 및 수행의 요인과 요소들을 종합한 에릭 마르쿠센Eric Markusen의 논의도 흥미롭다. 그는 제노사이드가 일종의 총력전 같은 성격을 띠고 있음을 간파하고 이를 촉진시키는 메커니즘을 살펴본다. 즉 제노사이드 수행의 정신적 요소이자 타자화 메커니즘인 이데올로기, 조직적 요소이자 구조적 메커니즘으로서 관료주의, 마지막으로 도구적 메커니즘으로서 기술(주의)이다.[97]

구체적으로 살펴보면, 첫 번째로 이데올로기는 대량 학살을 동기화하고 정당화하는 결정적 요소로 작동한다. 대량 학살의 수행자들은 내셔널리즘을 활용해 자신들의 국가 안보 정책을 정당화하고, 정부의 권위 또는 상부의 권위를 이용해 평범한 사람들의 자발적 협력을 끌어내 복종시키고 양심의 가책을 버리도록 했다. 그리고 이데올로기의 효과는 대량 학살 수행자들의 표적이 된 대상들을 내부 소수 집단의 성원이든 외부 적국의 주민이든 관계없이 자기 집단이나 국가를 지속시키고 번영시키기 위해 제거되어야 할 존재로 인식하게 하는 것이다. 피해자 집단이 악마화되고 동물 또는 해충으로 재현되는 비인간화 과정이 이데올로기의 효과라 할 수 있다.

두 번째로 관료제는 대량 학살 프로젝트의 전반적인 효율성을 증진시키는 역할을 맡는다. 관료제의 특성상 조직 말단의 개인들은 자신들이 수행하고 있는 '처리'에 대해 거의 책임감을 느끼지 않는 경향을 보인다. 오직

상부 또는 권위의 명령을 따르고 있을 뿐이다. 개인 책임 윤리의 축소와 기술적으로 숙련된 업무 능력은 조직 내에서 하는 '처리'의 끔찍함과 상관없이 이른바 정상적 일상과 분리된다.

세 번째 기술(주의)은 학살 수행자들에게 유례없는 치명적 무기를 제공하고 학살자와 피해자 간 물리적·감정적 거리를 만들어낸다. 이것은 피해자들에 대한 비인간화 경향을 증대시키는 효과가 있다. 홀로코스트의 경우 기술은 두 가지 방법으로 결정적인 역할을 했다. 기술(의사소통 및 운송기술)은 학살 수행자들의 업무를 용이하게 해주었고, 학살과 시체 처분을 위한 새로운 기술의 개발과 적용은 피해자 규모를 증대시켰다. 엄청난 규모의 가스실과 신경 독가스, 거대한 통풍장치, 수천 명의 시체 처리가 가능한 화장터 등이 그 예이다. 기술도 관료제처럼 학살자에게 윤리적 책임을 제거한다.[98]

제노사이드 발생의 구조적 원인과 메커니즘을 규명하려는 관심은, 한편으로 제노사이드 수행의 전반적 과정에 미친 특정한 사회심리적 메커니즘의 발현에 대한 연구로, 다른 한편으로 대량 학살이라는 압도적 폭력 상황으로 나아가기까지 폭력의 상승 과정을 경로 중심적으로 분석하는 연구로 분화되어갔다.[99]

사회심리적 메커니즘 연구

에릭 마르쿠센은 로버트 리프턴Robert J. Lifton과 공동 저술한 《제노사이드적 심성》에서 개개인의 행위가 다른 사람들에게 미치는 해로운 결과를 내부적으로 경험하지 않게 하려는 심리적 메커니즘을 설명한다. 그는 이 메커니즘을 인간 감정을 무디게 하는 분리·분열, 심리적 마비, 이중화, 야수화로 구분해서 논한다. 분리·분열은 마음의 일부가 전체로부터 분리되어 각각의 부분이 다른 부분과 어느 정도 분리되어 움직이는 것이다. 심리적 마비는 느끼는 성향과 능력이 감소되는 특징이 있고, 보통 사고와 감정의 분리를 포함한다. 이중화는 이전의 자아로부터 다소 자주적이고 기능적인 두 번째 자아의 형성과 더불어 분리 과정이 더욱 진행되는 것이다. 그 결과 심리적 고통을 거의 겪지 않고 다른 사람들을 해롭게 하는 행위를 지속적으로 하는, 즉 야수화가 발생한다.

마르쿠센과 리프턴의 분석은 본질적으로 인간 환경의 복잡성을 무시하고 개별적인 심리를 과도하게 강조하고 따라서 복잡한 문제를 지나치게 단순화한다는 비판을 받고 있다. 어떻게 정상적으로 보이는 사람들이 사람을 죽일 수 있는가의 문제는 개별 개인의 심리보다 더 넓은 맥락에서 검토될 필요가 있다는 것이다.[100]

개별 개인의 심리보다 악의 평범성에 대한 사회심리적 메커니즘을 규명하는 연구 흐름이 있다. 이 연구들은 대중적으로도 널리 알려져 있는 스탠리 밀그램Stanley Milgram의 권위에 대한 복종 관련 심리학 실험에서 영향을 받았다. 그의 가설은 인간의 잔인한 행위는 잔인한 개인들이 아니라 제대로 일상 의무를 수행하려고 노력하는 평범한 남녀들에 의해 자행된다는 것, 그리고 잔혹 행위는 수행자들의 개인적 특성들과 전혀 상관이 없다고 할 수는 없지만 그보다 권위와 종속 간의 관계, 매일 마주치는 정상적인 권력과 복종의 구조와 매우 강한 상관관계가 있다는 것이다. 실험 결과 대부분의 실험 대상자들은 상대방이 고통을 느끼는 것을 알고도 실험자의 명령에 충실했다. 본인의 판단에 따라 행동하는 개인으로서는 생각할 수 없던 행동을 명령이 내려지고 수행되는 과정에서 스스럼없이 저지를 수 있다는 연구 결과는 당시 많은 연구자들을 놀라게 했다. 그는 권위에의 복종 심리가 인간의 본능으로 인한 것이라기보다 특정 상황, 조직체계, 복종 교육 등의 여러 요소에 의해 발달된 것이라 결론 짓는다.[101]

어빈 스타웁Ervin Stoub, 켈만과 해밀턴Herbert Kelman and Lee Hamilton 논의도 밀그램의 논의를 계승하고 있다. 특히 켈만과 해밀턴은 책 제목이《복종 범죄: 권위와 책임의 사회심리학을 향하여》이고, 스스로 밀그램의 기여를 언급하고 있다. 그들은 권위가 도덕이나 법의 경계를 넘어서는(또는 불법임을 알고도) 명령을 내릴 때 종종 발생하는 결과를 환기하며 '복종 범죄'가 역사 전반에 걸쳐 반복되었다고 강조한다. 그 역사적 사례로 베트남전쟁 때인 1968년 3월 16일 윌리엄 캘리William Calley 중위가 이끄는 미군 중대가 밀라이 마을에서 자행한 복종 범죄를 들면서, 그들은 이를 '승인된 학살'이라고 명명했다. 그들에 따르면, 승인된 학살은 무차별적이고 무자비하며 종종 체계적이고 조직적인 대량 폭력으로 이루어지는 행위로, 공식적으로 승인된 전투에 참가한 군대 혹은 준군사 조직 성원에 의해 수행된다. 희생자들은 노인, 여성, 아이를 포함한 저항하지 않는 비무장 민간인들이다.[102]

켈만과 해밀턴은 모든 승인된 학살이 제노사이드적 정책의 맥락에서 발생한다고 말한다. 학살 자체가 처음부터 명백히 계획되지 않았을지도 모르지만, 전반적인 정책은 전략적 필요로서 폭력 행위를 승인한다. 표적이 된 피해자들은 비무장 민간인들이다. 켈만과 해밀턴은 왜 이들을 대량 학살하는 정책들을 세우고, 그 정책에 참여하며, 그 정책을 묵과하는지 근본적인 질문을 던진다. 그들은 많은 사람들이 승인된 학살에 참여하는 이유를 설명하기 위해 권위화, 일상화, 비인간화 조건을 들면서 제노사이드의 사회 심리적 메커니즘을 제시하고 있다.

승인된 학살은 명령에 복종할 의무와 관련된 다른 종류의 도덕성이 대신하는 상황에서 권위에 의해 권한이 부여된 것이다. 밀그램이 확인했듯이, 명령을 받고 행동하는 사람들은 도덕 감각을 잃어버린 것이 아니라 급진적으로 다른 초점을 획득한 것이다. 도덕적 관심은 권위가 바라는 기대에 한 개인이 얼마나 잘 부응하는지에 초점이 맞춰진다. 밀그램이 들었던 예처럼, 전시에 군인은 작은 촌락을 폭격하는 것이 좋은지 나쁜지 묻지 않는다. 군인은 마을을 파괴한 것을 두고 부끄러움도 죄스러움도 느끼지 않는다. 오히려 자신에게 부여된 임무를 얼마나 잘 수행했는지 여부를 두고 자랑스러워하거나 부끄러워한다. 설령 그 임무가 비무장 민간인들을 해치는 것일지라도 임무를 하달한 권위(명령권자)가 그것을 요구하고 승인했기 때문에, 가해자는 자신의 행위가 정당한 것으로 여기면서 결과를 전과로 보고한다.

일상화는 학살 행위를 일상적이고 기계적이며 고도로 프로그램화된 작동으로 전환하는 것이다. '학살의 포드주의'라 할 만하다. 일상화는 일의 수행이 단계별로 나누어질 때 개인적인 수준과 조직적인 수준 모두에서 작동하며, 책임은 분산된다. 조직 내 업무를 반복 수행하는 동안 수행자는 도덕적 의문을 제기하기보다 주어진 일에 주력하게 된다. 특히 조직적으로 세분화된 업무를 수행할 때 규칙적인 형식에 더욱 얽매일 수밖에 없다. 이 과정에서 수행자는 개인적인 책임감보다는 자신이 속한 집단의 업적이나 성과에 관심을 쏟는다.

켈만과 해밀턴은 비인간화를 학살 정당화의 사회심리적 메커니즘에 필수적인 조건으로 보았다. 학살 대상을 인간 아닌 존재, 즉 개인 정체성과 공동체 성원으로서의 인간으로 여기지 않게 만들어야 학살이 수행될 수 있고 정당화되기 때문이다. '그들'이 '우리'에게 위협적인 존재인 양 만드는 것 또한 학살을 정당화하는 데 필수적이라고 말한다. '그들'에 대한 학살이 '우리'의 방어상 불가피한 것으로 합리화하는 것이다.[103]

지금까지 살펴본 제노사이드에 대한 구조적 접근과 사회심리적 메커니즘 연구들에 힘입어 한국에서는 강성현이 '제주 4·3사건'을 (민간인) 학살 메커니즘의 차원에서 분석했다. 그에 따르면 국가 건설과 전쟁(내전), 억압적 국가기구의 형성이라는 정치사회적 구조의 여러 조건들 속에서 제주도 지역 주민이 '빨갱이 종자'(인종화)로 비인간화·젠더화되었고, 그들에 대한 공격성 투사로 인해 '복종 범죄'의 시스템 안에서 학살 심성이 내면화된 결과 5개월 동안 초토화 대량 학살이 벌어졌다.[104] 권귀숙도 '제주 4·3사건'을 사례로 대량 학살의 사회심리 또는 심리문화 조건을 분석했다. 구체적으로 학살 과정의 첫 단계인 배제 과정에 초점을 맞춰 '그들'에 대한 경계짓기와 변동을 비인간화, 권위화, 일상화 과정과 연결해 설명했다. 그리고 문화적 조건과 배제정책의 상호작용 과정에서 '그들'의 범위 규정, 확대방식, 처벌 방향, 보복의 심화 과정을 분석했다.[105]

단계적 메커니즘 연구

대량 학살이라는 압도적 폭력 상황으로 나아가기까지 폭력의 상승 과정을 경로 중심적으로 분석하는 단계적 메커니즘 연구들도 등장하기 시작했다. 에릭 와이츠Eric D. Weitz는 모든 제노사이드들이 어느 날 갑자기 발생하지 않았다는 점을 강조하면서 제노사이드의 단계적 메커니즘을 역설했다. 김태우는 단계적 메커니즘 연구들이 제노사이드라는 압도적 폭력으로 나아가기까지의 구체적 단계를 분석적으로 제시하면서 특정 집단에 대한 타자화나 비인간화가 제노사이드의 강력한 전조 현상이 될 수 있을 뿐만 아니라 당대와 미래의 제노사이드를 사전에 경고하고 예방하기 위한 '실천적 평화학'의 성격을 강하게 지니고 있다고 평가한다.[106] 여기에서는 와이츠, 울프와 헐시저, 그레고리 스탠턴Gregory H. Stanton의 논의를 중심으로 살펴본다.

와이츠는《제노사이드의 세기: 인종과 민족의 유토피아》에서 스탈린의 소련, 히틀러의 나치 독일, 크메르 루주의 캄보디아, 세르비아와 보스니아의 내전에서 발생한 제노사이드를 연구한 후 제노사이드가 전개되는 5단계 메커니즘을 제시했다.

첫 번째 단계는 권력과 유토피아로, 권력을 잡은 정권의 이데올로기적 지향을 의미한다. 정치지도자는 "지금 바로 여기에서" 자신들의 유토피아를 만들려고 한다. 지도자는 유토피아 미래사회를 창조하기 위해 완전하게 통제할 수 있는 국가를 건설하기를 원하며, 사회 집단 내 차이를 없애고 동일한 민족으로 이루어진 사회를 상상한다. 두 번째 단계는 주민의 범주화 단계이다. 동일한 인종·종교·민족성을 가진 사회 집단을 만들기 위해 정권은 주민 집단을 분류하고 계층화한다. 정체성에 대한 법적 기준을 만들고, 정권이 정한 계급적·인종적·종교적 민족적 위치에 따라 개인들을 분류하고, 차별과 배제 대상이 된 집단들에 대해 극단적인 부정적 특징들을 선전선동하면서 비난한다. 세 번째 단계는 주민 숙청 단계이다. 정치적·계급적 반대자들과 부정적인 범주로 분류된 주민과 지역을 대상으로 학살이 진행된다.

본격적인 대량 학살을 위한 준비 작업이 시작되는 단계이다. 전쟁이나 혁명 등 극단적인 위기와 비상사태 상황이 도래하면 이를 계기로 정권은 극단적인 학살을 본격적으로 진행한다. 네 번째 최종 숙청 단계로 접어든 것이다. 국지적 학살이 조직적이고 치명적인 대량 학살로 확대된다. 마지막 다섯 번째 단계는 주민 숙청 (이후의) 의례화이다. 대량 학살로 끝난 게 아니다. 피해 생존자들은 가족, 지인, 공동체에게 자행된 조직적인 국가 범죄에 대해 침묵을 강요받는다. 대량 학살 이후 피해자들은 국가기구의 사찰에 숨죽여야 하고, 일상에서 학살 가해자 및 가담자들을 대면해야 한다. 이 단계에서는 학살 후 기억 말살과 피해자의 과거 삶의 궤적 및 흔적들의 파괴가 진행된다.[107]

울프와 헐시저의 연구는 제노사이드를 촉진하는 사회심리학적 요소들을 토대로 제노사이드가 수행되는 7단계 메커니즘을 제시한다. 첫 번째는 차별의 단계로, 외부 집단에 부정적인 태도를 갖게 하거나 타자화하는 것이다. 두 번째는 낙인찍기 단계로, 타자화된 외부 집단에 대해 구체적인 사회지 표식을 부과하는 것이다. 기회와 권리의 박탈, 조직으로부터의 배제, 투표권 박탈 등으로 나타난다. 세 번째는 비인간화 단계이다. 네 번째는 고립화 단계로, 낙인찍기에 저항하는 외부 집단을 게토화하고, 국외 추방하며, 심지어 일부 지역에 대한 인종 청소를 감행해 고립시킨다. 다섯 번째는 도덕적 배제 단계다. 외부 집단 성원들의 기본권 박탈이 빠르게 진행되고, 교육이 금지되며, 최소한의 의식주 생활도 유지하기 어려운 상태가 된다. 여섯 번째는 공격 단계다. 외부 집단 성원들의 실존 자체가 심각하게 위협받는 상태가 된다. 학살자들은 본격적인 파괴와 공격을 감행해 외부 집단을 물리적으로 제거해나간다. 마지막 일곱 번째는 부정의 단계다. 학살의 주체들은 자신들이 저지른 잔악한 행위를 왜곡, 치장해 도덕적 부담을 경감시키고 심지어 자랑스러운 일인 마냥 부정론을 구축한다.[108]

스탠턴은 법학과 인권을 전공하고 강의한 교수로서 평생 제노사이드를 연구한 학자였고, 르완다 국제형사법정, 부룬디 조사위원회, 크메르 루주 전범재판소 창설 등에 관여하는 정책가의 면모도 갖추었다. 또한 제노사이드 예방을 위한 국제기구인 제노사이드 워치를 설립해 위원장으로서 실천적인 활동을 벌여나갔다. 그는 르완다 사례에 대한 구체적 분석을 통해 '제노사이드 8단계론'을 정리했고, 이후 여러 학술적 교류와 개선을 거치며 10단계론으로 발전시켰다.[109]

스탠턴의 10단계는 분류, 상징화, 차별, 비인간화, 조직화, 양극화, 준비, 박해, 절멸, 부정으로 구성된다. 첫 번째 단계는 분류로, 인종, 민족, 종교, 국적 등에 따라 사회 집단을 우리와 그들로 구분하는 과정이다. 두 번째 단계는 상징화로, 분류된 개별 집단들이 상징화되는 과정을 말한다. 분류된 집단들은 노란별(유대인), 파란색 스카프(크메르 루주 캄보디아 동부 출신 사람들) 같은 차별적 표상이나 신분증(후투족, 투치족, 트와족 등록), 특정 이름 등과 의복 등을 전통과 법률의 이름으로 강요당한다. 세 번째는 차별 단계로, 지배 집단은 법과 관습, 정치적 권력을 이용해 다른 집단의 권리를 부정한다. 표적이 된 집단은 기본권과 투표권, 더 나아가 시민권이 완전히 박탈된다. 1935년 9월 뉘른베르크법(제국시민권법, 독일 혈통과 명예 보호법)은 인종적으로 유대인들을 구별하고, 유대인과 독일인 사이의 결혼을 금지했으며, 정부와 대학에서 유대인의 취업을 금지했다. 네 번째는 비인간화 단계로, 차별 집단의 성원들은 동물, 해충, 곤충, 질병으로 비유되어 불린다. 르완다 내전에서는 후투족 가해자들이 투치족 피해자를 바퀴벌레, 뱀, 후투족을 잡아먹는 악마로 묘사했다. 따라서 투치족을 제거하는 것은 학살이 아니라 사회의 정화 또는 청소로 여겨졌다. 지금까지의 네 단계 과정을 합치면 '타자화'라고 할 수 있다.

다섯 번째는 조직화 단계이다. 제노사이드는 항상 국가에 의해 조직적으로 자행되며, 종종 민병대 등 준군사 조직이 동원된다. 무장한 특수군뿐 아니라 민병대도 무기 지원을 받고 훈련에 돌입하며, 대량 학살 계획이 입안된다. 비밀경찰도 정치적 반대자(또는 혐의자)를 감시·체포·고문·숙청하기 시작한다. 여섯 번째 단계는 양극화이다. 극단주의자들이 사회 집단들을 분리하고, 증오와 혐오를 부추기는 집단들은 양극화 선전을 수행한다. 극단주의 테러리즘은 "우리 쪽이 아니면 너희는 우리를 반대하는 자"라는 프레임으로 온건파와 중도파를 배신자로 몰고 학살한다. 지배 집단은 비상상태(예외 상태) 법령을 일상화한다. 표적 집단은 자기방어가 불가능한 상태에 이른다. 일곱 번째는 준비 단계이다. 절멸('최종적 해결') 계획이 수립된다. 국가 또는 가해 집단의 지도자들은 자신들의 목표를 '청소', '정화', '대테러' 등 의도를 숨긴 완곡한 언어로 포장한다. 계속해서 군대와 민병대의 훈련과 무기 지원이 이루어지고, 대중에게 "우리가 그들을 죽이지 않으면 그들이 우리를 죽일 것이다" 같은 공포를 조장·주입하면서 자신들의 행위를 정당화한다. 무엇보다 학살되어야 할 집단 명부가 작성되고, 본격적인 절멸 전에 일부 지역이나 집단들을 표적삼아 시험적인 학살들이 진행된다. 여덟 번째 단계는 박해이다. 강제 이주, 강제수용소 이송 및 구금, 학살 등 명부는 계속 확대되고, 표적 집단을 천천히 파괴하기 위해 의도적으로 물과 식량 자원을 끊고 아사로 인한 대량 죽음을 만들어낸다. 표적 집단에 대한 강제 불임이나 낙태 프로그램이 궤도에 오르고 아이들은 부모와 분리되어 끌려간다. 아홉 번째 단계는 절멸이다. 말 그대로 표적 집단의 모든 또는 일부 성원들이 다양한 방법으로 대량 학살당한다. 스탠턴을 포함해 대부분의 학자들은 절멸 단계가 법적인(제노사이드 협약) 의미에서 제노사이드로 규정된다고 말한다. 마지막 열 번째 단계는 부정이다. 학살을 지시한 지배 집단과 학살 수행자들은 자신들의 범죄 행위를 부인하고 자기방어 또는 정당한 살해로 합리화한다. 학살자들은 피해자를 비난하면서 학살의 원인이 피해자에게 있다고 주장한다. 학살이 정부의 의도되고 계획된 정책의 결과이자 복종 범죄로 가속화되었음을 인정하지 않는다. 가해자는 무덤을 파헤치고 시체를 불태우며 증거를 은폐하는 등 피해자 집단을 두 번 죽이는 행태를 서슴지 않고, 목격자를 억압한다. 국가 및 가해 집단은 피해 생존자와 그 유족, 지원 단체 및 사회운동의 진실 규명 요구를 불온한 범죄로 만들고 사찰·고문·살해를 반복한다.[110]

스탠턴은 '단계'라는 개념에 선형성 이미지가 깊게 드리워져 있기 때문에 단계 과정들로 이해해줄 것을 요청한다. 분명한 건 각 과정들은 논리적인 질서가 있고 서로 중첩적으로 관련되어 있다고 강조한다. 앞의 단계들이 뒤의 단계들보다 선행하긴 하지만, 선행 단계들이 제노사이드의 전반적인 진행 과정에서 사라지지 않고 지속적으로 영향을 미친다고 논의한다. 이 단계론은 모든 제노사이드 사례에 천편일률적으로 적용되지 않겠지만, 상당한 정도의 보편성은 갖고 있는 것으로 보인다. 이러한 보편성은 단계론적 메커니즘을 구축한 연구자들이 미래에 발생할 또 다른 제노사이드의 방지를 위한 실천적 개입에 힘을 실어줄 것이다.

국내에서는 대표적으로 김상기와 김태우의 연구가 제노사이드의 단계론적 메커니즘 연구를 한국의 국가 건설과 한국전쟁 시기 대량 학살 사례 분석에 적용하고 있다. 김상기는 학살 메커니즘을 폭력의 작동 원리 혹은 요소들을 일정한 순서에 따라 재배치하여 체계화하는 것으로 정의한다. 다시 말해 학살이 어떠한 폭력 작용을 통해 전개되고 그 작용이 어떠한 메커니즘을 따라 진행되는지, 그리고 각각의 메커니즘이 담고 있는 폭력의 속성이 무엇인지 설명한다. 그는 '제주 4·3 사건'을 사례로 폭력 메커니즘을 크게 폭력의 전조(징후) 단계, 실행(수행) 단계, 이후(처리) 단계로 구분해 분석한다. 전조 단계에서는 이데올로기화, 조직화, 타자화, 동질화 메커니즘이 작동하고, 본격적인 학살을 준비하고 기반을 조성하게 된다. 실행 단계에

〈표3-3〉 제노사이드의 구조적 조건과 메커니즘

	학자	내용
구조적 조건	토마스 커시만	배경적 조건, 개입적 조건, 가속화 조건
	허버트 허시	문화적 조건, 심리적 조건 (외부 집단 규정→내부 집단 행동 요구→지도자에 대한 복종→정당화)
	에릭 마르쿠센	타자화 메커니즘으로서 이데올로기, 구조적 메커니즘으로서 관료주의, 도구적 메커니즘으로서 기술(주의)
사회심리적 메커니즘	허버트 켈만과 리 해밀턴	권위화, 일상화, 비인간화
	강성현	권위화, 이중화, 일상화, 비인간화/타자화(종자화, 젠더화)
	권귀숙	경계짓기 과정으로 비인간화, 권위화, 일상화
단계론적 메커니즘	에릭 와이츠	권력과 유토피아→주민의 범주화→주민 숙청(예비적 학살)→최종 숙청(본격적 학살)→(주민 숙청의) 의례화(5단계)
	린다 울프와 마이클 헐시저	차별→낙인찍기→비인간화→고립화→도덕적 배제→공격→부정(7단계)
	그레고리 스탠턴	분류→상징화→차별→비인간화→조직화→양극화→준비→박해→절멸→부정(10단계)
	김상기	이데올로기→조직화→타자화→동질화→고립화→상호 보복→광기화→절멸→부정→정당화(10단계)
	김태우	낙인과 타자화→내부 집단 조직화→국지적 집단 학살→고립→상징화→감염자 치료→살처분→기억의 압살

서는 고립화, 상호 보복, 광기화, 절멸로 이어지는 학살 수행의 메커니즘이 구체적으로 작동한다. 마지막으로 이후 단계에서는 학살 사실을 지속적으로 은폐하고, 피해자 및 유족의 기억을 억압하는 데 그치지 않고 학살을 합리화하는 부정과 정당화 메커니즘이 실행된다.[111]

김태우는 제노사이드의 단계론적 메커니즘이 주요 제노사이드 사건들에서 공통적으로 발견되는 보편적인 것인 만큼 응당 한국에서 발생한 제노사이드에도 적용될 수 있다고 말하며 '국민보도연맹 사건'을 사례로 분석한다. 1949년 이승만 정부가 반공 전향자를 중심으로 결성하고 후원한 반공 관변 단체에 명부를 올린 약 30만 명을 전쟁 상황에서 총체적으로 절멸했던 것이 왜, 어떻게 가능했는지 단계론적 메커니즘으로 설명한다. 이를 통해 그는 한국 사례의 보편성과 함께 특수성을 드러내고자 했다. 그에 따르면 남한 공산주의자를 포함해 이와 무관한 수많은 사람들이 낙인과 타자화, 내부 집단 조직화, 국지적 집단 학살, 고립, 상징화, 감염자 치료(전향과 갱생), 살처분, 기억의 압살 단계와 메커니즘을 거치면서 '비국민'으로 처리되고 파괴되었다. 그 가운데 감염자 치료 단계는 제노사이드 메커니즘 일반 이론에서 볼 수 없는 한국만의 특수성이라 주장한다.[112]

제4장

제노사이드 이론의
사회학적 재구성

1.

의도:
제노사이드 행위 의도와 사회적 관계의 사회학

제노사이드적 관계는 정치적·군사적 갈등을 포함하는
구조적 맥락에 위치한다.
이 맥락은 전형적인 가해자-피해자 관계를 넘어서는 것이다.

의도에 대한 법적 접근의 한계

유엔 제노사이드 협약과 이에 대한 법적인 접근은 제노사이드가 어떤 집단
에 대한 파괴를 목적으로 하는 의도적인 행위라는 가정에서 출발한다. 이
말은 제노사이드가 가해자의 의도, 즉 가해자의 주관적인 의미에 의해 정
의된다는 것을 의미한다. 국제형사재판소에 관한 로마 규정에 따르면, 이
주관적 의미는 '인식knowledge'과 '의도intent'를 구성 요소로 갖는다. 여기에
서 '인식'이란 보통 상황이 존재하거나 결과가 일어날 것을 아는 것이다. 제
노사이드의 경우 표적 집단의 파괴로 나아갈 범죄 행위에 대한 인식을 말
한다. 인식은 두 번째 요소인 '의도'와 얽혀 있다. 인식에 집단을 파괴할 계
획의 존재에 대한 인식이 포함되기 때문이다.[1]

 그런데 제노사이드 가해자가 이러한 인식과 의도를 가지고 있었음을 어

떻게 입증할 것인가? 일각에서는 제노사이드가 법적으로 임의적인 범죄가 아니라 조직적인 범죄이기 때문에 의도의 입증은 시대착오적인 것이라고 주장한다.[2] 르완다 국제형사법정 또한 어떤 집단을 파괴하기 위한 구체적인 계획을 입증하지 못하더라도 계획이나 조직 없이 제노사이드가 수행되는 것은 쉽지 않다고 선언한 바 있다.[3] 국제법학자 샤바스도 "의도를 가지고"라는 용어가 제노사이드 정의에 포함되지 않았더라도 그처럼 거대한 범죄가 의도치 않게 저질러질 수 있다는 것은 상상조차 할 수 없다고 했다.

그럼에도 불구하고 '의도'에 대한 법적인 이해는 협소하다. 샤바스에 따르면, 범죄는 범죄의 결과와 가해자의 마음 상태 간의 심리적 관계에 의해 특징지어진다.[4] 이는 가해자의 마음 상태에 대한 증거를 요구하는 것으로 이해될 수 있다.[5] 그러나 공식 기소 사건에서 의도에 대한 증거를 요구하지는 않는다. 기소는 일반적으로 피고인이 진짜 무엇을 의도했는지를 확정하기 위해 정신과 의사를 전문가 증인으로 요청하지 않는다. 오히려 의도는 실질적인 행위의 증거로부터 나오는 논리적 연역이다. 형사법은 개인이 행위의 결과를 의도한다고 가정하며, 사실상 물리적 행위 자체의 증거에서 범행 인식 및 의도mens rea의 존재를 추론한다.[6] 그런데도 제노사이드에서 '특정 의도specific intent'에 대한 법적인 접근은 의도의 일반적인 용법을 넘어서 엄격한 기준을 내세우고 이를 충족시키길 요구한다. 이와 같은 엄격한 의도 개념은 때로는 사회학적으로 집단적 의도collective intention라는 비현실적인 개념으로 강화되기도 한다.[7]

샤바스는 의도와 동기를 같은 것으로 보지 않았다. 그러나 그는 둘 간의 핵심적인 관계를 강조했다. 의도를 밑에 깔린 동기들과 연계하는 것은 의도를 보다 크고, 엄격하며, 절대적인 어떤 것으로 만든다. 이렇게 되면 특정

의도, 결정, 행위는 배후에 단일하면서 거대한 의도로 이해될 수 있는 어떤 계획과 함께 연결되어야 한다. 제노사이드 협약에서 '의도'에 대한 강조도 이런 의도에 대한 절대적인 생각을 포함한다.[8]

일관적이고 지속적인 단 하나의 의도성을 가정하는 것보다 제노사이드가 다수 행위자들의 의도들이 복잡하게 얽히면서 수행되는 행위라고 바라보면 어떨까? 제노사이드를 저지른 집단 행위자들은 정치 갈등이나 군사 분쟁에 관여하는데, 그 속에서 그들의 목적과 정책은 매우 복잡하다. 또한 갈등이나 분쟁이 전개되는 상황에 따라 목적과 정책도 진화한다. 따라서 제노사이드 행위에 대한 여러 동기들이나 행위자들의 가치와 이데올로기가 일관된다고 가정할 수 없다. 또한 행위자들의 가치와 이데올로기에서 특정 계획이나 의도에 이르는 일직선을 그릴 수도 없다.[9]

제노사이드로 가는 결정들은 단계적으로 확대 점증해가는 것이다. 정책은 발전하고 변화하는 상황에 맞게 적응한다. 여러 달 동안, 또는 수 년 넘게 수행된 역사적인 제노사이드 사건을 단 하나의 결정, 의도, 심지어 동기로 설명하는 것이 분석적으로 타당할까? 마이클 만도 다음과 같이 주장한 바 있다.

살인적인 청소가 가해자들의 본래의 의도는 아니다. …… 살인적인 청소는 일종의 '플랜 C'로, 민족적 위협이 실패하자 이에 대한 첫 두 가지의 대응 직후에 발전했다. …… 그 결과를 이해하기 위해서 우리는 일련의 상호작용이 만든 단계적 확대의 의도하지 않은 결과들을 분석해야 한다.[10]

그렇다고 마이클 만의 주장이 의도성을 경시하는 건 아니다. 제노사이드 연구에서 단 하나의 의도성을 상정하는 것이 얼마나 비현실적인지, 그럼에도 불구하고 얼마나 이런 연구들이 만연한지 지적한다.

제노사이드는 분명 물리적·문화적으로 전체 집단을 '일소'할 목적을 갖고 있
는 의도적인 것이다. 그러나 그것이 민족국가주의자들ethnonationalists의 원
래 해결책은 아니었기 때문에 우리는 그들의 목적의 연속적인 흐름들을 재
구성할 수 있어야 한다.[11]

마틴 쇼는 마이클 만처럼 한 집단을 물리적으로 완전히 일소하는 것만을
제노사이드로 가정하는 것에는 의문을 드러내지만, 제노사이드가 상황적
인 동학에 대응해 점증하는 의사 결정의 결과라는 입장에 적극적으로 동의
한다.[12] 복잡하고 상황적인 설명만이 '의도' 요소의 뜻을 이해하기 위한 유
일한 방법이라고 강조한다.[13]

정리하면, 제노사이드를 의도적 행위로 정의하는 접근들, 특히 법적인
접근은 행위의 의도를 판별해야 하는 딜레마에 빠지게 된다. 의도에 대한
인식이 있었다는 것을 객관적인 증거로 입증하라는 것은 거의 불가능하며,
결국 현실에서 펼쳐진 명백한 제노사이드적 결과를 두고도 의도를 입증하
지 못해 면죄부를 주게 된다. 이런 이유로 일부 연구자들은 의도를 추론하
는 모든 문제점을 피하기 위해 의도를 기준에서 제거하자고 제안하기도 했
다.[14] 그런데 의도를 기준에서 제거하면 문제가 해결되는가? 의도가 결여된
제노사이드가 과연 상상 가능한 것인가?

의도에 대한 법적인 접근의 한계 때문에 의도 자체를 제거하는 것은 좋은
방법이라 할 수 없다. 의도를 적절하게 맥락화하는 방법은 없을까? 마틴 쇼
는 의도에 대한 법적 개념을 사회학적으로 재구성할 것을 제안한다. 사회학

자 헬렌 페인이 그랬듯, 그는 의도에 대한 법적 개념과 보다 넓은 이해 사이에 다리를 놓기 위해 "목적이 있는 (의도적인) 행위에 대한 사회학적 개념"[15]이 무엇일지 고민한다. 그래서 그가 주목한 것은 행위의 의미에 대한 이해와 사회적 행위의 관계들에 대해 통찰력 있는 관점을 보여준 막스 베버의 사회학이다.

제노사이드 행위의 '의도'에서 사회 갈등의 '구조' 이해로

베버는 사회학을 사회적 행위에 대한 종합적인 과학으로 파악했다. 그는 사회적 행위가 행위하는 인간들의 '주관적 동기와 의미 부여, 그것에 대한 상호 이해와 해석을 통해 이루어진다고 보았다. 이러한 내면적 동기와 의미는 겉으로 잘 드러나지 않기 때문에 이를 직관적으로 통찰하고 해석적으로 이해verstehen해야 한다고 주장했다. 앤서니 기든스Anthony Giddens는 베버의 이해사회학에 대해 다음과 같이 정리한다.

> 베버의 이해사회학은 사회적 행위를 해석적으로 이해하고, 이를 통해 그 행위의 과정과 결과를 인과적으로 설명하려는 과학이다. **행위에 포함된 주관적 의미가 다른 개인이나 집단과 관련을 맺게 되면, 그 행위는 사회적이라고 할 수 있다.** 이러한 행위의 의미는 두 가지로 분석될 수 있을 것이다. 즉 **특정의 한 행위자가 지니는 구체적 의미와의 관련 속에서 분석하거나, 혹은 가설적인 행위자에 대한 이상형적인 주관적 의미와의 관련 속에서 분석될 수 있을 것이다**(강조는 인용자).[16]

베버에게 주관적으로 의미 있는 행위는 사회 연구의 근본적인 주제다. 사회관계와 구조를 파악하려면 의미를 구성하는 행위에 대한 작업에서 그 의미들을 확인해야 한다. 제노사이드 행위도 베버가 말하는 '주관적 의미가 있는 사회적 행위'로 이해하면 법적인 논의의 한계에서 벗어날 수 있을까?

일단 제노사이드 행위가 주관적으로 의미(의도)가 있는 행위라는 점은 수긍이 간다. 그러나 제노사이드 행위가 사회적 행위인가 하는 점에 대해서는 의문이 생길 수 있다. 초크와 조나슨을 비롯한 몇몇 학자들은 제노사이드가 가해자들이 희생자들에게 '일방적'으로만 행하는 행위라고 정의하지 않았는가? 다시 말해 제노사이드 행위는 의미가 있는 행위이기는 하나 사회적 행위가 아니라는 것이다.

그러나 마틴 쇼는 흥미롭게도 제노사이드 행위가 이중적인 의미에서 타인들에게 맞춰진 사회적 행위라고 주장한다. 첫째, 가해자의 행위는 전형적으로 복잡한 사회 조직의 일부이며, 동료 가해자의 행위에 맞춰진 것이다. 둘째, 가해자의 행위는 표적 집단의 행동에 맞춰져 있다. 가해자는 표적 집단의 사회 조직, 문화, 권력을 파괴하고, 파괴적인 정책에 맞춰 그 집단 성원들의 행동에 주의를 기울인다. 따라서 쇼는 가해자의 의도만을 바라보면, 제노사이드의 사회적 성격을 이해하고 설명하는 것이 불충분하다고 결론 짓는다.[17]

제노사이드적 행위에 포함된 의미(의도)를 이해하기 위해 앞서 기든스가 정리한 두 가지 종류의 '의미'에 대한 베버의 설명을 참고할 필요가 있다. 이를 제노사이드에 적용해보면, 전자는 가해자의 구체적 의도에 해당하고, 후자는 이론적으로 인식되는 주관적 의미(의도)의 순수한 유형, 즉 이상형적 의도에 해당한다. 이렇게 보면 협약이 일반적으로 명시하고 있는 '의도'

기준은 이상형적 의도로 볼 수 있으며, 그동안 법학자·법률가들은 이 의도를 너무 협소하게 적용해 제노사이드 가해자의 구체적 의도를 입증하는 방향으로 나아갔다고 볼 수 있다.

베버의 이상형*Idealtypus*(Ideal type)은 현실 어디에서도 경험적으로 찾을 수 없는 분석적 구성물로서, 연구자가 구체적인 사례들 간의 유사성과 차이성을 확인하기 위한 척도의 구실을 하는 것이다. 즉 비교 연구를 위한 기본적 개념 틀을 제공하는 방법론인 것이다. 따라서 이상형은 구체적인 현실과 들어맞지 않는다. 현실의 특정 요소들에 기초하여 논리적으로 구성되어 명확하고 통합된 하나의 개념을 형성하지만, 현실 속에서 그 예를 찾을 수 없는 것이다.[18] 따라서 베버의 설명을 적용하여 가해자의 구체적 의도와 이상형적 의도를 구분하고, 이상형적 의도는 현실 속 구체적인 제노사이드 가해자의 의도를 추론하고 비교하는 틀로 삼아야 한다. 제노사이드 협약의 목적은 제노사이드 가해자를 처벌하고 이를 방지하는 데 있는 것이지, 의도 기준을 협소하게 적용해 가해자들에게 면죄부를 주려고 했던 것은 아니지 않은가?

더 나아가 마틴 쇼가 강조한 것처럼, 의도에 대한 사회학적 고찰과 재구성으로 끝나서는 안 된다. 베버의 사회적 행위에 대한 이해를 바탕으로 주관적 의미(의도)를 확립하는 것이 불가피한 시작점이지만, 이것은 개념화의 예비 단계일 뿐이다. 의도성이 완전히 포기되어서는 안 되지만, 의도는 제노사이드를 이해하기 위한 종합적인 분석 틀을 제공하기에는 한계가 있는 개념이다. 이런 이유로 사회학적 개념화, 즉 구조적 개념 형성이라는 무대로 이동할 필요가 있다. 이는 (가해자들 사이뿐 아니라 가해자와 피해자 사이, 그리고 피해자들 사이의) 제노사이드의 전형적인 사회관계를 이해하기 위해 (가해자들의) 제노사이드적 행위의 주관적 의미를 넘어 사회 갈등의

구조로 이동하는 것을 의미한다.[19]

어떻게 하면 적절한 구조적 개념을 만들 수 있을까? 제노사이드의 사회적 관계에서 출발해보자. 이는 사회적 행위에서 사회적 관계로, 그리고 사회 조직 및 제도와 같은 사회 구조에 대한 논의로 나아간 베버의 길을 따라가는 것이기도 하다.

사회적 관계란 그 의미 내용상 서로가 서로를 연달아 염두에 두는, 그리고 이에 의해 지향된 여러 사람의 행동거지를 뜻한다고 하겠다. 그러니까 사회적 관계의 실체는 단연코 그리고 아주 전적으로 어느 (의미 있게) 일정한 방식으로 행위가 사회적으로 이루어질 수 있는 가망성이다. 그러니까 양쪽의 연달아 이어지는 행위에 의한 최소한의 관계가 이 개념의 특징이라고 하겠다. 그 상호 지향의 내용은 매우 다양한 것일 수 있다.[20]

제노사이드가 '관계'를 수반한다고 보는 관점에 대해 심각한 거부감을 느끼는 학자가 있을지도 모르겠다. 그러나 주관적 의미는 특정 사회적 관계에서 상호작용하는 모든 집단에게 반드시 똑같을 필요는 없다. 즉 상호성을 요구하지 않는다. 반대로 사회적 관계는 두 집단의 관점에서 객관적으로 비대칭적이다. 이러한 의미에서 마틴 쇼는 관계적 용어로 제노사이드에 대해 논의해야 한다고 주장한다.[21] 저명한 홀로코스트 연구자인 라울 힐베르크Raul Hilberg도 "가해자와 피해자의 상호작용은 '운명적'이다"라고 하지 않았던가?

이와 관련해 마크 레빈Mark Levene도 "가해자와 피해자의 동학은 왜 제노사이드가 그처럼 살인적으로 확대되는지를 설명해준다"[22]고 말한 바 있다. 피해자는 자신들을 공격하는 가해자의 압도적인 힘에 자신들의 행위를 맞추지 않을 수 없다. 그러나 피해자의 행위들 역시 가해자의 행위들에 영향을 끼친다. 바우만이 예증한 것처럼 게토에서 유대인 엘리트들은 나치가 자신들을 이용할 수 있도록 했고, 그래서 나치의 제노사이드적 정책의 성격에 영향을 끼칠 수 있었다. 그리고 나치도 유대인 엘리트들의 '합리적인' 처신을 이용하는 것이 대량 살인보다 훨씬 유용한 해결책이었음을 알았다.[23] 그러나 장기적으로 보면 유대인 엘리트의 복종은 자신들과 유대인을 구원할 수 없었다. 비대칭적인 힘의 조건하에서 피지배자의 합리성은 아무리 좋게 말해도 양면성을 지닌 것이었다. 그것은 그들에게 이롭게 작용할 수도 있지만, 동시에 그들을 파괴할 수도 있다.[24] 홀로코스트 사례와 달리 르완다 사례는 정반대로 피억압 집단이 복종이 아닌 무장 저항의 대응을 선택했다. 그러나 무장 투쟁의 결과 역시 홀로코스트 사례와 다르지 않게 제노사이드를 촉진시키는 것으로 귀결되었다.

정리하면, 이 두 사례는 두 가지를 생각하게 한다. 하나는 가해자와 피해자, 더 나아가 방관자를 포함하는 제노사이드적 관계의 과정들이다. 피해자와 방관자의 행위 방향은 가해자의 의도가 구체화되는 과정에 상당한 영향을 미치며, 이들의 상호작용이 단계적으로 확대되면서 의도치 않은 결과들을 만든다. 결과적으로 대량 절멸이 발생한 상황에서 가해자의 의도가 절멸이었다고 단순하게 소급하여 말하는 것보다 사건의 과정 속에서 각 행위자의 상호작용이 최종적으로 어떻게 가해자의 절멸 의도로 귀결되었는지를 세세하게 분석하는 것이 필요하다.

다른 하나는 제노사이드적 관계가 정치적·군사적 갈등을 포함하는 구조적 맥락에 위치한다는 것이다. 이 맥락은 전형적인 가해자―피해자 관계를 넘어서는 것이다. 제노사이드적 관계의 성격에 대한 인식은 그것이 수반하는 일종의 구조에 대한 설명으로 관점을 이동시킨다. 구조라고 하면 종종 조직이나 제도를 떠올리지만, 사회학적으로 구조는 그보다 넓은 의미를 갖는다. 구조는 시공간을 초월한 사회적 관계들의 일반적인 구조화로, 그 안에서 사회적 행위의 반복되는 유형들이 재생산된다.[25] 제노사이드의 경우 이것은 갈등의 구조로, 근본적으로 무장 군대와 비무장 민간인 집단의 비대칭적인 갈등을 의미하지만, 또한 무장 저항과 다른 무장 군대와의 동맹의 가능성도 포함한다. 마틴 쇼는 제노사이드가 다른 갈등의 구조들(특히 대량의 폭력적인 정치 갈등)과 비교되고 이와 연관되어 이해될 때 가장 좋다고 논의한다. 제노사이드의 독특성은 이러한 다른 유형들, 특히 전쟁과 비교하면서 차이를 정립할 때 나타난다. 이러한 의미에서 그는 제노사이드를 행위자들 간에 일종의 특수한 관계로 특징지어지는, 그리고 다른 갈등의 구조들과 유형적으로 연결되는 사회 갈등의 형태 중 하나로 이해한다.[26]

2.
집단:
민간인 사회 집단과 사회학적 접근의 가능성

> 제노사이드의 피해자 집단은 가해자가 정의하고 문제삼는 특정 정체성을 이유로
> 표적이 되었지만, 피해자 집단이 어떤 사회적 성격을 갖는 집단이 되었건 이들 모두는
> '민간인civilian'이라는 성격을 공유하고 있다.

집단에 대한 법적 접근의 한계

제노사이드는 일반적으로 집단group에 대한 공격이라는 점에 보편적으로
동의한다. 그러나 정작 협약을 주조하는 과정에서 집단에 대한 깊이 있는
논의는 없었다.[27] 공격받는 집단이 현실에 존재하는 사회적 '실체entities'인
지, 아니면 '집단성collectivities'인지, 그것도 아니면 그 밖의 무엇인지에 대
한 문제가 제기되어야 했지만, 이상하리만치 법적인 접근은 이에 침묵했
다. 다만 1946년 유엔 총회의 결의안 96(I)를 가지고 추측해보면,[28] 특별위
원회와 법률위원회의 각 대표들은 "집단이 개인들로 구성된다"는 관념을
공유하고 있었던 것으로 보인다. 이러한 집단 용법은 이후에도 인권 관련
영역의 여타의 국제기구에서 관행적으로 사용되었다.

집단에 대한 법적인 이해가 전혀 없는 것은 아니었다. 예컨대 라파엘 렘

킨은 초기에 집단을 보호받을 가치가 있는 실체로 언급했다. 그러나 그는 가끔 소수자 집단들minority groups을 언급하면서 '소수자'와 '집단'을 동의어로 바라보기도 했다. 실제 법 분야에서는 집단보다 소수자라는 용어를 더 활발하게 사용했다. 인종적·민족적·종교적·문화적·언어적 집단들보다 인종적·민족적·종교적·문화적·언어적 소수자들이라는 용어가 더욱 명확한 것으로 보였고, 따라서 소수자라는 용어가 엄격한 용법을 선호하는 법학자와 법률가의 구미에 딱 들어맞는 것이었다. 반면 나탄 레너Natan Lerner는 법학자이지만 소수자보다 집단이라는 용어가 갖는 이점을 강조한다. 통합 요인, (인공과 반대되는 의미에서) 자연적 요인, 영속적 요인 등의 존재를 요구하는 집단이라는 용어가 소수자보다 더 개선된 총괄적 용어라는 것이다.[29]

이러한 집단 용법은 사회학에서 낯설지 않다. 사회학에서 집단은 모여 있는 현상만을 지칭하는 것이 아니다. 집단은 군집aggregate과 달리 집단 내부 성원들의 지속적인 상호작용이 내포되어 있음을 강조하는 개념이고, 집단을 유지하기 위한 고유의 관행, 규범, 규칙, 문화 등이 있음을 전제로 하는 개념이다. 따라서 사회학에서 말하는 집단은 사회 집단이라고 이해하는 것이 적절하다.

이러한 사회학적 이해는 제노사이드에서의 집단 문제를 사고하는 데 매우 흥미로운 통찰을 제공해준다. 실제 제노사이드를 연구하는 사회학자들은 집단에 대한 사회학적 이해를 유용하게 활용했다. 초크와 조나슨은 집단이라는 용어 사용의 어려움을 잘 알고 있었다. 그들은 다음과 같이 말한다.

우리는, 문화적으로 정의된 한 집단a group과 그 구성원의 의미가 고대에 그리고 내셔널리즘의 출현 이전인 역사 전반에 걸쳐서 매우 다르다는 사실을 알고 있다. 고대에 제노사이드의 피해자들은 거의 전쟁 중인 도시국가의 주민들이었다. 전체 인종적·문화적·종교적·민족적 집단은 학살되지 않았는데, 이 개념들은 고대 세계에는 거의 존재하지 않았기 때문이다. 로마인들은 BC 146년에 카르타고 도시의 함락 직후 도시의 주민들을 학살했을지라도, 이전부터 카르타고에 살고 있었던 페니키아인들의 절멸을 추구하지 않았다. 로마인들은 카르타고가 페니키아에서 오래전에 독립했다는 것을 인식하면서 카르타고의 주민들을 한 집단으로 정의했다. 또한 로마인들은 누미디아(북아프리카에 있었던 고대 왕국)와 그 근처 국가에 살고 있는 카르타고인들을 학살하려고 하지 않았다. 로마인들은 배후지에 사는 카르타고인들을 피해자 집단의 일부로 생각하지 않았는데, 왜냐하면 그들이 반란죄를 저지르거나 라이벌 국가의 주민들로서 파괴되어야 하는 존재들로 보이지 않았기 때문이다. 우리의 제노사이드 정의에서 중요한 것은 **가해자가 사용하는 집단의 정의이다**(강조는 인용자).[30]

그들은 피해자 집단이 현실에 존재하는 집단이지만, 동시에 그 성원됨이 가해자에 의해 정의된다는 사실도 피해자들에게는 매우 중요하다고 강조한다. 아르메니아인 개개인들은 때때로 이슬람으로 개종해 살아남을 수도 있었지만, 나치는 인종법으로 유대인을 정의해 개인에게 결정할 여지를 주지 않았다. 이러한 이유로 그들은 "가해자에 의해 정의된다"는 제한만을 남긴 채 피해자 집단의 성격을 의도적으로 열어두었다.[31]

이에 반해 헬렌 페인은 제노사이드 협약에서 보호받는 집단, 즉 제노사이드 피해자들은 일반적으로 현실에 존재하는 집단들의 성원이며, 그들 자신을 집단성이나 인종, 계급 그 무엇으로 상상하든 간에, 그들은 자신들의 존재를 인정한다고 강조한다.[32] 그녀는 다음과 같이 주장한다.

(협약이 보호하는) 그러한 집단들은 보통 귀속적(선택에 의한 것이라기보다는 출생에 기반한 것)이고 종종 영속하는 특정 형태의 충성들을 고무한다. 그 집단들은 정체성과 가치의 원천이며, 사회운동, 자발적 결사체, 회합과 가족의 모판seed-bed이다. 간단히 말해 **그 집단들은 집단성collectivities이다.** …… 더욱이 집단 성원들이 그들 자신을 재생산하는 경향이 있을 때 이러한 집단성들은 지속된다(강조는 인용자).[33]

두 입장을 비교해보면, 초크와 조나슨은 피해자 집단이 가해자에 의해 정의되고 구성되는 측면에 주목한 반면, 페인은 피해자 집단의 현실성(혹은 안정성과 영속성)을 강조하고 있다. 두 입장의 차이를 근본적으로 과장하는 것은 위험하다. 초크와 조나슨이 집단의 구성적인 특성을, 페인이 생득적·귀속적 특성을 강조하는 것은 어디까지나 상대적인 것이다. 예컨대 페인은 정치적·성적·계급적 집단이나 집단성이 민족적·종교적 집단성과 마찬가지로 공동체를 지속시키는 기본적인 요소들이라고 주장한 바 있다. 귀속적 (유전적) 정체성과 선택·성취된 정체성 사이를 범주적으로 구분하지 않은 것이다. 둘 다 구성된 것이고 세대에 걸쳐 지나온 것이기 때문이다.[34] 초크와 조나슨도 피해자 집단의 현실적 존재성, 즉 안정성과 영속성을 부정하지 않았다. 다만 적 또는 표적 구성과 파괴에 대한 가해자의 논리에 분석을 집중했을 뿐이다.

마이클 만은 이러한 어려움을 양쪽 모두의 방식으로 해결하고자 했다. 그는 민족성ethnicity을 공통의 후손과 문화를 공유하는 것으로서 그 자체로 정의하거나 다른 사람들에 의해 정의되는 집단으로 규정한다.[35] 그러나 그는 이에 관련된 집단 행위자들이 많고, 몇몇은 그 자체로 확대 과정에서 나타난다고 주장한다. 국가, 계급, 직업, 지역, 세대, 젠더 등과의 관계에 기반한 정체성들은 민족적 정체성의 안팎에서 엮여 들어간다는 것이다.[36]

법적 접근은 집단 그 자체에 대해서는 침묵한 채 그것에 선행하는 네 개의 형용사, 즉 "국민적·민족적·인종적·종교적"이라는 목록을 확정하는 데 힘을 쏟았다. 이것은 객관적으로 피해자가 명확해야 한다는 법적 요구를 충실히 반영한 결과일 것이다. 형사법에서 피해자가 없는 범죄란 상상할 수 없을 테니까 말이다. 그러나 협약에 명시된 네 개 집단의 존재가 객관적으로 명확한 것인가? 이 질문에 대한 답은 회의적이다. 인종, 민족, 국민 집단의 개념이 생각보다 선험적으로 불명확한 개념이고, 현실 사례에 적용할 때 그 모호함은 더욱 가중되기 때문이다.

르완다 사례를 예로 들어보자. 르완다 국민의 구성은 다수인 후투(85퍼센트)와 소수인 투치(14퍼센트), 그리고 트와(1퍼센트)이다. 후투와 투치는 모두 이주민으로 알려져 있다. 투치는 15세기경 나일강 유역에서 남하해온 유목민의 후손들이고, 후투는 남부와 중앙아프리카의 반투의 후손들로 추정된다. 경제적으로 투치와 후투는 각각 유목과 농경이라는 서로 다른 생활방식을 가졌다. 생물학적으로도 투치는 키가 크고 호리호리하며 뾰족한 코를 가진 반면, 후투는 키가 작고 퉁퉁하며 납작한 코를 가진 특징을 보여준다. 그러나 이러한 가설들은 매우 경직된 것이라는 비판이 있다. 무엇보다 이러한 차이보다 공통점이 더 크다. 투치와 후투는 같은 언어(키냐르완다어)를 사용하고, 같은 종교(기독교)를 갖고 있으며, 본질적으로 같은 문화(무냐르완다라고 부르는 문화공동체)를 갖고 있었다. 그들 간의 통혼도 일상적이었다.

따라서 그들 사이를 구분하는 것은 매우 어려워서 벨기에 식민통치자들은 신분증과 출생증명서에 '민족적 기원'이라는 칸을 만들었다. 흥미로운 점은 민족적 기원의 기준이 그 사람의 가족이 소유하고 있는 소의 수를 기준으로 했다는 것이다. 소가 많으면 투치가 되고, 적으면 후투가 되는 상황이 발생했다.[37]

1994년의 제노사이드에 희생되었던 투치는 국민, 민족, 인종, 종교 집단 중 어디에 해당하는가? 당시 대량 학살당하고 삶의 터전이 파괴된 투치는 후투와 마찬가지로 국적상 르완다 국민이면서, 문화적으로는 무냐르완다 민족공동체에 속하고, 종교적으로는 기독교인이었다. 생물학·유전학상 인종적 차이가 있다고 반론하는 사람도 있을 것이다. 하지만 통혼이 오랫동안 일반화된 상태에서 유전학적으로 어디까지 투치라고 말할 수 있을까? 아리아인과 유대인을 범주적으로 구분하려 했던 나치도 이 딜레마에 봉착할 수밖에 없었다. 결국 나치는 유대인들을 낱낱이 세면서 계산했다. 왜냐하면 유대인성(인종)이라고 주장되는 기준에 대한 객관적 지표가 없었기 때문이다.[38] 유대인으로 결정하는 것 역시 주관적이고 임의적인 판단일 수밖에 없었다.

피해자 집단이, 그러니까 보호해야 할 집단이, 다시 말해 가해자가 표적으로 삼은 집단이 현실에 존재하지 않는다는 말이 아니다. 홀로코스트를 사례로 들면, 나치즘이 무無에서 유대인성에 대한 생각을 그려낸 것은 아니다. 분명 이는 오랜 시간 지속되어온 반유대주의 사상의 토대 위에서 가능했던 것이다. 역사적 반유대주의와 나치의 정책은 전통과 공동체에 대한 유대인의 생각과 상호작용했다. 모든 이데올로기가 그렇듯, 제노사이드적 사상은 현실 속 여러 요소들에서 그것의 망상들을 구성한다. 제노사이드 가해자들은 표적 집단에서 거의 존재하지 않았던 집합적 정체성을 종종 고

취시킨다. 현실성의 요소보다 더욱 충격적인 것은 모든 제노사이드적 사상의 망상적 성격이다. 한 사회 집단을 사회적·물리적으로 파괴해버리는 표적으로 만들기 위해 가해자들은 근본적으로 현실에서 떠나야 한다. 가해자들은 '허위pseudo-분류'라는 왜곡된 렌즈를 통해 다양한 공동체에서 살아가는 개인과 가족들을 덩어리로 바라보게 된다. 이는 공동체의 개인과 가족들을 일종의 집합적 적으로 전환시켜서 그들의 삶의 방식과 물리적 존재를 반드시 야만적으로 파괴해야 할 대상으로 만든다.[39]

정리하면, 주류의 법적 접근은 집단 그 자체에 대해서는 침묵하면서, 그에 선행하는 형용사들의 목록을 확정하는 것이 객관적이라고 판단했다. 샤바스와 같은 일부 법학자들은 그렇게 단순한 믿음을 갖지는 않았지만 말이다. 게다가 그 일부 법학자조차 "국민적·민족적·인종적·종교적"이라는 객관성이 허구적임을 알고 있었지만, 그것을 포기하지 못했다. 다음의 고뇌는 법적 접근의 최대치를 보여주는 것이 아닐까?

협약이 보호 집단의 의미를 결정하는 것은 주관성의 정도를 구술하는 것처럼 보인다. 협약이 보호하는 한 집단의 한 성원으로서 피해자 개개인의 지위를 결정하는 것은 공격자이다. …… 그러나 이러한 접근의 결함은, 최소한 이론에서, 현실에 객관적으로 존재하지 않는 집단에 대해 저지르는 제노사이드를 허용하게 된다는 것이다. …… (따라서) 주관적인 접근은 허우적거릴 수밖에 없는데, 왜냐하면 법은 공격자 일방에 의해 정의되는 범죄를 인정할 수 없기 때문이다. 따라서 네 집단의 객관적인 존재를 결정하는 것이 필요하다.[40]

사회학적 접근은 이러한 법적 접근의 한계를 뛰어넘을 수 있었다. 초크와 조나슨, 페인, 그리고 만은 피해자 집단이 본래 현실적으로 존재하는 측면과 함께 가해자에 의해 정의되고 구성되는 측면을 설득력 있게 보여주었다. 더 나아가 사회학적 접근은 집단 용어에 선행하는 수많은 형용사들(국민적, 민족적, 인종적, 종교적, 정치적, 문화적, 젠더적, 언어적 등)이 서로 얽혀 들어가 이 모든 복잡하고 구성적인 정체성들이 한 개인의 몸으로 구체화된다는 것을 보여준다. 그리고 다시 가해자에 의해 특정 정체성이 다른 것들에 비해 강조되어 그 개인이 낙인찍히는 것도 보여준다. 결론적으로 사회학적 접근은, 집단에 선행하는 형용사들의 목록을 확장시키는 것이 아닌 '모든 사회집단들'을 포함하는 총괄적인 정의를 채택하는 것만이 일관되고 유일한 해결책임을 보여주고 있다.

"국민·민족·인종·종교 집단"에서 민간인 사회 집단으로

제노사이드의 피해자 집단은 가해자가 정의하고 문제삼는 특정 정체성(앞서 말했듯이, 현실적이면서 망상적인 성격을 모두 갖는다)을 이유로 표적이 되었지만, 피해자 집단이 어떤 사회적 성격을 갖는 집단이 되었건 이들 모두는 '민간인civilian'이라는 성격을 공유하고 있다. 물론 제노사이드 가해자들은 표적이 되는 집단 성원들이 민간인이라는 사실을 부정하고, 공격적이면서 전투적인 적의 일부로 간주한다. 그러나 이러한 부정은 제노사이드 가해자들이 표적으로 삼은 집단 성원들이 민간인이었음을 인지하고 있었다는 확증이지 않을까?

표적 집단 성원들의 민간인 상태는 아무리 강조해도 지나침이 없다. 가해자들은 민간인을 파괴하기 위해 저지른 행위가 아니라고 항변할 것이다. 분명 가해자들은 특정 국적, 민족성, 계급, 정치 집단, 종교 집단, 여타의 사회적 범주들을 그들의 적으로 확인한다. 그러나 제노사이드의 과정은 이런 특정 범주들의 목록에 의해 단순히 정의되는 것이 아니다. 다수 표적에 대한 극단적인 사례로, 나치 친위대의 살인특무부대는 소련 침공 직후 최소한 44개 정도의 중복된 표적 집단들을 확인하면서, 그 집단의 일부는 민족적이고, 일부는 정치적이며, 일부는 모호하다고 보고했다.[41] 살인특무부대의 학살자들이 방아쇠를 당길 때, 가해자들은 그 후 수많은 피해자들을 서로 다른 범주들로 구분한 소름끼치는 보고서들을 만들었다. 그렇더라도 피해자들은 자신들이 오직 슬라브인이라서, 공산주의자라서, 또는 유대인이라서 학살당했다고 말할 수 있었을까?

공격당한 사람들이 특정 집단 유형(공격받은 집단은 사례마다 매우 다양하다)이 아닌 민간인이라는 점은 매우 중요하다. 그런데 마틴 쇼는 이러한 성격을 이중적인 의미에서 이해하는 것이 필요하다고 강조한다. 공격당한 집단들은 일반적으로 민간인일 뿐만 아니라 수많은 개인 피해자들이기도 한데, 이 개인 피해자들은 자신들을 표적이 된 어떤 특정 집단에 속한다고 생각하지 않거나 또는 그 학살이 항상 한 특정 집단의 성원됨과 관계된 것이 아니라고 여긴다는 것이다. 이와 관련해 마이클 만도 앞서 말한 친위대 학살 사례와 관련해 흥미로운 언급을 한 바 있다. "거의 모든 피해자들이 순수한 민간인들이었고, 무장하지도 않았으며, 공산주의자도 아니었다."[42] 따라서 쇼는 피해자들이 가해자들에 의해 가정되는 어떤 특정 정체성들을 이유로 표적이 되었지만, 민간인이라는 성격은 모든 제노사이드적 사건들의 집단 표적들과 개인 희생자들에게서 나타나는 공통적인 특징이라고 주장한다. '민간인 적'에 초점을 맞추는 관점은 제노사이드와 전쟁을 구분 짓고, 제노사이드의 포괄적인 비도덕성과 불법성을 보여준다. 이런 이유로 민간인 개념은 제노사이드 이해에서 대단히 중요하다.[43]

그런데 '전투원'과 구별되는 '민간인'은 사회학적이라기보다는 법적인 범주이다. 민간인 범주는 국제인도(주의)법의 규범 질서에서 가장 일반적으로 사용되는 범주이다. 제프리 베스트Geoffrey Best는 18~19세기에 유럽 전쟁의 참화 속에서 국제법을 기초한 이들이 전투원과 본질적으로 구별되는 민간인 범주를 구성했다고 말한다.[44] 그런데 20세기 초반으로 넘어오면서 국제법의 주요 초점은 인도주의적인 것이 아니었다. 카르마 나불시Karma Nabulsi에 따르면, 1907년 헤이그에서 현대전modern war에 대한 전쟁법이 만들어졌을 때 민간인에 대한 보호는 주 관심사에서 밀려나 있었다. 전쟁법 초안은 보수적이었으며, 반동적인 부분도 있었다. 전쟁법의 전체 체계를 지탱하는 핵심적인 원칙은 합법적인 전투원과 불법적인 전투원을 구별하는 것이었다. 이러한 규범은 군사 점령에 맞서 민간인이 정치적·군사적 저항에 참여하는 것을 범죄화하는 것이었다.[45]

그러다가 1949년 네 번째 제네바 협약인 '전시 민간인에 관한 협약'에 와서야 비로소 인도주의적 해석이 실현되었다. 20세기 중반의 법학자들은 전임자들과는 큰 차이를 보였다. 민간인은 국제법에서 다시 중요한 범주가 되었다. 나불시는 제네바 협약에서 가장 두드러진 성과는 민간인 저항을 처벌하기 위해 점령군이 이용하던 대부분의 전통적인 수단들을 확실하게 추방한 것이라고 지적했다.[46] 나치를 위시한 추축국들의 점령으로 민간인들이 유례없는 고통을 겪은 당시 상황이 다시는 반복되지 말아야 한다는 문제의식을 공유한 것이다. 제네바 협약이 제노사이드 협약, 세계인권선언과 몇 개월 간격으로 채택된 것은 결코 우연한 일이 아니다. 이 협약들에는 압도적으로 조직된 무력으로부터 비무장 민간인들을 보호해야 한다는 요청이 깔려 있다.[47]

그러나 민간인 범주는 현실의 법과 군사행동에서 큰 논쟁이 되고 있다. 마틴 쇼에 따르면, 싸웠던 사람과 그렇지 않았던 사람 간의 구분은 명확하게 할 수 있지만, 총력전 환경으로 인한 '흐릿한 민간인 정체성'은 그 구분을 어렵게 한다. 분명 총력전은 총인구에서 징집한 사람들로 구성된 군대mass army에 바탕을 두고 있다. 내전이나 혁명전에서는 수많은 민간인들이 비정규 전투원들로 활동하기도 한다. 더 확장하면 비군사 민간인 전쟁 참여자도 있다. 정치인과 군인들은 종종 민간인 개인들이 적의 전쟁 노력과 도덕적·정치적·물질적으로 관계가 있다는 것을 믿어 의심치 않았다. 이런 시각에서 적 개인들은 비무장일지라도 해로운 존재로 간주된다. 마이클 왈저Michael Walzer 또한 노동자가 군수품 공장에서 무기를 만들고 있는 동안에는 민간인일지라도 전투원 지위로 이해해야 한다고 주장한다. 이런 생각은 민간인 보호의 자격을 제한하면서 새로운 법적 개인인 '유사 전투원quasicombatant' 개념을 고안하는 방향으로 나아갔다. 그러나 이는 과거의 분명했던 구분을 흐릿하게 만들었다. 대부분의 법학자와 전쟁윤리학자에게 이 개념은 자기파괴적인 것이었다.[48]

테드 혼더리치Ted Honderich는 전투원과 비전투원의 범주 구분 논의를 진전시키기 위해 비전투원non-combatant, 비관여전투원unengaged combatant, 반半-무죄자half-innocents, 완전무죄자clear innocents 개념으로 세분화해 논의했다. 그에 따르면, 비관여전투원은 비무장이고 자신들이 다른 사람들을 죽이지는 않지만, 다른 사람의 생명을 위협하는 조직의 구성원이다. 이들은 무기를 만들거나 정비하는 노동자일 수도 있고, 전투원보다 더 큰 책임을 져야 하는 정부 관리일 수도 있다. 반-무죄자는 비무장이고 생명을 위협하는 조직의 구성원도 아니다. 그러나 이들은 국가 선동에 의한 학살을 통해 생기는 이익에 찬동하는 사람들이다. 그래서 반-유죄half-guilty라고 불리기도 한다. 완전무죄자는 학살을 통해 생기는 이익에도 초연한 사람들이다. 혼더리치는 거의 모든 아이들이 이 범주에 포함된다고 말한다. 그러면서 그는 다섯 번째 범주인 '민간인'은 비전투원, 반-무죄자, 완전무죄자 모두에 해당할 수도 있고, 그렇지 않을 수도 있다고 주장했다.[49]

그러나 이러한 분류도 현대의 총력전에서 전투원과 민간인 간 구분이 흐릿해져간다는 주장을 반복할 뿐 새로운 대안적 접근은 되지 못한다. 혼더리치도 실제 갈등의 순간에 누가 어떤 범주에 속했는지, 혹은 속하는지 말할 수 없기 때문에 자신의 세분화된 범주 구분이 그다지 쓸모가 없을 것이라고 인정한 바 있다.

아직까지 국제법에서는 무장 여부를 기준으로 민간인과 전투원을 분명히 구별하는 원칙이 도덕적·윤리적으로 폭넓게 받아들여지고 있다. 무장 조직의 대량 폭력과 학살로부터 비무장한 사람들을 보호하기 위해서는 여전히 민간인 범주가 분명하게 고수되어야 한다. 아울러 총력전 체제하에서 전투원과 민간인 간 구별이 흐릿해져간다는 지적에 어떻게든 능동적으로 대처할 필요가 있다. 앞서 마이클 왈저의 학술적 논의는, 설령 의도하지 않았더라도, 정치적·군사적으로 악용되어 전시 민간인 대량 학살을 정당화시키는 논리를 제공할 가능성이 크다.

무장 여부를 기준으로 삼는 법적 접근에 사각지대가 있다는 비판도 있다. 이러한 접근에서는 비무장민간인은 보호받아야 할 민간인이지만, 무장한 민간인(또는 민간인 전투원)은 군사 조직의 성원이 아니더라도 전투원으로 인식된다. 민간인이더라도 무장을 하면 민간인이기를 포기하는 것으로 간주되는 것이다. 이러한 논리에서는 민간인의 무장 저항은 인정받을 수 없게 된다. 예컨대 피해자들이 생존을 위해 무장 저항으로 내몰렸거나 대의를 위해 자발적으로 총을 들었을 때, 심지어 피해자의 무장력이 가해자에 비해 일방적이라 할 정도로 열세일지라도, 무장한 피해자(레지스탕스, 게릴라)는 군사적으로 비정규전을 수행하는 성원으로 간주되어 민간인으로서 보호받을 수 없게 된다. 비정규전을 지원하는 것으로 보이는 사람들도 민간인으로서 보호받을 수 없게 된다. 그 사람들이 자발적으로 지원했든, 강압에 의해 지원했든, 심지어는 실제 지원을 전혀 안했더라도, 그런 것들에 상관없이 민간인인지 아닌지를 결정하는 유일한 기준은 가해자에 의한 인식과 정의이기 때문이다.

그렇다면 이 법적 접근의 한계를 극복할 수 있는 방법은 없을까? 피해자의 무장 저항 이유와 무장력의 수준을 가해자의 그것과 같은 것으로 간주하는 형식 논리를 극복하고, 갈등의 사회적 관계와 이 안에서 벌어지는 사회적 행위의 맥락 차원에서 분석·해석할 수 있는 방법은 없을까? 사회학적 접근이 대안이 될 수 있을까? 현실은 현대 사회학에서 민간인 문제가 별로 다루어진 바 없다는 것이다. 군사 제도나 가치들의 특징들과 관련해 '군사주의'가 사회학적으로 중요한 주제로 조명되고는 있지만, '민간인'은 주변적인 범주로 군사 조직의 성원이 아닌 사람을 지칭하는 것으로 이해되고 있을 뿐이다. 마틴 쇼는 무장 갈등에서 전투원과 비전투원의 사회적 관계가 그동안 사회학에서 무시되었다고 평가한다. 예외적으로, 만을 비롯해 최근 일부 사회학자들만이 민병대와 같은 '준군사 조직'에 주목하면서 이 문제에 대한 사회학적 연구를 시도하고 있다. 어떤 사람들이 민간인 범주에 속하는지 아닌지를 형식적으로만 사고할 것이 아니라 그들의 사회적 행위와 사회적 관계를 맥락적으로 살펴볼 필요가 있다.[50]

3.
파괴 :
사회적 파괴이자 전쟁의 한 형태

사회적 구성물인 집단은 집단의 개별 성원들의 몸을 통해서만 구성될 수도, 파괴될 수도 없다.
집단을 파괴하는 것은, 살해와 같은 물리적 파괴도 중요하지만, 살해 이상의 많은 것들을 수반한다.
렘킨도 집단적인 삶의 방식, 문화, 제도들의 파괴, 즉 사회적 파괴에 주목하지 않았던가.

집단의 사회적 파괴

'의도'와 '집단'이 대안적으로 사회학적 접근을 요구하는 것처럼 제노사이
드 사상의 핵심에 놓여 있는 집단에 대한 '파괴' 역시 그러하다. 라파엘 렘
킨의 의도가 어떠했든, '사이드cide'는 유아살해infanticide나 아버지살해
patricide와 같은 단어에서 알 수 있는 것처럼 개인들에 대한 살해를 의미한
다. 따라서 사회 집단에 대한 '파괴'는 사회 집단에 대한 살해를 의미하는
것이라고 생각할 수 있다. 이는 1946년의 유엔 총회 결의에서도 확인할 수
있다. "살인이 **인간 개인들**이 살 권리에 대한 부정**이듯**, 제노사이드는 **전체
인간 집단들**의 존재의 권리에 대한 부정이다." 그러나 마틴 쇼는 이러한 강
력한 유추가 잘못된 이해를 낳고 있다고 주장한다. 그에 따르면, 당시에는
사회를 유기체로서 바라보는 경향이 오늘날보다 더 강했다. 즉 전체의 기

능은 부분의 활동들을 결정하며, 개인들의 안녕은 전체에 종속된다는 것이다. 이러한 시각은 파시스트, 스탈린주의자, 그리고 제노사이드 이데올로기에서 두드러지게 공식화되긴 했지만, 국가와 사회의 전체론적 본질에 대한 믿음은 일반적이었다. 그리고 이러한 경향은 사회학에서도 나타났다. 마틴 쇼는 인간 집단이나 사회가 생물학적 유기체와 그렇게 같은 것이 아니며, 인간 사회는 개별 인간들 사이의 사회적 관계를 통해 구성되는 것이라고 주장한다. 그의 주장은 베버를 따라 방법론적 개인주의 관점에서 사회학 내에 존재하는 방법론적 전체주의의 시각을 비판하고 있는 것처럼 보인다.[51]

어느 입장이 맞든, 분명한 점은 사회 집단들이 개인들과 같은 존재는 아니라는 것이다. 사회 집단들을 살해하거나 파괴한다는 것은 구체화된 인간 존재들을 살해하는 것과 같지 않다. 앞서 제노사이드 이론에서 파괴를 물리적이고 생물학적인 차원의 파괴로 축소하는 강력한 경향이 있다는 것을 살펴보았다. 이러한 이론적 경향은 제노사이드를 단순한 대량 학살mass killing로 협소하게 이해한다.

그러나 사회적 구성물인 집단은 집단의 개별 성원들의 몸을 통해서만 구성될 수도, 파괴될 수도 없다. 집단을 파괴하는 것은, 살해와 같은 물리적 파괴도 중요하지만, 살해 이상의 많은 것들을 수반한다. 렘킨도 집단적인 삶의 방식, 문화, 제도들의 파괴, 즉 사회적 파괴에 주목하지 않았던가.

제노사이드를 학살과 물리적 위해로 축소시키는 경향의 반대편 극단에는 집단 성원들에 대한 물리적 위해가 없는 문화 억압을 제노사이드로 바라보는 경향이 존재한다. 물론 문화 억압이 제노사이드의 전조로서 제노사이드와 친화성을 갖는 것은 역사적으로 볼 때 틀림없는 사실이다. 그러나 그렇지 않은 사례들도 훨씬 많다. 예컨대 제노사이드와 전혀 상관없는, 일종의 문화제국주의 또는 국민국가의 문화로 통합되는 과정의 문화 억압 사례들이 존재한다. 한 국가 내 다양한 사회들에 대한 일반적인 근대적 균질화(동질화) 와 제노사이드에서 발생하는 이러한 과정들의 극단적인 형태 사이에는 분명 근본적인 차이가 있다.[52] 헬렌 페인은 사회 정책의 결과 집단성을 손상시키는 모든 종류의 행위를 제노사이드의 의미로 확장시키는 연구자들을 비판한 바 있다. 이렇게 되면 제노사이드는 무한해질 뿐만 아니라 진부해지기 때문이다.[53]

정리하면, 한 집단을 파괴하고 학살한다는 것은 집단 성원들의 생명을 생물학적으로 앗아간다는 것만을 의미하지 않는다. 더 나아가 그 집단의 힘, 공통의 삶의 방식과 제도들의 파괴를 포함하는 것이다.

제노사이드와 전쟁 간의 관계

제노사이드와 전쟁의 관계 설정은 학자들마다 분분하다. 일부 학자들은 전쟁 자체가 곧 제노사이드를 의미한다고 주장한다. 전시 민간인들(비전투원들)에 대한 살상이 급증하고 있는 총력전의 실상은 이러한 주장을 뒷받침한다. 장 폴 사르트르Jean-Paul Sartre는 미국의 베트남전쟁을 제노사이드 차원에서 해석한 바 있다.[54] 레오 쿠퍼는 미국에 의한 히로시마와 나가사키 원자폭탄 투하, 연합국의 드레스덴과 함부르크 폭격도 제노사이드로 해석해야 한다고 주장했다.

전쟁의 성격이 총력전으로 변화해가고 많은 인구를 절멸할 수 있는 기술적 수단들이 등장함에 따라 제노사이드적인 갈등을 조장하는 상황이 만들어진다. 이 잠재적 가능성은 독일이 지배를 위한 전쟁 과정에서 제노사이드를 채택했던 2차 세계대전 동안 실현되었지만, 나는 이 용어가 미국이 일본의 도시 히로시마와 나가사키에 핵폭탄을 투하한 것과 연합국들이 함부르크와 드레스덴 같은 도시에 융단 폭격을 감행한 것에도 적용되어야만 한다고 생각한다.[55]

그러나 이러한 입장에 대한 반론도 만만치 않게 제기되었다. 뉘른베르크 법정의 미국 측 수석검사였던 텔퍼드 테일러Telford Taylor는 다음과 같이 말했다.

히로시마와 나가사키, 함부르크와 드레스덴은 협약상 제노사이드가 아니다. 협약에서 제노사이드는 국민, 민족, 인종, 종교 집단을 파괴할 목적으로 저지르는 활동이기 때문이다. 베를린, 런던, 도쿄는 그 주민이 독일인, 영국인, 일본인이어서 폭격된 것이 아니라 적의 본거지였기 때문에 폭격당한 것이다. 따라서 (폭격) 학살은 전쟁이 끝나고 더 이상 적이 없을 때 중단되었다.[56]

초크와 조나슨 역시 전시 폭격은 다른 범주라고 주장하면서 교전국가 간 공중 폭격으로 인한 민간인 피해를 제노사이드 피해로 보지 않았다. 그들은 제노사이드의 '일방적' 대량 학살을 강조했다. 이는 기본적으로 조직적 무장 군대와 비무장 민간인들 사이에서 제노사이드가 발생한다는 인식에 입각해 있다. 이러한 인식은 페인에 의해 다시 한번 강조되었다. 전쟁은 두 세력 간의 대칭적 갈등인 반면, 제노사이드는 조직화된 세력이 그렇지 못한 집단을 일방적으로 살육하는 비대칭성을 특징으로 한다. 그녀는 또 다른 글에서 현대의 총력전을 제노사이드와 동일시하는 입장을 비판하는 논거를 더 자세하게 제시한다. 제노사이드의 대상을 결정하는 것은 그 대상이 어느 곳에 있는가가 아니라, 그 대상이 누구인가에 달려 있다. 총력전의 경우는 상대가 항복을 하면 공격을 멈추지만, 제노사이드는 항복 의사 표시와 상관없이 절멸 행위가 지속된다.[57]

최근에는 제노사이드가 전쟁(총력전)과 완전히 같거나 혹은 완전히 다르다는 양 극단의 입장에서 벗어나 서로 수렴하는 논의들이 주목받고 있다. 예컨대 에릭 마르쿠센은 제노사이드와 총력전 사이의 공통적 특징들을 다음과 같이 정리한다.

첫째, 제노사이드와 총력전 모두 인간에 대한 대량 학살을 포함한다. 그들 대부분은 민간인들이다. …… 둘째, 제노사이드와 총력전이라는 두 사례의 대량 학살은 의도적이고, 계획적이며, 미리 고안되는 방식으로 수행되는 경향이 있다. 가해자나 수행자의 목표는, 본래의 목적으로든, 또는 다른 목적을 위한 수단이든, 분명히 엄청난 수의 사람들을 살해하는 것이다. 마지막으로 제노사이드와 총력전의 대량 학살 모두 국가 안보를 위한 조치로서 국가에 의해 착수된다. …… 그리고 이데올로기, 관료주의, 과학기술은 제노사이드와 총력전을 용이하게 하는 주요 요소들로서 그 역할을 고찰해야 한다.[58]

마르쿠센은 제노사이드와 총력전 사이의 예비적 비교를 통해 둘 간의 차이가 갈수록 모호해지고 있으며, 20세기의 전쟁은 점차 제노사이드적인 양상으로 변화해가고 있다고 결론짓는다.[59]

한국에서는 최호근의 논의가 주목된다. 그는 현대의 전쟁이 국가권력의 급속한 팽창, 특정 집단을 인간 이하의 존재로 격하시키는 이데올로기, 사회적 폭력의 강화, 희생자 집단의 고립을 수반함으로써 제노사이드의 온상이 되어왔다는 점에 주목하면서, 전쟁을 제노사이드가 발생하는 데 필요한 가장 유력한 전제조건으로 파악했다.[60] 그러나 그는 현대의 총력전이 제노사이드로 이어질 수밖에 없다는 주장에 대해서는 경계한다. 그는 군사적 목표에 대한 정밀 폭격을 가능하게 만든 신형 유도무기의 등장, 전투의 진행 상황과 인적 피해를 실시간으로 전 세계에 전해주는 대중매체의 발달, 제노사이드를 감시하는 국제 NGO의 활동 증가에 힘입어 적어도 국가 간 정규전에서는 민간인 희생 비율이 현저하게 줄어들고 있는 상황에 주목한다. 이를 근거로 그는 총력전이 필연적으로 제노사이드를 유발한다는 입장에 거리를 둔다. 또한 그는 전시 민간인 대량 학살의 원인이 전쟁 그 자체가 아니라 오랜 시간 누적되어온 갈등과 국지적 폭력·학살 경험에 있고, 이것은 전쟁 상황에서 보다 용이하게 폭발한다고 주장한다.[61]

대다수 제노사이드적 사건들은 재래식 전쟁 수행의 맥락에서 발생한다. 폴 바트롭Paul Bartrop은 20세기 전쟁의 맥락에서 발생한 대표적인 제노사이드 사례들을 표로 정리한 바 있다.[62] 전쟁이 제노사이드 발생의 중요한 맥락이라는 것은 분명해 보인다.

마틴 쇼에 따르면, 적의 파괴를 목표로 하는 유혈적 갈등으로서의 제노사이드는 개념적으로 클라우제비츠가 말한 전쟁의 이상형(전쟁은 상호 파괴에 지나지 않는다)과 관계가 있다. 이상형적으로 전쟁은 무장 권력 조직들 간의 싸움이다. 그러나 현대의 총력전은 무장한 군대들만으로 이루어지지 않는다. 무장한 군대들은 항상 사회(집단들)로부터 지원을 받으며, 따라서 사회 집단과 성원들은 비록 전투원은 아니지만 전쟁에 참여하고 있다. 이러한 상황으로 인해 여러 총력전 사례들에서 확인되듯 폭력의 투사는, 우연이든 계획적이든, 일정 정도 무장한 군대를 지원하는 사회 집단들로 확대되어 향하고 있다. 그 결과 대량의 민간인 피해자가 발생한다. 그는 현대 총력전의 이러한 성격 때문에 국가 간 전쟁이든 게릴라전 형태이든, 현대전을 '타락한 전쟁degenerate war'으로 바라본다. 타락한 전쟁이라 해도 전쟁은 전쟁인데, 왜냐하면 여전히 무장 권력 조직들 간의 갈등인 측면이 있기 때문이다. '타락한'이라고 표현한 이유는 민간인을 표적으로 하는 행위가 전쟁 수행에 절대적으로 필요해졌기 때문이다.[63]

　누가 적이 되는가와 관련해 이 타락한 전쟁과 제노사이드 간에는 분명 차이가 존재한다. 타락한 전쟁에서 적의 핵심은 여전히 반대편의 조직적인 무장 군대이다. 적 민간인 집단은 상대방 국가와 군대를 이기기 위한 수단으로서 표적이 된다. 전시 민간인에 대한 대량 학살(예컨대 드레스덴이나 히로시마의 전시 폭격)은 전쟁의 일부를 구성한다. 민간인은 적의 일부였다. 이와 달리 제노사이드는 무장한 적뿐만 아니라 비무장 민간인 집단까지 주적으로 상정된다. 제노사이드의 충격은 단지 높이 쌓아 올린 민간인 시체들에만 있지 않다. 민간인 집단에 대한 전쟁의 논리와 방법이 완전히 전환되었기 때문이다.[64] 이런 점에서 제노사이드는 민간인 사회 집단들에 대한 전쟁이라고 할 수 있다.

　마지막으로 전쟁의 맥락에서 제노사이드가 발생하기도 하지만, 전쟁이 제노사이드 수행의 맥락과 확대 과정에서 발생하기도 한다. 무엇보다 전쟁 이후(정전이든 종전이든 간에)에도 제노사이드의 부정 단계는 계속될 수 있다. 앞서 논의한 것처럼, 총체적인 파괴를 지시하고 수행한 집단은 대량 학살 사실을 부인할 뿐 아니라 정당화하기까지 한다. 살아남은 유가족과 공동체는 죽은 자를 애도하고 기억하려는 시도를 하다가 고문받고 투옥되기까지 했다. 피해자 기억은 억압되었고 공식 역사에서 배제되었다. 민간인 피해자 사회 집단들에게 전쟁은 끝나지 않았다.

제5장

제노사이드와 한국전쟁 전후 대량 학살

1.
제노사이드 정의와
메커니즘의 재구성

제노사이드란 민간인 사회 집단들을 파괴하려는 무장 권력 조직들과
이 파괴에 저항하는 그 사회 집단 및 여타의 행위자들 간의
폭력적인 사회 갈등의 유형이나 전쟁이다.

다시, 제노사이드란 무엇인가

제4장에서 제노사이드를 정의할 때 핵심 쟁점 사항인 의도, 집단, 파괴 용어에 대해 법적 접근의 협소한 이해를 비판적으로 검토하고, 각 용어에 대한 사회학적 대안들을 제시했다. 프랭크 초크와 커트 조나슨, 헬렌 페인, 마이클 만 등의 사회학적 접근과 논쟁들은 제노사이드에 대한 법적 정의의 한계를 드러내고 문턱을 넘어설 수 있게 했다. 무엇보다 막스 베버 사회학의 통찰을 기반으로 제노사이드에 대한 법학과 역사학, 정치학, 사회학적 기존 논의들을 종합한 마틴 쇼는 과감하게 제노사이드 협약의 정의에 얽매이지 않는 새로운 정의를 제안한다.

제노사이드란 **민간인 사회 집단들을 파괴하려는 무장 권력 조직들과** 이 파

괴에 **저항하는** 그 사회 집단 및 여타의 행위자들 간의 폭력적인 사회 갈등의 **유형이나 전쟁이다**(강조는 인용자).

더 나아가 사회 갈등의 유형 중 하나로서 제노사이드의 성격은 무장 권력 조직들이 민간인들에 대해 수행하는 행위의 유형에 달려 있으므로 별도로 제노사이드적 행위를 정의했다.

제노사이드 행위는 **무장 권력 조직들이** 민간인 **사회 집단들을 적으로 다루거나,** 무장 권력 조직들이 그 **집단들의 성원으로 간주한 개인들에 대해 살해와 폭력, 강제력을 이용**해 그 집단들이 실제 가지고 있거나 가진 것으로 추정되는 **사회적 힘을 파괴하려는** 행위이다(강조는 인용자).

제노사이드는 가해자(무장 권력 조직들)와 피해자(민간인 사회 집단들) 간의 불평등한 사회 갈등의 유형이며, 이것은 보다 강한 쪽(가해자)이 수행하는 행위 유형에 의해 정의된다. 제노사이드를 '갈등'으로 정의한 것은 지금까지의 수많은 제노사이드 정의와 차별적인 지점이다. 또한 이는 (가해자의) '일방적임', (피해자의) '무력함'이라는 관점과 거리를 두는 것이기도 했다. 다음과 같은 마틴 쇼의 논의는 이 점을 잘 보여준다.

무장한 집단적 행위자와 민간인 사회 집단 사이의 **근본적인 힘의 불평등은 인정하지만,** 그렇다고 이 **불평등을 절대적인 것으로 다루는 것을 거부**한다. **제노사이드를 피해자 집단 및 여타의 행위자들의 저항과 대항적 권력의 가능성을 인정하는 방식으로 정의**하고 싶었다. 또한 나는 **제노사이드를 '갈등'**

으로 정의함으로써 제노사이드를 **정상적 사회 현상의 바깥, 예외로 다루는 개념과 결별**하며, **어떻게 그것이 더 정상적인 갈등과 전쟁 현상에 연결되어 있는지를 고려**하고자 했다(강조는 인용자).[1]

제노사이드 및 제노사이드 행위에 대한 새로운 정의는 제노사이드가 전쟁의 구성 요소임을 드러낸다. 심지어 그는 '평시'의 제노사이드조차 사회 집단들에 대한 전쟁의 형태로 파악한다.[2]

새로운 제노사이드 정의는 기존 학자들의 정의와 비교할 때 앞서 밝힌 것 외에도 중요한 변화들을 내포하고 있다. 첫째, 제노사이드는 파괴 의도가 아닌 특정의 폭력적 사회 갈등 구조의 유형으로 정의된다. 이 사회 갈등은 사회 파괴적인 목적과 폭력·강제력의 결합으로 특징지을 수 있다. 둘째, 가해자는 '무장 권력 조직들'이라는 용어로 표현되었는데, 이 개념은 정치권력에 대한 야심과 이데올로기, 조직화된 무장력, 대량 폭력의 결합을 시사한다. 무장 권력 조직들에는 제노사이드를 저지른 다양한 국가 조직 및 관변 조직(단체)들, 정당들, 군대, 준군사주의 운동 모두가 포함된다. 셋째, 가해자가 표적으로 삼은 피해자 집단은 '민간인 사회 집단들'로 규정했다. 표적들의 특정한 사회적 특성(인종, 계급, 국민, 민족성, 종교)이 아닌 비무장 민간인의 성격을 통해 정의한 것이다. 넷째, 새로운 제노사이드 정의는 의식적으로 무장 권력 조직과 사회 집단을 복수형으로 표현했다. 가해자와 피해자 집단의 단일성을 가정하지 않으려는 이유에서였다. 다섯째, 사회 집단들을 파괴하려는 목적은 그 집단들의 개별 성원들을 학살하는 것에서 그치는 것이 아니라 정치적·경제적·문화적 의미에서 그 집단들의 사회적 힘을 파괴하는 것으로 이해된다. 이때 그 집단들이 이 힘을 실제로 가지고 있는지 가진 것으로 추정되는지에 대해서는 열려 있다. 여섯째, 무장 권력 조직들은 제노사이드에 저항하는 개인들을 자신들이 파괴시키려는 사회 집단들의 성원으로 간주한다. 반대로 공격당한 사람들의 경우 자신들을 그 사회 집단들의 성원으로 여길 수도 있지만, 그렇지 않을 수도 있다.[3]

제노사이드 메커니즘의 재구성

제3장에서는 제노사이드가 발생하는 정치사회 및 문화심리 구조와 수행의 조건들, 그리고 제노사이드가 확대·상승하는 단계들에 대한 논의를 제노사이드 메커니즘의 시각으로 살펴보았다. 이러한 논의들을 종합해보면, 공통된 단계와 메커니즘이 있다.

첫 번째로 무장 권력 조직들의 '조직화' 단계가 있다. '무장 권력 조직들'에는 정치 이데올로기와 조직화된 무장력, 대량 폭력이 결합되어 있다. 이데올로기는 가해자 집단으로서 정치권력이 추구하고 제시하는, 와이츠의 논의를 빌리면 '정치적 이상향 혹은 유토피아' 같은 것이다. 정치지도자들은 '지금 바로 여기에서' 자신들의 이상을 창조하려는 욕망으로 가득 차 있고 자신들이 건설할 국가에 대한 이상적 형태를 국민들에게 심어주려 한다. 이러한 이데올로기는 특정한 동일성을 기초로 하는 국민 만들기와 되기 making and becoming를 작동시키고, 이 과정에서 배제되는 집단들의 파괴를 동기화하면서 정당화한다.

조직화된 무장력은 제노사이드를 수행하는 군과 경찰 등 국가 조직들, 관변 조직들, 준군사 단체들의 물리력을 조직화하는 것을 의미한다. 또한 제노사이드 수행을 원활하게 만드는 관료주의와 권위화·일상화의 작동도 포함된다. 허버트 허시는 조직화를 '내부 집단의 행동 요구'로 설명한 바 있다. 정치지도자들은 국가의 살길을 찾기 위해 폭력 행위가 필요하다고 선언하고 정당화한다. 이에 응할 준비가 된 사람들과 단체들은 정치적 권위에 의해 부추겨진 적대적 충동을 기꺼이 실행에 옮기고 일상화한다.[4] 또한 무장 권력 조직들에 의해 통제되는 신문, 방송, 선전선동 기관들은 폭력 행위를 철저하게 옹호한다.

조직화 단계에서 대량 폭력으로 상승하는 과정은 상호 보복 및 광기화 메커니즘의 작동과 깊은 관련이 있다. 상호 보복은 폭력을 수행할 수 있는 두 권력 집단 간에 주고받는 폭력의 상호작용을 의미한다. 무장 권력 조직들은 적으로 상정한 민간인 사회 집단들을 일방적으로 파괴한다. 하지만 비대칭적이나마 저항을 받기도 한다. 게다가 내전 또는 전쟁 상황에서 서로 싸우는 무장 권력 조직들이 대치하는 상황이 벌어지는데, 그 사이에서 민간인 사회 집단들은 보호받지 못하고 양쪽의 상호 보복의 대상이 되기도 한다.

상호 보복이 전략적 목적을 상실한 채 감정적 대응의 차원에서 반복적으로 전개되고 파괴의 강도와 빈도가 증폭되면 대량 폭력의 행태가 잔인해진다. 그럼에도 스스로 폭력의 잔인함을 느끼지 못하거나 심지어 폭력의 분출과 폭발을 자연스러운 심리적 표현으로 여긴다면, 광기화 메커니즘이 작동하는 상태이다. 이는 명령과 복종에 따른 폭력 수행으로 무감각해지고 윤리의식과 감각이 소멸된 결과로서, 인간 개별적인 자기과시의 욕망과 잔인성을 제어하기는커녕 전시하도록 만드는 사회심리적 전략과 유희·쾌락으로서의 폭력을 마치 놀이처럼 조장하는 상황에서 작동한다.[5]

두 번째로 민간인 사회 집단들에 대한 '타자화' 단계가 있다. 가해 집단들에 의해 표적이 된 집단들의 사회적 특성(인종, 계급, 국민, 민족성, 종교 등)이 아닌 비무장 민간인의 성격을 전제로 한다. 조직화 메커니즘이 무장 권력 조직들이 어떻게 학살할 것인가를 설정하는 내부적 요인이라면, 타자화 메커니즘은 민간인 사회 집단들이 어떻게 규정되고 범주화되는가를 특징짓는 외부적 요인이다.[6] 일반적으로 대량 폭력은 무장 권력 조직들의 내부 조직이 구축되고 강화된 상태에서 극대화되어 작동한다. 또한 표적 집단들이 설정되고 타자화와 비인간화가 이루어지면서 상호 권력관계가 비대칭적 구도로 극단화되면서 대량 폭력이 확대된다.

앞선 논의들에서 타자화 메커니즘은 경계짓기와 분류, 차별과 낙인, 상징화, 비인간화 같은 용어와 관련해 설명되었다. 우리와 그들, 내부 집단과 외부 집단 간 경계짓기와 분류가 이루어지면 타자를 적대시하는 사회적 감정이 형성된다. 내부 집단은 조직화와 정체성을 구축하기 위해 외부 집단을 끔찍한 존재로 낙인찍고 차별화하면서 폭력을 발동할 수 있는 사회적 분위기를 조성한다. 이는 구체적인 사회적 표식을 통해 재현되는데, 특권은 물론 기회와 능력을 제한하거나 아예 투표권 박탈처럼 표적이 된 외부 집단의 사회적 힘을 빼앗는다. 낙인은 외부 집단에 대한 상징화로 이어진다. 유대인의 노란별이나 르완다 후투족/투치족/트와족을 구분하고 차별하는 신분증이 대표적인 상징화 사례이다.

외부 집단에 대한 타자화 과정은 비인간화로 귀결될 때 파국으로 치닫는다. 비인간화는 낙인찍히고 상징화로 차별화된 집단 성원들을 위생 담론(해충화, 질병화), 문학과 종교 담론(귀축화, 악마화)을 동원해 인간이 아닌 존재로 여기게 만드는 것을 의미한다. 이렇게 타자화된 집단이 '우리'에게 위협적인 존재인 것처럼 만들어 절멸하거나 '정화'하는 것이 불가피하다고 정당화한다. 그렇게 타자화된 집단은 죽여야 하는, 죽여도 되는 '절대적 적'으로 인식되고 처리되었다.

세 번째 공통된 단계로 파괴와 부정 단계가 있다. 대량 폭력의 실행 단계에서 나타나는 국지적 학살과 절멸, 그리고 그 후에도 사회적 파괴가 재생산되는 부정 메커니즘이 작동하는 단계다.

국지적 학살과 절멸은 말 그대로 물리적 학살이 벌어지는 상황이다. 학살 수행을 위한 구체적인 계획들이 수립되고, 타자화된 집단 성원들의 명부가 학살 명부로 전환된다. 무장 권력 조직들의 훈련과 이후 진행될 대량 학살 수행을 위해 일부 표적 집단이나 지역 자체를 선별해 본보기로 예비적 학살이 진행된다. 이 학살은 비상사태나 위기를 예방한다는 논리로 이루어진다.

절멸은 타자화된 집단들뿐만 아니라 이에 오염된 것으로 간주된 민간인 사회 집단들에 대한 물리적 대량 학살이 진행되는 단계이다. 물리적·생물학적 살해가 광범위하게 이루어지는 것은 물론 삶의 사회적 토대들이 대부분 파괴된다. 내전의 격화와 전면전 발생은 총체적인 파괴 진행을 수월하게 만든다. 타자화된 민간인 사회 집단들이 교전 중인 상대 적과 직접 연계된 것으로 간주되고, 그 결과 '절대적 적'으로 우선 처리되기 때문이다.

마지막으로 부정은 총체적인 파괴를 지시하고 수행한 집단이 대량 학살 사실을 부인하거나 공세적으로 정당화하는 것을 의미한다. 대량 학살로 목숨을 잃고 삶의 토대가 파괴된 상황에서도 살아남은 피해자와 유족들은 생존을 위해 침묵해야 한다. 유족과 공동체는 죽은 자에 대한 사회적 애도를 할 기회조차 박탈된다. 반복되는 감시를 감내해야 하고, 억울한 죽음을 공식적으로 제기하거나 사회적으로 추모하면 끌려가서 고문받고 투옥되기도 한다. 피해자에 대한 사회적 기억은 압살되고 공식 역사에서 완전히 배제된다.

2.
제노사이드로 구성한
한국전쟁 전후 대량 학살

제주 4·3 사건을 '전국화' 하는 문제는 제주 4·3 사건을 제노사이드 메커니즘의 일반 이론 차원에서
'보편화'하는 과제와 연결되어 있다. 정부 수립에서 한국전쟁으로 상승하는 국면에서 발생했던
대량 학살 사건들은 제노사이드 이론에서 공통적으로 나타나는 단계 및 메커니즘과 관련해 분석될 필요가 있다.

정부 수립 및 한국전쟁 전후 대량 학살

제주 4·3 사건, 여순 사건, 예비검속 사건, 국민보도연맹 사건, 형무소 재
소자 희생 사건, 미군에 의한 민간인 희생 사건, 부역 혐의 민간인 희생 사
건, 군경(토벌)에 의한 희생 사건, 적대 세력에 의한 피해 사건. 대한민국 정
부 수립과 한국전쟁 전후에 전국에 걸쳐 발생했던 민간인 사회 집단들을
표적으로 한 작전, 처형, 보복의 성격을 갖는 대량 학살 사건들이다. 이 사
건들은 제주4·3진상규명위원회(이하 4·3위원회)와 진실화해를 위한 과거사
정리위원회(이하 진화위)의 조사를 통해 부분적으로 진실 규명이 이루어졌
다. 당시 1기 진화위(2005. 12~2010. 6)는 피해자와 유족의 사건 신청이 있어
야 조사가 개시될 수 있었다. 즉 진화위가 조사한 사건들은 실제 사건 규모
에 비하면 빙산의 일각에 불과했다. 진화위가 직권 조사를 결정하고 조사

개시한 사건들도 마찬가지였다. 진화위는 신고주의에 기반한 진실 규명의 한계를 극복하기 위해 역사적으로 중대하다고 판단되는 사건들(보도연맹 사건, 형무소 사건, 여순 사건, 국민방위군 사건)에 대해 직권 조사를 결정했다. 그 가운데 보도연맹 사건과 여순 사건 조사를 개시했는데, 신청 피해 건수는 전체 인명 피해 규모에 비교할 수 없을 정도로 적다는 것이 확인되었다.

전체 인명 피해가 어느 정도인지 정확하게 파악하긴 어렵지만, 당시 집계된 피해 통계들이 없지 않다. 제주 4·3 사건 희생자(사망, 실종자)와 이재민 수에 대해 당시 신문, 국무회의록, 미 대사관 문서 등 국내외에서 언급된 내용은 다음 〈표 5-1〉와 같다.

《연합신문》(1949. 3. 4)에 게재된 희생자 통계에는 각 읍·면 별로 희생자 수가 정리되어 있다. 당시 제주도 1개 읍 11개 면에 대한 현지조사를 통해 대략적인 희생자 수를 확인해 합산한 것으로 판단된다. 주한 미육군 사령

〈표 5-1〉 제주 4·3 사건 자료별 민간인 인명 피해 조사[7] (단위: 명)

자료	수		언급 시기	언급 주체	비고
	희생자	이재민			
《연합신문》 1949. 3. 4	20,000		1949. 3	연합신문	
《제주도사건 종합보고서》 1949. 4. 1	15,000		1949. 3	주한 미육군 사령부	
《조선중앙일보》 1949. 6. 28	30,000		1949. 6	제주도 당국	인구 282,942(1946) 250,400(1949)
《국무총리실서류》 1950. 2. 10	30,000		1950. 2. 10	김충희 도지사	
미 대사관 문서 1950. 5. 23	27,719	78,534	1950. 4	김용하 도지사	
《제주도세일람》	27,719		1953	제주도청	

부의 《제주도사건 종합보고서》는 희생자를 1만 5,000명으로 보고하고 있는데, 현지 경찰과 주둔군 정보 담당부서로부터 직접 획득한 정보를 반영한 것으로 보인다. 이 보고서에는 "지난 한 해 동안 1만 4,000~1만 5,000명의 주민이 사망한 것으로 추정되며, 이들 중 최소한 80퍼센트가 토벌대에 의해 학살되었다"고 기록되어 있다. 두 자료 모두 신빙성은 높지만, 1949년 3월을 기준으로 작성되었기 때문에 대량 학살이 계속되던 상황에서 이후 시기의 피해자 수가 반영되지 않았다는 한계가 있다.

1950년 2월과 3월 두 제주도지사가 밝힌 3만 명과 2만 7,719명은 1949년 초토화 작전 때 희생된 수치가 집계된 것으로 보인다. 그리고 제주도청이 1953년에 발간한 《제주도세일람》에서도 희생자를 2만 7,719명으로 기록했다.

한국전쟁 학살 인명 피해 통계들도 여럿 있다. 그 가운데 공보처 통계국이 1953년 7월부터 조사해서 1954년 3월에 발간한 《6·25사변 종합피해조사표》에 따르면, 민간인 인명 피해가 99만 968명이다. 구체적으로 사망 24만 4,663명, 학살 12만 8,936명, 부상 22만 9,625명, 행방불명 30만 3,212명, 납치 8만 4,532명이다. 그동안 얘기되어왔던 '민간인 희생자 100만 명'이라는 표현이 과장으로 보이지 않는다.

사실 《종합피해조사표》에서 한국 군경(토벌)에 의한 민간인 희생 사건의 피해자들은 상당수 빠져 있다. 학살 유족의 증언을 청취해보면, 유해를 수습하지 못했을 경우 '행방불명'이나 심지어 '납북'으로 신고한 경우도 있었다. 한국전쟁 피해 통계 연구들은 당시 민간인 사망자 수가 과소평가되었다고 지적한다. 예컨대 《종합피해조사표》에는 진화위가 조사한 군경 토벌 희생 사건, 예비검속 사건, 부역 혐의 희생 사건 등의 피해가 상당 부분 누락되어 있다.

이러한 민간인 피해 규모는 군과 경찰의 그것과 비교하면 더 두드러져 보인다.《종합피해조사표》에서 민간인 사망자와 행방불명자의 합은 67만 767명으로, 당시 군경의 피해 규모에 비해 약 4배에 달한다. 과소평가된 민간인 인명 피해 조사와 달리, 전쟁 상황에서 군경 전투 인력의 손실은 매우 중요한 문제라 여러 통계조사를 통해 전쟁 기간 비교적 체계적으로 집계되었고, 부상자 및 사망자 유족들에 대한 통계조사도 있다. 부상자 수만 집계한 민간인 피해 통계와 대조적이다.[8]

〈표 5-2〉 자료별 한국전쟁 민간인 인명 피해 양상(단위: 명)

자료	사망	학살	부상	행방불명	납치	합계
《전란1년지》(1951)	163,461		104,722	166,483		434,666
《자유대한》(1951)	174,218		143,910	170,524		488,652
《통계연감 1952》(1953)	236,475	122,799	225,582	298,175	82,959	965,990
《종합피해조사표》(1954)	244,663	128,936	229,625	303,212	84,532	990,968
《경제연감(1955)》(1955)	244,663	128,936	229,625	303,212	84,532	990,968

그런데 한국전쟁 전후 대량 학살 사건들은 제노사이드에 해당할까? 유엔 제노사이드 협약의 정의를 축자적으로 엄격하게 적용할 경우 논란의 여지 없이 제노사이드라고 주장하기 어렵다. 스티븐 카츠의 표현을 빌리면, 이 사건들은 제노사이드처럼 비도덕적이고 악하지만 제노사이드가 아닌, 단지 쌓아 올려진 시체들의 높이만을 나타내는 대량 학살이다. 유엔 제노사이드 협약의 법적 정의가 보여준 한계는 사실상 대량 학살을 저지른 무장 권력 조직들에게 제노사이드가 아니라는 면죄부를 주었고, 그 결과 끔찍하

게도 제노사이드는 되풀이되고 있다.

한국에서는 제노사이드를 '국가폭력에 의한 대량 학살'로 인식하고 논의하는 경향이 있었다. 이러한 논의들은 '일반적인 집단 학살'과 구분되는 제노사이드의 핵심적인 특징을 '국가 범죄'라는 점에서 찾는다. "가해 주체가 국가나 그에 준하는 권력을 소유한 집단과 그 대리인"이라는 것에 주목한다. 이에 대해 최호근은 "모든 국가 범죄가 제노사이드는 아니고, 가해 주체가 국가라는 사실은 어떤 집단 학살이 제노사이드로 인정받는 데 있어서 가장 중요한 필요조건일 뿐, 충분조건이 되지는 못한다"고 주장한다. 그러면서 학살된 사람의 수, 학살의 대상이 되었던 집단 구성원 가운데 실제로 학살된 사람이 차지하는 비율, 학살의 동기, 의도와 계획의 존재 여부, 관련 기관들 사이에 이루어진 공조의 정도, 탄압과 학살에 동원된 방법, 학살이 그 집단에 속한 사람들의 이후 삶에 미친 파괴력 정도 등이 검토된 뒤에야 그 사건을 제노사이드로 볼 수 있는지 여부를 결정할 수 있다고 말한다.[9]

그는 이러한 관점과 방법을 통해 제주 4·3 사건과 국민보도연맹 사건을 제노사이드로 규정한다. 그는 "국가나 그에 준하는 권력체의 대리인들이 국민·민족·인종·종교의 차이나 정치적·사회적 이해관계, 또는 경제적 이해관계나 성·건강·지역상의 차이를 이유로 특정 집단을 절멸하려는 의도에서 그 구성원 가운데 상당 부분 이상을 계획적·조직적으로 파괴하는 행위"를 제노사이드로 정의한다.[10] 이에 입각해 그는 가해자, 희생자, 이데올로기의 존재, 파괴 방법과 결과, 또 하나의 쟁점인 지역과 민족의 차원에서 볼 때, 제주 4·3 학살이 제노사이드라고 주장한다.[11] 또한 한국전쟁 중에 발생한 다른 민간인 대량 학살 사건들과 비교할 때 상당한 희생자 규모, 짧은 기간에 보여준 공권력과 준–군사 조직의 학살 집행과 동원 능력, 학살의 전국성을 근거로 들면서 보도연맹 학살을 제노사이드성 대량 학살 수준을 뛰어넘는 것이라고 해석했다. 가해 의도가 존재했고 파괴 범위가 상당하다는 것이다.[12]

이러한 시도는, 그가 표현한 것처럼, "협약이라는 그물의 유효성을 인정하면서, 다만 그 그물에 나 있는 구멍을 메우고, 해진 그물코를 촘촘하게 수선하는 시도"[13]로 보인다. 그는 일단 제노사이드라고 확인되면 발생하는 협약의 법적 구속력과 강제력을 포기할 수 없었다. 그러나 제노사이드 정의에 학살 가해자와 학살 동기, 의도를 명시하고 보호 집단의 대상을 확대하더라도 협약의 정의가 내포하고 있는 한계들이 극복되는 것은 아니다. 제노사이드를 가해자의 주관적인 의도적 행위라는 시각으로부터 비대칭적인 갈등 관계적·구조적 상황에서 확대되는 행위라는 시각으로 근본적으로 이동하지 않는 한, 그리고 물리적 파괴로 국한된 인식을 사회적 파괴로 확장시키지 않는 한, 또 다른 사회 갈등 구조인 전쟁과 연결해 사고하지 않는 한, 협약상 제노사이드 정의를 수정하는 시도는 미봉책에 그칠 가능성이 크다.

최호근이 제주 4·3 사건과 국민보도연맹 사건만 제노사이드로 인정한 것은 동일한 시기 다른 대량 학살 사건들을 제노사이드가 아닌 것으로 만들고, 결과적으로 의도치 않게 죽음의 위계가 발생하게 한다. 그러나 한국 정부 수립과 한국전쟁 전후라는 전체 배경과 맥락을 고려할 때 두 사건을 개별 사건으로 분리해서는 결코 그 전모를 이해할 수 없다. 두 사건은 다른 대량 학살 사건들과 서로 연관되어 있고, 따라서 연속적으로 파악되어야 한다. 한국의 대량 학살 사건들은 20세기 중반 한반도에서의 국가 건설 및 정부 수립을 둘러싼 내전적인 사회 갈등 국면과 한국전쟁 국면에서 발생했다. 대량 학살 사건들은 국가 및 전쟁 형성이라는 두 '국면적 사건'과 맞물려 발생했던 하나의 제노사이드 내 여러 '에피소드적 사건'들이다.

예를 들면, 정부 수립 전후 발생한 제주 4·3 사건과 여순 사건의 연속성은 명백하다. 여순 사건은 제주 4·3 사건의 성격을 봉기와 진압으로부터 민간인 사회 집단들에 대한 대량 학살로 전환시키는 결정적 계기였다. 두 사건 모두 정부 수립 전후 어떤 국가를 건설할 것인가를 둘러싼 내전적 성격의 비대칭적 사회 갈등이었고, 결국 대량 학살과 광범위한 사회적 파괴로 귀결되었다.

제주도에서 있었던 군경토벌대의 초토화 작전과 대량 학살은 에피소드적 사건으로서 1949년 5월에 마무리되었지만, 국면적 사건으로는 끝나지 않았다. 이것은 1950년으로 넘어가는 겨울에 벌어진 군경(토벌) 관련 사건으로 연속되었다. 제주도와 전남 동부 지역, 지리산 인근뿐 아니라 전국적으로 빨치산에 대한 토벌 작전이 진행되면서 작전 지역 내 주민들의 삶이 파괴되었다. 한국전쟁 동안에도 제2전선 지역 인근 주민들은 학살되거나 집단 소개되어 삶의 기반이 뿌리째 뽑혔다.

전국적으로 전개된 국민보도연맹원, '요시찰인', '불순분자'에 대한 예비검속 사건은 제주도에도 큰 피해를 남겼다. 제주 4·3 사건으로 만들어진 각종 명부들은 '6·25' 이후 삶과 죽음을 갈랐다. 그 피해 규모는 초토화 작전 때 희생된 규모 다음으로 컸다. '6·25' 직후 진행된 형무소 재소자 학살 사건도 마찬가지다. 기결수/미결수, 단기형/장기형 가리지 않고 학살한 이른바 '좌익수' 안에는 제주 4·3 사건과 여순 사건 관계 형무소 재소자들이 있었다. 대부분 적법한 재판 절차를 거치지 않았기 때문에 조서나 판결문 등 재판 기록도 없이 끌려와 형무소에 구금되었다.

부역 혐의 인식과 처리 양상도 제주 4·3 사건에서 찾아볼 수 있다. 진압군과 무장대가 대치하는 공간에서 주민들은 양쪽으로부터 부역자 또는 협력자 혐의를 받았다. 대치가 공격과 보복으로 전환되면 주민들은 민간인일지라도 부역 혐의만으로 학살되었다. 초토화 작전 시기 살아남기 위해 산으로, 동굴로 들어갔던 중산간 마을 주민들은 하산하면 과거의 죄를 묻지 않겠다는 토벌대의 선무 공작에 따라 하산했다. 하지만 그들에게조차 부역 혐의자 색출과 학살이 이루어졌다. 이러한 양상은 한국전쟁 때 '수복' 지역에서 자국민을 대상으로 진행된 부역 혐의자 색출과 대량 학살로 이어졌다.

미국 책임과 관련해서는 그동안 제주 4·3 사건의 경우 간헐적으로 논의되다가 최근 미군 개입의 구체적 실태들을 입증하는 연구들이 나오고 있다.[14] 제주 4·3 사건 초기 국면에 미군은 점령 및 통치권자로서 사건에 직접적으로 개입했고, 강경 토벌 진압을 결정했다. 미 6사단 제20연대가 제주도 진압 작전에 투입되었다. 제20연대장 브라운Rothwell H. Brown 대령은 "원인에는 흥미가 없다. 나의 사명은 진압뿐"이라며 강경 진압에 나섰다. 미군은 진압을 보조하기 위해 제주도로 온 지원경찰대가 제주도 주민들에게 지나칠 정도로 잔혹하고 테러 행위를 일삼았다는 사실을 알았지만 제지하지 않았다. 정부 수립 이후에도 미군은 군사고문단을 통해 제주도 진압 작전과 정보에 관여했고, 미 본국에 보고했다.

한국전쟁 전후 전국에서 발생했던 모든 유형의 민간인 학살 사건들은 제주도에서 예비되고 전국적으로 상승·확대되었다고 볼 수 있다. 2018년 제주 4·3 사건 70주년을 맞이해 제주도(민)만의 문제로 고립되어 있던 제주 4·3 사건을 섬에서 중앙으로, 지역사에서 대한민국의 역사로 확산시키자는 운동이 '전국화'라는 모토로 전개되었다. 이 같은 공감 확산과 동시에 한국전쟁 전후 전국에서 발생한 각각의 민간인 대량 학살 사건 유형들이 이미 제주 4·3 사건 안에서 압축적으로 발생, 전개되었음을 강조할 필요가 있다. 또한 제주 4·3 사건이 한국전쟁 국면에서 전국적으로 상승·확대되고 정부 수립 전후와 한국전쟁 전후에 계속된 제노사이드의 단계 중 하나였다고 주장해야 한다. 제주 4·3 사건은 제주도라는 고립된 지역에서 섬 주민들의 삶의 토대를 절멸시킨 사건이자 동시에 한국전쟁까지 계속된 제노사이드의 한 단계에서 발생한 '국지적 대량 학살' 사건이었다.

　제주 4·3 사건을 '전국화' 하는 문제는 제주 4·3 사건을 제노사이드 메커니즘의 일반 이론 차원에서 '보편화'하는 과제와 연결되어 있다. 정부 수립에서 한국전쟁으로 상승하는 국면에서 발생했던 대량 학살 사건들은 제노사이드 이론에서 공통적으로 나타나는 단계 및 메커니즘과 관련해 분석될 필요가 있다. 여기에서는 구체적으로 크게 가해 무장 권력 집단들의 조직화, 표적이 된 민간인 사회 집단들에 대한 타자화, 그리고 총체적 파괴와 부정 단계에서 작동한 정치·사회심리적 메커니즘들로 구분해 한국 제노사이드의 역사를 구성하고자 한다.

무장 권력 조직들의 조직화

이데올로기

'무장 권력 조직들'은 정치권력과 이데올로기, 조직화된 무장력, 대량 폭력이 결합되어 있음을 드러내기 위한 개념이다. 이데올로기는 정권이 추구하고 제시하는 정치적 이상과 욕망을 국가 건설과 국민 형성에 투영하는 것이다. 이 과정에서 특정 사회 집단들은 배제된 채 타자화되고 파괴되는데, 정권의 이데올로기는 이 모든 것을 정당화하고 심지어 윤리적으로 승화시킨다. 한국에서 그러한 이데올로기는 바로 반공주의였다.

반공주의는 이념적 실체로 접근하기보다는 이데올로기 차원에서 접근할 필요가 있다. 반공주의는 공산주의를 반대한다는 부정의 지향만 드러날 뿐 자신을 구성하는 어떤 긍정적인 내용을 포함하고 있지 못하기 때문이다. 다시 말해 반공주의는 상대에 대한 부정을 통해 스스로를 정립하고 있을 뿐 어떤 긍정적인 목표나 내용을 제시하지 못한다. 반공검사 오제도의 '흥국훈興國訓'에서도 이러한 반공주의의 실체가 드러난다. "용공-협공-반역-망국"과 "반공-타공-멸공-흥국." 비슷한 의미 계열의 단어들이 나열되는 정도에 불과할 뿐 반공주의의 구체적 논리와 이론은 존재하지 않는다.[15]

반공주의는 공산주의를 반대하기 위해 여러 이데올로기 요소들을 매듭 짓는 '누빔점'으로서의 텅 빈 이데올로기이다. 김득중은 이러한 반공주의의 성격을 부각하기 위해 모든 가치와 이념들을 소화할 수 있는 '거대한 이데올로기의 포식자'라고 표현한 바 있다.[16]

그렇다면 해방 직후 형성된 반공주의의 역사적 내용은 무엇인가? 신탁통치 파동을 통해 '찬탁-친공-민족반역자-매국노'와 '반탁-반공-민족주의자-애국'이라는 의미 계열이 형성되기 시작하면서 반공주의는 정치적 차원에서 민족주의와 애국이라는 가치를 꿰찰 수 있었다. 이를 계기로 반공주의는 '친공=매국노'라는 사회적 적대를 형성했고, 이를 통해 정국의 주도권과 정치적 헤게모니를 갖게 되었다. 그러나 이데올로기의 효과라는 차원에서 볼 때 정적에 대한 공격 이상의 효용이 있던 것은 아니었고, 사회적 헤게모니를 가졌던 것도 아니었다. 공산주의자는 미군정과 반공주의자에 의해 정치적으로 거의 배제되었지만, 사회적 정당성의 토대를 소실한 것은 아니었다. 좌익과 우익은 여전히 사회적으로 상호 경쟁하는 관계였다.[17]

이와 관련해 1946년 중순 두 개의 상반된 여론이 확인된다. 하나는 1946년 7월 미군정이 실시한 여론조사로, 서울 시민들(8,476명)은 지주소작제를 청산하고 사회주의를 선호한다(전체 조사자의 70퍼센트 사회주의, 10퍼센트 공산주의, 13퍼센트 자본주의)고 응답했다. 적어도 1946년 초까지 좌익 계열의 독립운동가들은 서울 시민들의 신뢰를 받고 있었다고 볼 수 있다.[18] 다른 하나는 1946년 5월 조선정판사 위조지폐 사건 이후 여론이다. 이 사건은 제1차 미소공동위원회 결렬을 계기로 본격화되는 미군정의 좌익 탄압의 신호탄이었다. 임성욱에 따르면, 미군정은 이 사건을 통해 조선공산당에게 '경제파괴범', '건국파괴범', '민생파괴범'이라는 낙인을 찍는 데 성공했다. 그 결과 조선공산당에 대한 대중적 지지율이 크게 떨어졌다.[19]

1948년 제주 4·3 사건과 여순 사건은 이러한 상황을 급변시켰다. 빨갱이는 '살인마', 더 나아가 '귀축'과 '악마'라는 비인간적이면서 비윤리적 존재가 되었다. 이러한 이미지 창출은 반공주의를 빨갱이 적대 이데올로기로 굳건하게 자리매김하게 했다. 반공주의라는 부정의 이데올로기는 압도적인 국가폭력의 세례, 즉 물리력과 법제화된 폭력을 동반했다. 이 때문에 이데올로기 효과는 더욱 강렬했다.

효과가 강렬했던 만큼 반공에 대한 이념과 사상이라고 할 만한 긍정 지향의 구체적 내용을 채우려는 욕망도 더욱 강해졌던 것 같다. 미국식 자유주의와 민주주의를 뛰어넘는 '주의主義'가 필요했다. 이런 상황에서 등장한 것이 일민주의一民主義이다. 일민주의는 당시 이승만 대통령을 영도자로 하는 여당을 만드는 과정에서 대한국민당의 '당시黨是'로 제시된 이데올로기로,

반공주의의 텅 빈 공허함을 채워줄 구원투수로 투입되었다.

> 공산당과의 싸움은 아직은 사상적 싸움이므로 이 정도가 변해서 군사적 싸
> 움이 될 때까지는 사상으로 사상을 저항하는 싸움이 되고 있으니 **민주주의**
> **로 공산주의를 대항하는 것은 사상이 너무 평범**해서 이론상 치밀한 조리에
> 들어서는 **공산주의에 선전을 대항하기 어려울 것**이므로 **일민주의**하에서 4
> 대 정강을 정하여 한 정당을 세워 일변으로 **공산과를 배격**하며 일변으로는
> 민주주의의 영구한 토대를 삼기로 (했다)(강조는 인용자).[20]

후지이 다케시는 1949년 4월 중순의 '사상적 싸움'을 강조하면서 일민주
의의 '국시國是'화는 반공주의의 강화와 그것을 중심으로 한 사회 통합을 목
표로 한 것이었다고 분석한다. 그리고 그 통합을 위한 장치가 바로 국민보
도연맹이었다.[21]

이승만을 위시한 국가권력은 여순 사건을 통해 빨갱이를 악마화하고 비
인간적 존재이자 도덕적으로 파탄 난 존재로 형상화했다. 국가보안법 등
법제화된 폭력과 국가폭력은 빨갱이를 빠른 속도로 양산했다. 국가폭력이
작동하기 시작한 순간 그 앞에 선 주체들은 모두 잠재적인 빨갱이로 간주
되었다. 폭력의 대상이 된 자가 빨갱이로 규정되어야만 국가폭력을 정당화
할 수 있기 때문이다.[22] 이러한 상황적 모순은 빨갱이를 처벌하고 학살하는
것만이 능사가 아니도록 만들었다.

이런 상황에서 '개전의 정'이 있는 좌익에 관한 포섭과 전향 유도가 필요
하다는 공감대가 확산되었다. 공산당과의 투쟁에서 무력전뿐만 아니라 사
상전도 중요하다는 인식이 확산되면서 빨갱이 소탕이라는 군사 작전 일변

도에 변화가 생겨났고, 그 맥락에서 사상을 통한 전향 공작이 부각되었다. 이를 위해 반공 검찰과 경찰이 나섰다.

국민보도연맹은 1949년 4월 20일 서울시경찰국 회의실에서 창설된 후 6월 5일 결성식을 가지면서 창립을 대외적으로 선포했다. 설립 목표는 공산주의 사상을 버린 전향자를 "계몽·지도하여 명실상부한 대한민국 국민으로 멸사봉공의 길을 열어주는" 한편, "사상에는 사상으로 맞서 이론적으로 무장해" 공산주의자들을 색출하고 "압도·타파하겠다"는 것이었다.

국민보도연맹은 반공주의를 전면에 걸었을 뿐 처음부터 일민주의를 내세우지는 않았다. 그러나 사상으로 투쟁하기 위해서는 분명 특별한 사상이 필요했다. 이를 의식해서인지 국민보도연맹 박우천 간사장은 《애국자》 창간사에서 "신판제국주의인 공산독재의 세계침략사상(을) …… 지당방위하고 배척분쇄할 유일한 가능과 희망은 진정한 민주주의를 원리로 한 민족주의사상의 결정적 승리에만 기대할 수 있다"고 강조했다. "민주주의를 원리로 한 민족주의사상"이 무엇인지 창간사에서 구체적으로 제시되지는 않았다. 하지만 그것이 일민주의였음은 분명해 보인다. 1949년 9월 20일 보도연맹 수뇌부가 참석한 사상대책좌담회에서 보도연맹과 대한민국의 지도이념으로서 일민주의가 논의되었다. 그로부터 약 3개월 후 12월 15일 국민보도연맹의 실질적 조직자인 최고지도위원 오제도 검사는 일민주의를 공산주의독재 사상과 자본주의독재의 모순을 모두 지양하는, 진정한 민주주의적 민족사상으로 선언했다. 이렇게 일민주의는 대한국민당의 지도 이념[黨是]에서 대한민국의 지도 이념[國是]으로, 또한 좌익 포섭이라는 새로운 과제와 맞물리면서 반공주의를 구성하는 이데올로기적 요소로 자리매김했다.

그런데 일민주의 보급을 통해 반공주의를 강화·확산시키려는 시도가 유일한 방법이 아니었다는 점도 분명하게 지적되어야 한다. 이승만 정권에게 이 시도는 다양한 선택지 가운데 하나였다. 내전 상태라 빨갱이와 공산주의에 대한 부정적 이미지의 창출만으로도 반공주의의 이데올로기적 효과는 충분히 강력했기 때문이다. 이는 일민주의 보급 사업이 의도한 만큼 성공적이지 못했던 배경 가운데 하나였다.

내부 집단 조직화

이승만 정권과 무장 권력 조직들의 조직화가 진행되는 역사적 배경과 정치적 상황을 살펴볼 필요가 있다. 정부 수립 후 이승만 정권은 38선 이북 외부의 적과 함께 내부의 적에 대처해야 했다. 이승만 정권에게 내부의 적이란 남로당 및 기타 좌익계 정당과 사회 단체뿐만 아니라 남한만의 단독선거·단독정부 수립에 반대하고 남북협상을 주장했던 정치 세력을 포함하는 것이었다. 즉 김규식, 안재홍 등의 중도우익 세력은 물론 김구와 한독당 같은 우익 세력까지 '정적'으로서 내부의 적 범주에 포함되었다. 실제 이승만 정권은 여순 사건이 발생하자마자 사건 배후에 공산주의자와 결탁한 '극우의 정객들', 즉 김구와 한독당 세력이 있다고 몰아가기도 했다. 또한 정부 수립 과정에서 이승만과 협력관계였던 한민당 세력조차 정적으로 성장할 것을 우려하여 내각 구성에서 배제했다. 이승만 정권은 일제 식민통치기구의 경력자들을 끌어들였지만, 어디까지나 친이승만 인사에 국한되었다.[23]

　이러한 상황을 타개하고자 이승만 정권은 군과 경찰의 물리력과 법제화된 폭력에 더욱 의존해갔다. 제주 4·3 사건과 여순 사건의 발생은 국가폭력에 한층 더 의존하게 된 결정적 계기로 작용했다. 신생 대한민국이 유엔으로부터 아직 승인받지 못한 상황에서 제주 4·3 사건의 진압 명령을 거부한 여수 주둔 제14연대 일부가 봉기를 일으켰다는 점은, 그리고 전남 동부 지역 대중이 이에 호응했다는 점은 이승만 정권에 상당히 치명적이었고 큰 위기였다. 이 상황에서 이승만 정권의 최우선적 대응은 '제주도 사태'를 최대한 빠르게 진압하고 국가기구의 물리력을 확실하게 장악하는 것이었다.

이승만 정권은 여순 사건을 계기로 제주도 전체를 희생양으로 삼기 위해 초토화 작전을 전개했다. 초토화 작전과 대량 학살을 주도한 것은 제9연대장 송요찬 소령이었다. 1948년 10월 17일 송요찬은 해안선으로부터 5킬로미터 이상 떨어진 중산간 지역을 통행하는 자를 '폭도'로 간주하고 총살하겠다는 포고령을 발포했다. 10월 18일 제주도 해안을 봉쇄하고, 초토화 작전 사전 조치로 제주 지역 사회의 엘리트들을 검속하기 시작했다. 제주 출신 제주법원장이 연행되었고, 현직 검사 등 법조계 인사들이 즉결 처분되었으며, 제주중학교 교장 등 교육계 인사들과 《제주신보》 편집국장, 《경향신문》과 《서울신문》 지사장도 총살되었다. 이 밖에도 이름만 대면 알 만한 유지들이 재판 없이 처형되거나 수장당했고, 일부는 제주공립농업중학교에 설치된 임시수용소에 불법 구금되었다. 본격적인 초토화 작전 실시에 방해가 될 수 있는 요소들을 사전에 제거한 것이다. 제9연대가 주도하는 군경 토벌대는 무장대와 전투를 하고 전과를 거둔 것이 아니었다. 반란 진압 명분으로 실제 벌어진 현실은 중산간 지역은 물론 해안가 마을에 거주하는 비무장 민간인들을 대상으로 한 대량 학살이었다. 전과 올리기에 혈안이 된 나머지 '함정 토벌'과 '자수 사건'이라는 기만적인 작전까지 진행되면서 인적·물적 피해는 이루 다 말할 수 없을 정도로 컸다. 제9연대와 교체해 들어온 제2연대(연대장 함병선 중령)도 강경한 초토화 작전의 기조를 이어갔고, 대량 학살은 계속되었다.[24]

이승만 정권은 1948년에만 박진경 대령 암살 사건, 여수 제14연대 군인 '반란' 사건, 대구 제6연대 군인 '반란' 사건을 연이어 겪으면서 군 내부 좌익 세력을 척결하지 않고서는 정부가 존립할 수 없다고 인식했다. 그래서 군을 확실하게 장악하기 위해 나선 것이 '숙군'이다. 숙군의 주요 대상은 군 내부 '남로당 프락치' 등 좌익 세력이었는데, 이승만 정권과 군정보기관은 이에 그치지 않았다. 김구를 지지하는 한독당 계열 세력, 더 나아가 반이승만 세력 전체를 표적으로 삼았다. 숙군 결과 1949년 7월까지 총 4,749명이 숙청되었는데, 이는 국군 병력의 약 5퍼센트였다.[25] 숙군을 통해 반공 군대로 '정화'된 국군은 경찰예비대였던 국방경비대 시절의 초라한 위상을 극복하고, 이승만 정권과 반공주의의 보루가 되었다.[26]

1949년 10월 숙군을 처리한 육군 정보국 특별정보대는 제2과 군방첩대 CIC로 변경되었다. 숙군은 어제까지 자신의 동료였던 사람을 '좌익 혐의자 =적'으로 간주하고 처벌하는 것이다. 김득중은 이러한 경험이 국군이 민간인 검거와 처벌에 거칠 것 없이 나설 수 있게 만든 중요한 토대가 되었다고 평가한다.[27] 군방첩대는 활동 반경을 군대 내에 국한하지 않고 전 사회로 확장해갔다. 1949년 10월 전국에 21개 지역파견대를 조직한 방첩대는 이를 중심으로 민간인을 대상으로 국가폭력을 휘둘렀다. 당시 언론은 방첩대가 저지른 납치에 가까운 불법 검거와 고문 등을 보도했다. 우익인사인 고희두 동대문 민보단장의 고문치사 사건은 방첩대의 활동 반경이 어디까지였는지 단적으로 보여준다. 경찰, 검찰 등 민간의 수사기관이 눈치를 볼 정도로 여순 사건 이후 방첩대의 활동은 말 그대로 '노터치'였다.

경찰은 미군정기부터 '경찰국가'라는 지적을 받을 만큼 이미 과대성장해 있었다. 군정경찰은 일제 경찰 경력자들을 중심으로 조직되었다. 1946년 5

월 기준 경위 계급부터 치안감까지 경찰 간부 1,157명 중 846명이 일제 경찰 출신이었다. 경찰의 가장 중요한 역할은 좌익 계열의 지방인민위원회가 운영했던 지방 행정기관들을 주한미군정청의 지배로 편입시키는 일이었다. 경찰은 그 과정에서 발생하는 저항을 무력 진압했고 남한 내에서 가장 강력한 물리력을 가진 조직이 되었다. 미군정 정보장교 로빈슨Richard Robinson은 "1946년 말부터 남조선이 경찰의 세상이라는 것은 바보가 아니면 누구나 다 아는 명백한 사실"이라고 했다. 당시 경찰의 압도적 위상을 보여주는 언술이다.[28]

1946년 10월 항쟁 이후 좌우 대립이 격증하면서 경찰의 억압성과 폭력성도 나날이 더해갔다. 전국 곳곳에서 식량 부족과 미군정의 미곡 공출 제도 시행에 항의하면서 산발적 저항들이 잇따르자 경찰은 맨 선두에서 이를 폭력적으로 진압했다. 전국적으로 진압 현장에서 민간인 사상자가 발생했다. 김태우는 와이츠를 인용하여 이 시점에서 정치적·경제적 반대자들을 억압하고 살해하며, 보다 광범위한 주민 학살을 위한 준비 작업을 시작했다고 평가한다.[29]

제주 4·3 사건의 배경으로 꼽히는 1947년 3·1절 기념행사와 시위 군중에 대한 경찰의 무차별 발포 사건, 뒤이은 제주도의 총파업과 경찰의 고문치사 사건도 같은 맥락에 있다. 경찰은 일련의 사건들을 공산주의자들의 대중선동 전략으로 간주하면서 강경 탄압했고, 제주도 전체를 '빨갱이섬'으로 몰아갔다. 그리고 제주 출신 경찰 인사들을 경질했다.

1948년 4월 3일 무장대는 11개 지서를 습격하면서 '무장봉기'의 목적 가운데 하나로 친일 경찰의 탄압에 저항한다는 명분을 걸었다. "경찰은 무고한 도민의 재산을 약탈하고 살인·강간·고문치사 등을 일삼고 있고 도민의 재산 약탈을 자행하고 있어서 선량한 도민들은 견디다 못해 친일파와 일제 강점기의 악질경찰들을 제주도에서 몰아내기 위하여 무장의거를 일으켰다"고 한 것이다.[30] 이에 미군정은 경찰 1,700명을 제주도로 추가 파병했고, 경찰토벌대를 편성해 '폭도'를 수색하고 섬멸하는 작전을 펼쳤다. 초기 경찰 단독 토벌 작전은 실패를 거듭했고, 궁여지책으로 일부 지역에 대한 초토화 작전이 자행되었다.

그 후 모슬포 주둔 국방경비대 제9연대가 진압 작전에 투입되었고, 김익렬 제9연대장은 무장대와 평화협상을 추진했다. 그러나 조병옥 경무부장과 경찰은 오라리 방화 사건을 조작해 협상을 방해했다. 결국 김익렬은 조병옥으로부터 공산주의자라는 모함을 받아 해임되었다. 당시 국방경비대 사령관 송호성 준장은 "제주 사람들은 이제 다 죽었구나"라고 탄식했다. 1948년 6월 미 6사단 제20연대의 강경 진압 작전은 시작에 불과했다.[31]

정부 수립 후 군정경찰은 국립경찰로 전환되었다. 이승만 정부의 경찰은 인적·조직적·제도적·경험적 차원에서 식민지성과 이념적 동질성이 두드러졌다. 경찰 수뇌부와 간부들 대부분이 친일이라는 태생적 한계를 갖고 있었지만 이승만 대통령은 그들에게 손을 내밀었고, 그들은 이승만 정권의 물리력으로서 충성을 다했다. 경찰은 제주 4·3 사건과 여순 사건을 계기로 병력 확충을 통해 양적 팽창을 거듭했다. 1948년 11월 기준 약 3만 5,000명이던 경찰력은 1949년 3월에 4만 5,000명으로 증가했고, 1950년에 가서는 5만 명으로 급팽창했다. 경찰은 좌익 세력에 국한하지 않고 광범위하게 반이승만 세력을 사찰하고 예비검속했다. 경찰은 국가 안보를 정권 안보와 동일시하고 정권을 위협할 수 있는 모든 요소를 사전에 제거하는 방법으로 정권을 뒷받침했다.

마지막으로 내부 집단의 조직화에서 중요하게 살펴봐야 하는 집단은 우익 청년 단체들이다. 조선민족청년단, 서북청년단, 대동청년단 등 우익 청년 단체들은 특정 외부 집단에 대한 증오로 조직화된 다수의 (준)무장 단체들로서 정부 수립 전후와 한국전쟁 이후 군과 경찰을 보조하는 기구로 활동했다. 우익 청년단은 공권력의 후원 아래 사적 폭력을 휘둘렀고, 학살 현장에서 가장 적극적이고 잔학한 만행을 저지른 정권의 하수인들이었다.

미군정은 좌익 단체를 파괴하고 대중들의 혁명적 열기를 억누르기 위해 무차별적인 테러를 서슴지 않는 우익 청년단을 묵인하거나 필요에 따라 적극 동원했다. 미군정이 이러한 사적 폭력을 활용한 것은 전국적으로 경찰력이 부족했고 그로 인해 공권력의 한계가 있었기 때문이다. 1946년 좌익 계열 주도로 9월 총파업과 10월 항쟁이 벌어지자 우익 청년단은 경찰과 공조하면서 지역 지부를 조직하고 활동 영역을 확대해갔다.

제주 4·3 사건에서는 서북청년단이 악명을 떨쳤다. 북한 공산주의로부터 벗어나 월남한 사람들로 구성된 서북청년단은 실존적인 체험을 바탕으로 다른 어떤 단체보다 강한 반공주의적 성향을 띠고 있었다. 서북청년단이 제주도에 들어와 지부를 조직하고 활동을 한 것은 크게 세 시기로 구분된다. 첫 번째 시기는 1947년 3·1절 발포 사건 직후로, 유해진 제주도 지사가 부임하면서 경호원으로 서북청년단원을 데리고 온 것이 시초였다. 1947년 11월에 서북청년단 도본부가 조직되었다. 1948년 4·3 사건 전까지 입도한 서북청년단은 약 500~700명 정도로, 이때까지는 태극기나 이승만 사진 등을 강매하면서 생계를 유지했다. 이 과정에서 서북청년단에 의한 강간과 금품 탈취 등의 백색테러가 빈번하자 민심이 악화되었다. 두 번째는 4·3 사건 이후 집단 입도다. 경무부장 조병옥이 문봉제 서북청년단장에게 '제주도 사태'의 진압을 위해 500명의 서북청년단원 파견을 요청하여 경찰 병력 1,700명이 제주도로 증파될 때 서북청년단도 함께 들어왔다. 이들은 제주도 내 각 지역에 분산되어 기존 단원들과 함께 토벌작전에 참가했다. 세 번째는 여순 사건 직후로, 11월과 12월에 최소 1,000명 이상의 단원들이 군경 토벌대로 제주도에 파견되었다.[32]

제주도에서 서북청년단은 군과 경찰의 신분으로 제주도에 투입되었다. 당시 미군 보고서를 보면, 미군과 이승만 대통령이 배후에서 서북청년단을 후원했던 사실이 잘 드러난다. 1948년 12월 6일 자 G-2 보고서는 당시 이승만 대통령과 내무부 장관의 합의에 따라 군에 6,500명, 경찰에 1,700명의 서북청년단원을 편입시킨 사실을 보여준다.[33] 서북청년단은 제주도가 빨갱이섬이라는 점을 주입받고 단기 교육만 이수한 채 파견되었다. 그들은 사적 이해와 원한관계로 주민들을 살해했다. 심지어 적산을 탐내 이를 관리하는 재산관리처 공무원들을 협박, 살해하기도 했다. 김재능 서북청년단 제주지부장은 보급 문제를 이유로 제주도청 김두현 총무국장을 고문치사한 후에 빨갱이로 몰아가기도 했다. 서북청년단의 무소불위의 횡포를 단적으로 보여주는 사건이다. 서북청년단은 학살 전위대인 특별중대를 만들어 초토화 작전에 참여했고, 그 과정에서 많은 중산간 지역 마을 주민들을 대량 학살했다.[34]

조직화된 우익 무장 권력 조직들과 관련해 제주도에서는 서북청년단이 두드러졌지만, 전국적으로는 대한청년단의 조직과 활동이 강력했다. 대한청년단은 이승만 대통령과 정부 부처의 장관들도 대거 참여한 관변 단체였다. 이승만의 대중동원 정치의 주요 하부 조직으로서 이승만 정권의 지지 기반 중 하나였다. 대한청년단은 도·시·군·읍·면 별 지방 지부를 갖고 있는 전국 조직이었고, 한국전쟁 이후 군과 경찰을 보조하는 물리력으로 민간인을 대량 학살한 가해자였다. 특히 보도연맹원 대량 학살과 부역 혐의 민간인 학살 사건에서 이른바 '치안대'를 조직했던 대한청년단 등은 상호 보복과 광기화로 얼룩진 제노사이드의 일면을 극단적으로 보여준다.

상호 보복과 광기화

조직화된 무장 권력 조직들이 대량 폭력을 자행하는 것은 상호 보복과 광기화 메커니즘과 관련이 있다. 상호 보복 개념은 서로 적대적인 무장 권력 조직들 또는 무장 권력 조직들과 민간인 사회 집단들 사이에 비대칭적 힘의 불균형이 분명 존재하지만 피해자 집단 및 여타 행위자들의 저항이나 대항적 권력의 가능성이 아예 제거되지는 않은 상태를 의미한다. 내전이나 전쟁의 경우 두 무장 권력 조직들이 서로 유혈적으로 대치·대결하는 상황에서 비무장 민간인 사회 집단들이 양쪽으로부터 보복의 대상이 되는 일이 벌어진다. 보복이 반복되고 감정적으로 치닫게 되면, 민간인들의 피해가 확대되고 잔인하게 유린당하는 일들이 벌어진다. 무장 권력 조직들이 민간인을 상대로 한 대량 폭력의 분출과 폭발을 자연스러운 것으로 이해하고 무감각해지면, 자신의 잔학 행위를 보고도 가해자들이 아무런 죄의식을 느끼지 못하고 심리적으로 마비된 채 쾌락을 느끼면, 말 그대로 광기화된 상태다.

제주 4·3 사건에서 무장대가 경찰지서나 우익 단체 인사를 공격해 살해하면, 토벌대는 무장대가 떠나고 없는 마을 주민들을 대상으로 보복 학살을 벌였다. 토벌대는 '도피자 가족'과 '입산자 가족'이 있는 마을을 무장대 편으로 타자화하고 대량 학살했다. 중산간 마을의 주민들이 해안 지역의 마을로 소개되었을 때, 호적을 전부 대조하여 가족 중 한 사람이라도 없으면 도피자 가족으로 몰아 학살하는 일도 있었다. 토벌대 제9연대가 제2연대로 교체되는 시기를 이용해 무장대가 토벌대를 기습하고 제주도청과 경찰지서를 습격한 일이 있었다. 곧바로 토벌대는 무장대가 출몰했거나 기습했던 지역 근처의 해안 마을을 상대로 보복했다. 무장대가 그 마을에서 식량을 구해간 것을 두고 반란군을 도와줬다면서 마을 주민들을 대량 학살한 것이다.

1949년 1월 9일 초토화된 남원면 의귀리 근처 동굴과 들녘에서 은신해 살던 생존자 주민 100여 명이 제2연대 2중대에 의해 의귀국민학교에 강제 수용되는 일이 있었다. 1월 12일 무장대가 의귀국민학교에 주둔한 토벌대를 습격하자 토벌대가 수용된 주민들에게 보복하며 광기어린 대량 학살극을 벌였다. 흥분한 2중대 군인들은 수감자들을 끌어내 5세 이하의 남아와 여아, 그리고 60세 이상의 노인들을 포함한 80여 명을 총살했다.[35]

1949년 1월 17일에는 해안 마을인 조천면 북촌리에서 '북촌 사건'이 발생했다. 북촌 사건은 당일 아침 세화에 주둔해 있던 제2연대 3대대 일부 병력이 대대본부가 있던 함덕으로 가던 도중에 북촌마을 어귀 고갯길에서 무장대의 기습을 받아 두 명의 군인이 전사하면서 시작되었다. 마을 원로들은 시신을 수습하고 대대본부로 찾아갔지만, 이에 흥분한 군인들은 10명의 원로 가운데 경찰 가족 한 명을 제외하고 모두 사살했다. 이날 오전 2개 소대 병력은 '공비 내통'을 이유로 북촌 마을을 방화하고 주민 1,000여 명을 초등학교 운동장에 집결시킨 후 차례로 인근 밭에 끌고 가 총살했다. 뒤늦게 도착한 상급 지휘관의 중지 명령으로 대량 학살이 중지되었지만, 그다음 날에도 함덕으로 소개된 주민 일부가 다시 처형되었다. 이틀에 걸쳐 주민 400여 명이 학살되었다.[36] 이러한 보복 학살은 1949년 1~2월 제주도 각지에서 발생했다. 제주도를 시찰 중이던 미국 군사고문단이 관련 사실을 보고하기도 했다.[37]

토벌대의 대량 폭력이 반복되면서 군과 경찰, 우익 청년 단원은 자신들의 잔학 행위에 대한 죄의식 대신 유희와 광기를 드러냈다. 단기 교육만 이수하고 제주도에 투입된 서북청년단 중심의 '특별중대'는 잔인성으로 악명을 떨쳤다. 심심하다는 이유로 고문하면서 끌고 다니다 죽이고, 마을 주민들에게 '폭도'나 '도피자 가족'으로 낙인찍힌 손녀와 같이 있는 할머니를 재미삼아 창으로 찌르고 살인하도록 강요했다. 당시 토벌대는 사적 폭력을 휘두르고 금품을 갈취하고 살인을 즐기는 테러단에 가까운 모습을 보여주었다. 토벌대는 학살을 명령하고 학살을 수행하는 데 아무런 심리적 갈등을 느끼지 않는 듯했다. 살기 위해 서로 눈치를 보며 학살하고 죄책감에 시달리던 민보단원과 대조적인 모습이었다.[38]

충남 아산에서도 부역 혐의 민간인에 대해 광기어린 학살이 벌어졌다. 이 사건은 1951년 '9·28 수복' 이후 치안대가 조직되고 온양경찰이 복귀하면서 본격적으로 시작되었는데, 무차별적인 부역 학살 광풍으로 확대된 것은 1951년 '1·4 후퇴' 시기였다. 집단 처형 장소들이 늘어났고, 피해 규모도 크게 확대되었다. 무엇보다 여성과 노인은 물론 갓난아이를 포함한 어린이까지, 말 그대로 일가족 전체를 몰살시키는 방식으로 진행되었다. 심지어 때려서 죽이고 생매장하는 그야말로 참혹한 상황도 발생했다. 이런 지옥도를 만들었던 이유는 일차적으로 부역자 낙인이었고, 부역 여부와 상관없이 그 가족들도 집어삼켰다. 일가족 몰살이라는 참변을 막기 위해 변호하던 친지와 그 가족들도 피해갈 수 없었다. 경찰 및 민간인 가해자들의 사적인 원한과 보복 감정, 기회주의적이고 사사로운 욕망도 끼어들었다. 그 감정과 원한은 이전의 신분과 지주−소작 계급 관계 간 갈등이나 마을 내 주민들 간 갈등에서 비롯된 것이기도 했다. 경찰은 이런 갈등을 부추기면서 우익 치안대와 청년 단체를 절대적으로 비호했고 잔인한 대량 폭력을 활용하는 방식으로 질서를 유지하려 했다. 이념적인 좌우 대립은 이런 끔찍한 상황을 야기한 하나의 갈등 축에 불과했다.[39]

민간인 사회 집단들의 타자화

분류와 낙인

누가 우리 편이고 누가 그들 편인지 구분하고 분류하는 것이 타자화의 시작이다. 제노사이드의 경우 타자화는 단순히 배제하고 표적 집단을 결정하는 것에서 그치지 않는다. 한걸음 더 나아가 '도덕적 의무의 세계'[40]에 대한 경계를 규정한다. 이 의무는 우리 편에게만 지키면 되고, 그들에게는 지킬 필요가 없다. 의무의 세계 밖에 있는 그들을 공격하는 것은 정상적인 질서를 위반하는 것이 아니므로 폭력 행위가 발생하더라도 책임을 질 필요가 없다. 그 행위가 잔인한 학살일 경우에도 격려되고 업적에 따라 보상까지 받았다.[41] 이러한 인식이 우리와 그들, 내부 집단과 외부 집단 사이의 경계짓기와 분류에 전제되어 있다.

경계짓기는 차별화로 발전하는데, 이데올로기, 외부 집단에 대한 부정적 인식과 태도가 낙인으로 심화되면서 뒤이어 전개될 폭력의 토대가 된다. 경계짓기와 분류 과정에서 정권들은 특정 민간인 사회 집단들을 차별과 배제의 대상으로 설정하고, 그 집단들에 대한 극도의 부정적인 특징들을 쏟아내며, 끊임없는 비난과 악의적인 선전선동을 퍼붓는다.[42]

차별과 배제의 경계는 지속적으로 재창조된다. 그들이 누구인지는 한 번의 결정으로 끝나는 것이 아니라 사건이 전개되면서 계속 재조정된다. 그 기준도 이분법적인 것이 아니라 여러 요인들에 의해 복합적으로 결정된다. 고정된 그들이 있는 것이 아니라 그들의 범위를 지속적으로 만드는 것이다. 우리와 그들, 내부 집단과 외부 집단의 경계짓기가 권위에 의해 정당화되고, 도덕적 의무의 세계 밖에 있는 그들이 인간 이하의 존재로 인식되며, 그들을 적절히 처리하는 것이 조직의 정상적 업무로 간주된다. 경계짓기와 분류는 타자화의 시작이기도 하지만, 그들을 창조하는 과정에서 권위화, 비인간화, 일상화가 동반되면서 경계짓기가 재창조되기도 한다. 베트남전쟁의 경우 군 지휘관은 마을을 '적성 지역', '의심 지역', '후원 지역' 등으로 나누어 우리와 그들의 경계를 만들었다. 명령을 수행하는 병사들은 최고 권위에 의해 규정된 경계이므로 그 마을이 정말 적성 지역인가 하는 것을 문제삼을 필요가 없었고, 단지 적성 지역을 얼마나 파괴하느냐 하는 전과에 주력했다. 적 지역으로 간주된 마을과 주민들이 우리의 도덕적 의무의 세계 밖에 위치하게 되면서 마을 주민들을 대량 학살하는 기반이 마련되었다.[43]

제주 4·3 사건에서 미군정과 이승만 정권, 그리고 토벌대(군인, 경찰, 서북청년단)가 타자화했던 그들은 누구인가? 그들은 '폭동'을 일으킨 '폭도'이고, 폭도 협력자로 규정되었다. 사건 초기만 해도 '순진한 도민'은 그들 편이 아닌 존재로 분류했다. 그런데 토벌대는 폭도인지 아닌지를 행위만이 아니라 사상으로도 판별했다. 공산주의 사상이나 남로당 및 좌익 성향의 단체 성원들은 그들로 분류되었다. 토벌대에게 그들은 '천인공노할 만행'을 일삼는 '악렬분자', '백정', '붉은 개' 등으로 낙인찍혔다. 이런 그들과 분명히 구별되는 '양민'이라는 존재가 가능할까? 토벌대는 일찍부터 '무고한 도민'과 폭도의 구별이 어렵다는 사실을 인지하고 있었다. 폭도 혐의자를 젊은이에서부터 찾고 남자는 무턱대고 매질했는데, 그들을 확실히 분류할 수 없는 상황에서 비슷하다고 보고 배제한 것이었다. 초토화 작전이 본격적으로 전개되었던 시기에는 중산간 마을 지역 전체가 적 지역으로, 남아 있는 주민은 무조건 '폭도'로 규정되었다. 확실한 우리 편이 아니면 적으로 간주되었다. 어린이들과 노인들까지 첩자로 몰릴 수 있다는 공포가 지역을 휩쓸었다. 토벌대의 경계 안으로 소개된 중산간 출신 주민들과 심지어 해안 마을 주민들조차 폭도로 인식되고 대량 학살의 대상이 되었다.[44]

한국전쟁 때 이승만 정권의 '부역자 처리'에서 우리와 그들의 분류와 낙인은 법의 외양을 하고 진행된 국가폭력의 양상을 띠고 있었다. 부역은 국가에 반역이 되는 일에 동조하거나 가담한 행위를 말한다. 처음으로 '부역'을 법률적으로 정의한 부역 행위 특별처리법과 사형 금지법(1950. 12. 1. 공포)에서도 '부역자'는 "역도에게 협력한 자"로 기술하고 있다. 문제는 어떤 행위가 역도에게 협력한 행위인지 판단할 수 있는 기준이 법적으로 제시되지 않았다는 점이다. 이임하에 따르면, 자발성이냐 비자발성이냐도 부역의 기준이 되지 못했다. 심판자가 역도에게 도움을 주었다고 일방적으로 판단하기만 해도 부역자로 간주되었다. 이러한 부역 행위 규정의 자의성, 모호성, 불특정성은 그대로 부역자 처리의 잔혹성으로 재현될 수밖에 없었다.[45]

이승만 정권의 부역자 심사와 처벌의 법적 토대는 대통령 긴급명령이었다. 긴급명령 제1호 비상사태하 범죄처벌에 관한 특별조치령(1950. 6. 25. 공포)은 단 한 번의 재판만으로 증거 설명도 생략한 채 부역 혐의자를 사형 또는 중형에 처할 수 있어서 적극 활용되었다. 긴급명령 제5호 계엄하 군사재판에 관한 특별조치령(1950. 7. 26. 공포)도 마찬가지였다. 감당할 수 없을 정도로 급증하는 부역 혐의자에 대한 군사재판을 신속하고 간략하게 처리하기 위해 민간법원의 판·검사를 활용할 수 있게 했다. 이들 명령은 제헌헌법 제57조가 규정한 긴급명령 제정과 공포의 절차와 형식도 어긴 것이어서 위헌적이었지만 수많은 무고한 국민들을 감금하고 처형하는 근거가 되었다.[46]

긴급명령 제9호 비상시 향토방위령(1950. 8. 4. 공포)은 우익 청년 단체를 중심으로 구성된 마을 단위의 자위대가 인민군과 공비, "기타 이에 협력하는 자"를 체포할 수 있도록 규정하고 있다. 우익 민간 단체에게 전시 체포 권한을 부여한 것이다. 자위대나 치안대가 임의적으로 즉결 처형 형식으로 대량 학살을 자행할 수 있었던 것도 향토방위령을 제멋대로 활용했기 때문이다. 심지어 치안대원들의 사적 원한과 보복, 욕망 등이 여기저기 참극을 만들기도 했는데, 법은 이 사적 폭력들을 방조하고 묵인했다.

긴급명령 같은 국가긴급권 조치들은 국회가 사후적으로도 통제할 수 없는 무소불위의 전권이었다. 비상사태라는 미명하에 국민의 기본권을 유린한 법제화된 국가폭력이었다. 국회는 이를 견제하기 위해 부역 행위 특별 처리법을 제정했다. 부역 행위 처리에 신중을 기하고 극단적 처벌을 감면하도록 조치한 것이었다. 국회는 전국 곳곳에서 부역자 학살의 서막이 올랐던 1950년 9월 29일에 이 법을 제정했지만, 이승만 정권은 그 긴급성에도 불구하고 12월 1일이 되어서야 공포했다. 무분별한 사형을 금지하고 민심을 안정시키기 위해 국회가 제정한 사형금지법도 마찬가지였다. 국회가 국민의 안전은커녕 스스로의 안전마저 도모할 수 없는 지경에 처하는 일까지 벌어졌다.

서울에서는 전쟁 초기 강을 건너고 한강 다리를 끊은 후 도망간 자들('도강파')이 '수복' 이후 기세등등하게 돌아와서 서울에 남겨진 시민들('잔류파')을 심판 처단하겠다고 나섰다. 군·검·경 합동수사본부가 설치되었다. 합동수사본부는 자치대와 치안대, 경찰과 헌병이 체포한 부역자들을 3등급으로 분류해 처리했다. A등급은 군법회의 송치, B등급은 보완조사 후 송치 또는 석방, C등급은 훈방이었는데, 이는 표면적인 방침에 불과했다. 당시 경찰 문서들을 보면, 실제로는 A등급은 즉결 처형, B등급은 재판 송치, C등급은 보류 또는 훈방이었다. 진화위 조사에 따르면, 이런 분류 작업은 형식적이었다. 부역(혐의)자 가족이면 전부 빨갱이로 몰아 연행하여 취조하고 경찰서장 또는 지서장의 승인 아래 즉결 처형하는 경우가 많았다. 경찰은 미성년자를 집단 처형한 범죄 사실을 은폐하려 했다. 이는 경찰 스스로 불법성을 인식했음을 의미한다.[47]

빨갱이 낙인에 대한 공포는 부역 혐의 처벌 광풍에서 살아남은 사람들의 '자기 증명 수기'들을 통해 확산되었다. 흥미로운 점은 이것이 미국 군학복합체military academic complex의 프로젝트로 진행되었고, 그것이 전 지구적 사상심리전으로 전개되었다는 사실이다. 이 프로젝트는 미 공군 산하 맥스웰 공군대학교 인적자원연구소HRRI의 의뢰로 시작되었고, 미 공군 참모총장 반덴버그 장군과 극동군 사령관 스트레이트마이어 장군이 재가했다. 윌버 슈람Wilbur Schramm 교수와 존 라일리John W. Riley 교수 등 연구팀은 도강파에 의한 부역자 처벌 광풍이 몰아치는 상황에서 잔류파 지식인·문화인이 스스로 북한에 자발적으로 협력하지 않았음을 증명하기 위해 출간한 《고난의 90일》(1950년 11월 27일 출간), 《나는 이렇게 살았다》(12월 1일 출간)

를 주목했다. 그리고 두 수기에서 3개월 동안의 "공산 지배의 만행과 참상"을 목격 체험한 지도층 인사 11명의 이야기를 뽑아 각색한 후《빨갱이가 도시를 점령하다*The Reds Take a City*》를 미국에서 영어판으로 출간했다. 그 후 자유 진영의 여러 지역과 국가에 번역 전파했다. 1953년에는 이탈리어판과 중국어판이, 1957년에는 스페인어판과 포르투칼어판이 라틴아메리카에서 출판되었다.

미국 중앙정보국CIA은 '악의 축' 소련의 만행을 선전하고 사회당과 공산당의 분열을 꾀하는 심리전을 전개하면서 소비에트 체제에 대한 진보적 지식인의 환멸을 증폭시키는 문화냉전 사업을 해왔는데, 이 책은 그런 맥락에서 안성맞춤으로 활용되었다. "빨갱이가 판치는 세상"에 대한 공포의 원체험과 냉전적 지식이 한국에서 자유세계로 발신되었다. 냉전 공포의 원체험과 지식은 자유 진영의 상상적 공동체의 형성과 윤리, 그리고 정체성 내용의 주재료가 되었다. 그런데 실제 그 공포의 정체는 빨갱이 만행이 판치는 현실에서 기인한 것이었을까? 그보다는 빨갱이 부역자 낙인에 대한 공포가 더 깔려 있지 않았을까? 빨갱이 점령으로 오염된 공간에 있던 사람들은 지위고하를 막론하고 오염되지 않았음을 필사적으로 자기 증명해야 했다. 그렇게 해야 물리적·사회적 죽음의 문턱에서 돌아올 수 있었기 때문이다.[48]

상징화

상징화는 외부 집단으로 분류되고 낙인찍힌 민간인 사회 집단들을 구체적인 사회적 표지를 통해 차별화하는 것을 의미한다. 외부 집단들을 낙인찍는 혐오적인 명칭과 의복, 노란별, 신분증, 각종 증서 발급 등이 대표적인 상징화 사례이다.

한국에서 신분증은 공산주의자들과 비공산주의자들을 구분하기 위한 표지였다. 제주 4·3 사건 당시 토벌대는 중산간 주민들을 해안 마을로 소개하고 적일 수도 있는 주민을 구분하기 위해 양민증, 석방증, 통행증 등을 발급했다. 우리 편 여부를 문서로 자기 증명하도록 했다. 양민증은 '완전히 양민으로 인정된 자'에게 주는 교부증으로 1948년 5월 하순부터 발급되기 시작했다. 이와 달리 석방증은 경찰서에 수감된 적 있는 사람에게 발급된 것이다. 석방증 소유자는 이미 혐의가 없어졌거나 처벌을 받았음에도 잠재적 적으로 의심받는 상황에 처해 있었다.[49]

1949년 10월 1일부터는 빨치산 토벌 지역에 "반국가사상을 가진 자로부터 양민을 보호하기 위해" 양민증을 발급했다. 전라남도 화순군에서는 "발악적인 공산도배"와 구별하기 위해 국민증을 발급했고, 경상북도에서는 폭도와 구별하기 위해 도민증을 발급했다. 이것들은 모든 주민이 아닌 신원조회를 거친 자에 한해서 발급되었다. 도민증에는 월별 검인란이 있었는데, 정기 검인을 통해 사상 검열이 이루어졌다. 도민증은 주민에 대한 사상 검열을 통해 공산주의 사상을 가진 자를 가려서 대한민국 국민이라는 경계로부터 배제시키기 위한 조치였다. 도민증을 통한 사상 검열은 한 번으로 끝내지 않고 정기적으로 반복했다. 주민들을 '양민'과 '불순분자'로 구분하고, 불순분자에 대한 끊임없는 배제를 통해 반공국민 정체성을 강화했다.[50]

국민보도연맹의 맹원들은 도민증을 발급받지 못했고, 대신 보도연맹원 맹원증을 받았다. 보도연맹 사건 피해자 유가족의 진술에 따르면, 차표를 살 때도 도민증 대신 맹원증을 제시해야 했고, 맹원증으로는 먼 지역으로 이동할 수 없었다. 진화위 조사에서 한 경찰 참고인(충북 충주경찰서 동량지서 근무)의 진술에 따르면, 맹원증과 보도연맹원 수첩을 경찰지서에서 발급한 경우도 있는데, 좌익 활동을 한 맹원의 신분증에는 지서 도장을 거꾸로 찍고 그렇지 않은 맹원의 경우 도장을 제대로 찍어 배포했다고 한다. 보도연맹원은 다른 사람과 구별되게 밀짚모자의 뚜껑을 떼어서 쓰고 다녔다는 진술도 있다.[51] 보도연맹원증은 전향자 증명서이면서 일종의 '요시찰인' 증명서, 더 나아가 '불순분자'의 상징이었다.

요시찰인과 불순분자는 어떤 사람들인가? 경찰의 인식에서 이 둘은 국가보안법 위반으로 법정에서 형 집행유예를 받았거나 가출옥, 만기석방된 자만을 의미한 것은 아니다. (사상) 검찰의 기소 단계에서 '개전의 정'을 보여 기소유예/공소보류 처분을 받았거나 그 전에 경찰에 의해 검거되었다가 석방된 자까지 포함되었다. 이것은 보도연맹 가입 조건이기도 했다. 그리고 보도연맹에는 국가보안법 위반자가 아니어도 다양한 배경과 이유로 자진/강제 가입한 사람들도 상당히 많았다는 점을 고려하면, 이 불순분자의 경계는 모호하고 열려 있었고 임의적이고 자의적이었다.

사실 국민보도연맹 자체가 정부가 조직한 반공 관변 단체였다. 초기에는 전향자들이 중심이 된 전향자 단체로 출발했지만, 전국 조직으로 성장하는 과정에서 다양한 '성분'의 사람들이 대거 들어왔고, 시간이 갈수록 공산주의를 타도하고 반공국민이 되는 목표를 내건 대중동원 단체로 변해갔다. 보도연맹원들은 위장 전향한 극소수를 제외하면 스스로 반공애국자로 자부해왔다. 그럼에도 경찰은 보도연맹원들이 진정으로 사상 전향을 했는지 끊임없이 의심하면서 요시찰인으로 다루고 감시하고 통제했다. 이런 이유로 보도연맹원들은 반공국민을 증명하는 도민증을 받지 못했다.

한국전쟁 때에는 보도연맹원 맹원증이나 수첩이 '골'로 가는 증명서였다. 이승만 정권의 첫 피란민 대책 조치는 피란민 구호가 아니라 피란민 속에

숨어 있는 불순분자 색출이었다. 피란민 검문 중 보도연맹원이 발견되면, 따로 끌고 가 죽였다. 청주시장을 역임했던 홍원길은 보은으로 피란 가는 길에서 겪었던 일을 다음과 같이 회고한다.

느닷없이 군정보기관원들이 와서는 피란민 속에 5열이 끼어 있지나 않나 해서일까, 면밀한 수색을 하는 것이었다. 이 바람에 홍관의 군 양복주머니에서 **보련 간사장이던 신형식 명함**이 나오고 **메모용지**(32절 편지)가 발견되자 **보련 맹원으로 단정하고서는 총살해야겠다**고 하면서 연행하려고 하는데도 많은 사람 중 누구 하나 참견하는 사람이 없었다. …… "생사람 잡지 마시오. 이 사람은 신문기자라서 신분고하를 막론하고 접촉할 수 있는 사람이니 누구의 명함인들 없겠소" 하고 따지며 신원을 책임지겠다고 하는데도 부득부득 조사하겠다고 하며 연행하여 갈 때, …… 대위 계급의 책임자가 와서 대화가 되었다. "귀관은 전시하 언론의 사명을 몰라서 **보련 숙청에 혈안이 되었다**하기로서니 옥석구분을 못하는 게냐. …… 난세라 해서 이성을 잃어서야 되겠느냐"고 항변하였었다(강조는 인용자).[52]

비인간화와 젠더화

외부 집단의 타자화 과정은 민간인 사회 집단들의 성원을 인간 아닌 존재로, 즉 개인 정체성과 공동체 성원으로서의 인간이 아닌 존재로 여기게끔 한다. 타자화된 그들을 우리에게 위험한 존재인 것처럼 만들어 그들에 대한 학살이 우리를 지키기 위해 불가피한 것이었다고 합리화한다. 이로 인한 사회적 파괴는 결국 파국으로 귀결된다.

제주 4·3 사건에서 빨갱이는 공산주의자에서 점차 중산간 지역에 거주하는 주민들로, 중산간 마을뿐만 아니라 토벌대가 통제하는 해안 마을의 주민들로 확장되었다. 이는 붉은색의 선정성과 전염성의 침투라는 이미지를 섬 전체에 투영시킨 결과였다. 사상과 이념이 아니라 어떤 지역에 거주하는지가 빨갱이인지 아닌지를 판별하는 잣대로 기능했고, 이러한 의미 작용의 과정에서 제주도는 '빨갱이섬'(조병옥 미군정 경무부장), '작은 모스크바'(김재능 서북청년단 제주지부장)가 되었다. 제주도민은 이승만 정권과 반공국가의 정체성을 위협하는 적대적 '종자種子'로, 제주도민은 빨갱이 잡초로 국가라는 정원사에 의해 제거되어야 하는 대상으로 전락했다. 이러한 상황의 배후에는 인종적 증오와 버금가는 집단적 증오가 있었다. 집단적 증오는 피해자의 생존 가족들을 '빨갱이 종자'로 재현했다. 제주 4·3 사건의 피해 사례에서 흔히 볼 수 있는 대살代殺과 이후 '폭도 가족', 빨갱이 가족으로 생존자들을 고통스럽게 한 연좌제는 이를 잘 보여준다. 이러한 제주도민=빨갱이 종자는 1946년과 1947년의 '좌익=찬탁=민족반역자=비혈연'이라는 의미 순환의 연장선상에 놓여 있었다.[53]

이데올로기적 대립에 기반한 적대와 증오는 제주도민들을 지역화 및 종자화하는 방식으로 타자화했다. 이는 결국 가부장제적 인식에 기초한 젠더화된 폭력과 학살로 귀결되었다. 토벌대의 통제 밖에 있는 제주도민은 빨갱이로, 제주도민의 가족은 빨갱이 종자가 재생산되는 장소로 간주되었다. 부계 혈통에 기초한 가부장제적 인식의 연장에서 빨갱이 내지 폭도를 재생산한다고 여겨지는 여성(의 몸)은 폭력의 주요 대상이 되었다. 생존자들의 증언에서 확인되듯, 빨갱이 종자에 대한 폭력 수행자의 증오와 남성의 성적 판타지는 제주도 여성을 빨갱이 몸으로 재현했다. 이로 인해 여성(의 몸)은 정치권력과 국가폭력이 수행되는 장소가 되었다. 임신한 여성의 몸, 출산 중인 여성의 몸, 극단적으로 여성의 '성기'를 표적으로 가해졌던 잔인한 폭력 사례들은 명백히 성을 매개로 한 젠더화된 폭력이었다.[54]

김성례에 따르면, 입산자 또는 폭도 아내에 대한 성폭력은 비일비재했다. 경찰 출신이지만 입산했던 남성의 아내 사례를 보자. 이 여성은 입산자 가족으로 낙인찍히고 경찰(남편 친구)로부터 감시를 받았는데, 그 경찰과 정을 통하게 되었다. 그러자 이 사정을 알게 된 서북청년단원들이 그 둘을 끌어내 강제 성교시키고 여성의 성기에 수류탄을 넣어 폭파시켰다고 한다. 김성례는 당시 제주도에서는 여성의 몸이 폭력 행사의 전시장이자 폭력의 정치적 기술이 각인된 장소였고, 가족과 인척, 공동체와 같은 가부장적인 사회적 신체에 귀속되는 장소였다고 논한다. 여성의 순결과 정조는 개인의 것이 아니라 공동체라는 사회적 신체의 상징이 되었고 그 정체성의 보루가 되었다. 따라서 여성의 개인적 수치와 희생은 공동체 전체의 수치이며 희생이었다.[55] 제주 4·3 사건의 여성 피해자는 빨갱이 사냥의 희생자이자 가부장적 성폭력, 젠더화된 폭력의 희생자가 되는 이중의 고통을 겪어야 했다.

여순 사건에서는 빨갱이의 비인간화 담론이 신문 보도에서 공식적으로 재현되었다. 당시 신문 보도는 군 검열로, 그리고 기자와 신문사의 자기검열로 숱한 오보와 과장을 양산했다는 점을 전제할 필요가 있다. 당시 취재 기자들은 토벌대와 우익 인사들에게서 얻은 정보에만 의존해 기사를 작성했다. 기사는 반군과 '반도'의 잔악성과 죄악을 폭로하는 데 초점이 맞추어졌다. 사진도 마찬가지였다. 사진은 반군과 반도를 비인간적 존재나 살인마로 인식하게 만드는 시각적 특성이 두드러졌다.

이승만 정권은 신문 기사와 보도사진이 전달하는 정보만으로는 부족하다 여긴 것인지, 더 극적인 빨갱이의 비인간화, 악마화 재현을 위해 문인과 종교인들의 감성적·종교적 언어와 감수성을 이용했다. 바로 여순 사건 진압 후 이루어진 반란 실정 문인조사반의 진상 조사와 빨갱이 형상화 작업이었다. 문인조사반은 반군과 반도의 비인간적 악행을 고발하고 적개심을 불러일으키기 위해 선동적·선정적 용어들을 활용했다. '잔인무도'하고 '천인공노'할 '귀축', '짐승', '마귀' 같은 용어들이 난무했다.[56] 당시 동원된 문인의 상상력과 표현력은 종교적 선악 대립의 구도 안에서 더욱 극단화되었다. 악은 파괴되고 절멸되어야 하는 것이고, 빨갱이는 그렇게 죽여야만 하는 존재로 재현되었다.

성적 욕망과 폭력의 대상이 되는 빨갱이의 몸, 즉 선정적이고 유혹하는 빨갱이는 여순 사건에서도 재현되었다. 당시 국방부 발표와 신문을 통해 알려진 여수의 '여학생부대' 사례는 이를 잘 보여준다. 이 사례도 문인조사반에 참가했던 문인들이 짤막한 기사를 소설화하면서 여순 사건 하면 떠올려지는 주요 일화로 각색되었다. 당시 문인조사반이었던 소설가 박종화의 답사기 《남행록》에는 여학생들이 치마 속에 카빈총을 감추고 다니면서 국군 장교와 병사들을 유도해 죽였고, 그래서 여중생들을 잡아 고문했다는 이야기가 소개되어 있다.[57] 작가의 반공주의적 성적 판타지를 그대로 투영한 글이었다. 또 다른 버전의 이야기도 있다. "양 볼엔 불그레한 홍조마저 감돌고" "티 없이 맑고 청순한" 여중생이 진압 군인에게 접근해 물을 권하며 집으로 유도한 후 권총으로 쏘려고 했다는 것이다.[58]

'스커트 밑에 총을 감추고 접근하는 매혹적인 여성' 이야기는 일제 중일전쟁기 '여자 스파이' 이야기와 닮아 있다. 여성(여중생), 스커트(치마), 총은 성적인 은유이다. 성적 유혹을 코드로 하는 이런 선정적인 이야기 구조는 반공전선에서 흔하게 재현되었다. 이것은 단순한 팜므 파탈 이야기가 아니라 유혹하는 공산주의의 치명적 위험성을 경계하고, 유혹당하면 죽음에 이를 수 있다고 경고한다.[59] 김득중에 따르면, 이러한 이야기는 대한민국 군인이 공산주의에 대해 느꼈던 공포와 자기정체성 유지에 대한 공포를 상징적으로 표현한 것이다. 실제로 진압 군인들은 종종 '반란군'에 합류하기도 했고, 이러한 이유로 지휘관들은 진압 군인에 대한 반공 교육을 실시하고 군인들의 동태를 단속해야 했다.[60]

성적 판타지와 젠더화된 빨갱이 몸에 대한 적대는 반공주의 교육과 반공 문학·만화에서 반복되곤 했다. 이는 국민보도연맹 기관지 《애국자》 2호에 실린 웅초화(웅초 김규택의 만화)라는 삽화에서도 확인할 수 있다. 삽화를 보면, 스탈린이 크게 입을 벌리고 있고, 혀에 앉아 있는 젊은 여성이 야한 옷차림과 자세로 "들어오세요 한잔합시다"라고 말하며 두 남자를 유혹하고

국민보도연맹 기관지 《애국자》 2호에 실린 웅초화(웅초 김규택의 만화)라는 삽화.

있다. 이에 한 남자는 유혹에 넘어갔고, 다른 한 남자는 유혹에 넘어간 사람의 옷을 뒤로 당기며 만류하고 있다. 국민보도연맹 창설을 주도했던 반공검사 오제도도 유혹하는 공산주의를 단정한 화장, 조화된 곡선미, 몸과 걸음걸이, 애교 넘치는 웃음과 제스처 등으로 많은 남성들을 유혹하는 "미쓰 소비에트(S양)"로 재현했다.

여성의 몸을 문란하고 비윤리적이고 비인간적인 패륜과 같은 것으로 재현한 반공 포르노그라피는 공산주의에 대한 사회적 적대와 증오 감정을 고취시키고 대량 폭력으로 나아가게 했다. 반공주의가 극복하고 정복하고자 하는 대상을 여성의 몸으로 구체화한 것은 반공주의와 결합된 남성성의 강화로 이어졌다. 그리고 이는 다시 반공적인 정치권력과 국가의 정체성 강화를 정당화하는 기반으로 작용했다.

빨갱이가 인간 아닌 존재로 재현되는 극단에는 젠더화된 대량 폭력의 전개가 자리 잡고 있었다. 흥미로운 것은 한국에서 유혹하는 공산주의와 젠더화된 빨갱이 신체 및 사회 집단들을 정화하고 정복하려는 시도가 있었다는 사실이다. 공산주의 사상을 버린 전향자들을 대상으로 "사상에는 사상으로 맞서" 반공주의와 일민주의로 무장하여 공산주의자들을 색출하고 타파한다는 목표를 갖고 국민보도연맹을 창설한 것이다. 국민보도연맹은 '관제 빨갱이'가 양산되는 상황에서 자백과 '양심서'라는 장치를 통해 그들의 일부를 우리로, 타자화된 외부 집단의 일부를 내부 집단으로 끌어들이려 했다. 결성 1년 만에 30만 명을 넘어선 연맹원들은 전향하지 않은 빨갱이들을 소탕하며 반공국민이 되고자 했다. 전면전이 시작되기 직전인 1950년 6월 5일 보도연맹원 6,928명은 '탈맹' 심사라는 자기증명을 통해 잠시나마 목표를 달성한 듯했다. 하지만 전쟁은 모든 상황을 원위치로 돌려놓았다.

파괴와 부정

'내전 상태'와 국지적 학살

국지적 학살과 절멸은 말 그대로 물리적 학살이 벌어지는 상황이다. 학살 수행을 위한 구체적인 계획들이 수립되고, 타자화된 집단 성원들의 명부가 학살 명부로 전환된다. 무장 권력 집단들의 훈련과 이후 진행될 대량 학살 수행을 위해 일부 표적 집단이나 지역 자체를 선별해 본보기 케이스로 예비적 학살이 진행된다. 이 학살은 비상사태나 위기 예방 차원에서 이루어진다.

국지적 학살은 앞서 살펴본 무장 권력 조직들의 조직화 과정에서 우익 청년단이 미군정 경찰과의 공조하에 지방으로 확장하고 이에 따라 마을과 부락 단위에서 좌우 갈등이 격화되면서 시작되었다. 1947년 8월 미국 정보기관은 매일 평균 다섯 건의 마을 단위 좌우익 갈등과 이로 인한 사상자 발생 보고를 경찰로부터 받았다. 1946년 10월 항쟁 이후 전국 곳곳에서 산발적으로 발생한 민중항쟁에 대해 경찰과 우익 청년단은 정치적 반대자들을 억압하고 살해하면서 폭력적 진압을 일삼았다. 이는 이후 본격적인 대량 학살을 예비하는 것이었다. 제주 4·3 사건도 군정경찰 및 우익 청년단과 제주의 좌익 계열 정치 세력 간 갈등에서 벌어진 사건으로, 1947년 3·1절 경찰 발포 사건부터 시작되었다. 이러한 맥락에서 김태우는 제주에서의 대량 학살과 광범위한 사회적 파괴가 고립된 '빨갱이의 섬'에서 벌어진 특수한 광란극이 아니라, 해방 직후 한반도의 폭력적 상황의 연장선상에서 발생했다고 논의한다.[61]

제주 4·3 사건은 비슷한 시기 38선 이남에서 발생했던 지역 마을 및 부락 단위의 '작은 전투'와 살해 사건들과 달리 섬 전체를 대상으로 한 초토화 작전과 대량 학살로 귀결되었다. 제주도 인구의 10퍼센트인 약 3만 명이 학살되었고, 많은 중산간 지역의 마을들이 아예 사라져버려 주민들의 삶의 토대가 송두리째 뽑혔다. 삶의 방식과 문화에도 큰 변화를 가져왔다. 제주에서의 대량 폭력과 직접적인 관련이 있는 여순 사건에서도 여수 제14연대 '군인 봉기'와 지역민들의 봉기 합류로 인해 여수, 순천과 전남 동부 지역에 대한 군사 진압 작전이 무차별적으로 전개되었고, 약 1만 명으로 추정되는 지역 주민이 희생되었다. 희생자 대부분은 한국 군경에 의해 살해되었다.[62]

대한민국이라는 분단국가 수립을 주도한 이승만 정권은 1948년의 두 사건을 국가적 비상사태로 만들어 신생 반공국가의 정체성을 확립할 기회로 삼았다. 게다가 1948년 5·10 총선거가 제주 지역 선거구에서는 무산되었기 때문에 이승만 정권은 제주와 여수, 순천, 전남 동부 지역을 강력한 본보기로 삼고 국지적이고 예방적인 대량 학살을 벌였다.

전면전 개시와 '불순분자' 처리

북한의 개전으로 시작된 전면전은 모든 것을 파괴했다. 전쟁이라는 거대한 폭력은 전선에 있는 군인과 경찰보다 민간인들에게 더 광범위하고 잔인하게 가해졌다. 전쟁의 광풍이 휩쓸고 지나간 곳곳에서 광적인 민간인 대량 학살이 자행되었다. 전면전은 절멸로 이행하는 최종 방아쇠가 되었다.

절멸은 타자화된 집단들뿐만 아니라 그들에게 오염된 것으로 간주된 민간인 사회 집단들에 대한 물리적 대량 학살이 진행되는 단계다. 물리적·생물학적 살해가 광범위하게 이루어지는 것은 물론 삶의 사회적 토대들이 광범위하게 파괴된다. 내전의 격화와 전면전 발생은 절멸과 총체적인 파괴 진행을 수월하게 만든다. 타자화된 민간인 사회 집단들이 교전하는 상대적과 직접 연계된 존재로 간주되고, 그 결과 '절대적 적'으로 우선 처리되기 때문이다.

시작은 요시찰인과 보도연맹원을 '불순분자'로 인식하고 처리하는 것이었다. 경찰은 전면 남침을 확인한 상태에서 6월 25일 치안국장 장석윤의 이름으로 '전국 요시찰인 단속' 지시를 하달했다. 6월 29일과 30일에는 연이어 '불순분자 구속의 건'과 '불순분자 구속 처리의 건'을 하달했다. 보도연맹원 및 불순분자를 예비검속하라는 내용이었다. 장석윤은 7월 11일에도 재차 '불순분자 검거의 건'을 다시 각도 경찰국에 하달했다.

요시찰인, 보도연맹원, 불순분자 모두를 동일선상에 놓고 예비검속하라는 경찰 최고책임자 장석윤의 명령이 주목된다. 그는 "지난날의 경험에 비추어" 정부의 공식 결정이 있기 전에 자신의 판단만으로 예비검속을 지시했다고 회고한 바 있다.[63] 물론 그가 아니더라도 예비검속은 이루어졌겠지만, 그렇게 신속하고 빠른 시기에 가능하지는 않았을 것이다.

미국 정보보고서에서 '몬타나 장'으로 자주 언급되는 장석윤은 범상치 않은 인물이다. 정병준에 따르면, 그는 미국 중앙정보국 전신인 전략첩보국 OSS의 공작요원 출신으로 해방 직후에는 미군 971방첩대 파견대에서 근무했고, 정보·첩보·공작·정탐·사보타지 전문가였다. 이승만 대통령의 최측근 심복이었고, 경찰에 입문하기 전 철저하게 음지에서 활동했다. 그는 이승만의 사설 정보기관이었던 대한관찰부와 대한정치공작대를 사실상 이끈 지휘자였고, 그 사건들로 검찰에 기소된 상태에서도 1950년 6월 전쟁 직전 내무부 치안국장에 임명될 정도로 이승만의 두터운 신임을 받았다.[64]

6월 29일의 통첩은 장석윤이 전황을 살피며 북한군의 포위망을 뚫고 뒤늦게 서울을 탈출하자마자 하달한 것이다. 치안총수의 면모보다는 그의 이력대로 방첩과 특수공작의 전문가 같은 행태였다. 7월 11일의 통첩은 7월 8일 비상계엄 포고 이후에 재차 이루어진 것이었다. 모든 행정과 사법권을 계엄사령부가 갖는 비상계엄 상태에서 경찰 명령 계통만으로 재차 예비검속을 지시한 것은 그의 존재감을 느끼게 하는 일례다.

군에서는 육군 정보국과 방첩대가 전면에 나섰다. 전쟁이 터지자 방첩대는 내부의 적 처리를 자신의 업무로 간주하면서 적극적으로 나섰다. 6월 28일 육군 정보국장 장도영은 정보국 전력의 상당수를 눈앞의 적 인민군에 대한 정보·첩보 수집이 아니라 후방의 내부의 적, 잠재적 적의 색출과 소탕에 집중하도록 지시했다. 장도영은 구체적으로 "내려가면서 잔비 소탕을

미국 정보보고서에서 '몬타나 장'으로 자주 언급되는 장석윤은 범상치 않은 인물이다. 그는 1950년 6월 19일 내무부 치안국장에 임명되었다.

하고 숨어 있는 보도연맹원이나 후방을 교란시키는 적색분자를 색출하라"
는 특명을 하달했다. 이 지시는 사실상 보도연맹원과 불순분자의 예비검속
과 처리를 의미하는 것이었다. 법률상 군 정보기관의 수사 범위를 넘어서
는 불법적 월권 행사였지만, 전시를 이유로 그것을 자신의 배타적 고유 권
한으로 확립시켜나갔다.

   방첩대는 민간인 내부의 적에 대한 예비검속과 학살에 직접 나섰으며, 지
역에 따라서는 헌병과 경찰을 '손과 발'로 활용했다. 이 모든 것들이 계엄
선포 이전부터 진행되었던 것은 분명하다. 방첩대는 "좌익 계열이나 보도
연맹 관계자들"이 전시 적에 해당하기 때문에 아예 거추장스러운 법의 외
양을 벗어던지고 일단 척결에 나섰다. 그러면서 전시 초법적 권능을 스스
로 창출해나갔다. 1950년 7월 8일 비상계엄 선포 이후에는 계엄사령부가
육군본부 내에 편성되면서 정보국 방첩대 조직이 그대로 계엄사령부에 배
속되었다. 직제와 업무 분장으로만 보면 방첩대는 민간인에 관한 업무를
둘러싸고 계엄 민사부와 갈등을 일으킬 소지가 다분했다. 하지만 어찌된
일인지 피란민 등 민간인 '불순분자' 심사와 보도연맹원 등 사상범 처리에
대해서만큼은 방첩대의 배타적 권한이 인정되었다.[65]

   경찰의 예비검속은 좌익계 전력이 있는 핵심 요시찰인들을 대상으로 삼
았다. 보도연맹원의 예비검속에서 강제 연행보다 더 일반적이었던 것은 '소
집' 방식이었다. 연맹원은 평상시에도 교육과 훈련 소집이 자주 있었기에
거의 아무런 의심 없이 경찰의 소집 지시에 자발적으로 응했다. 일상에서
해왔던 대로 종이 울려 소집에 응하기도 했고, 논밭으로 찾아온 경찰, 이
장, 구장과 함께 가기도 했다. 하지만 그 길로 경찰서나 지서 유치장, 면사
무소 창고, 형무소 등에 구금되었다. 소집이라는 일상의 규율화된 실천이

구금으로 이어진 것이다.

예비검속은 경기 남부(시흥 이남), 서부(인천), 강원 영서(춘천)에서 시작되었다. 북한군의 진군으로 빠르게 남하하는 전선과 가까웠기 때문에 그들은 심사와 분류 없이 예비검속 후 곧바로 학살되는 경우가 많았다. 경찰은 군과 함께 예비검속자들을 관내 야산, 골짜기, 고개 등지에서 학살했다. 너무 급박한 나머지 경찰서 유치장에서 학살하기도 했다.

예비검속자 심사와 분류는 충청 지역에서부터 이루어졌다. 경찰은 예비검속자들을 심사한 후 A·B·C 또는 갑·을·병 등급으로 분류하고 각각 처형, 선별 처리, 관리나 석방 판정을 내리고 집행했다. 심사와 분류의 주체는 일차적으로 경찰 사찰계가 주도했고 경찰서장이 최종 판정을 내리는 방식이었다. 육군 방첩대와 헌병대가 함께 있을 경우에는 방첩대가 최종 권한을 가졌다.

전쟁 직후 전개된 보도연맹원 및 예비검속자 대량 학살은 북한군의 진군 속도와 범위에 따라 지역별로 상이한 시기에, 상이한 장소에서 진행되었다. 대체로 네 가지 양상과 특징이 보인다. 첫째, 정권 최상부로부터 명시적인 학살 명령이 하달되었고, 그 결과 학살은 전국에 걸쳐 조직적·체계적으로 전개되었다. 둘째, 1950년대 7월 초부터 형무소 소재 지역의 경우 보도연맹원 학살과 형무소 정치범 재소자 학살이 함께 진행되었다. 셋째, 피란지에서도 피란민 검문·심사를 통해 색출한 보도연맹원 학살이 비일비재하게 일어났다. 이승만 정부가 피란민 문제에 대해 취한 첫 조치는 7월 10일 '피란민 분산에 관한 통첩'이었다. 그런데 이것은 피란민 구호 대책이 아니라 피란민을 가장한 불순분자와 보도연맹원을 색출하라는 조치였다. 넷째, 대구 이남의 후방 지역에서 보도연맹원 예비검속과 학살은 9월 중순까지

약 80일 동안 계속, 수시로 이루어졌다.[66]

미군의 피란민 인식과 대량 폭력

개전 직후 미군에 의한 민간인 희생 사건의 피해 규모도 만만치 않다. 미군의 학살은 민간인 소개와 피란민 처리 과정에서 진행된 대량 학살과 미 공군과 해군의 폭격·포격에 의한 민간인 희생이 주를 이룬다.

개전 초기 한국 정부의 피란민 대책은 거의 전무했다. 미군의 피란민 인식과 대책은 더 말할 것도 없었다. 미군은 북한군과의 전투에서 연이어 패배하고 피아 식별이 어려워지자 '흰옷을 입은 피란민'을 적으로 적대하는 인식과 대책을 수립했다. 미군은 1950년 7월 25일 대구에서 공식 피란민 대책회의를 가졌고, 이에 근거해 미 8군 사령관 워커Walton H. Walker 중장은 "어떠한 피란민도 전선을 통과시키지 말라"는 지시를 각 부대 지휘관에게 하달했다. 피란민 검문소를 세우고 정한 지역으로 '통제된 이동'을 시키되 피란민에 대한 '치명적 무력' 사용을 승인한 것이었다.

이 방침은 노근리 사건의 발생 배경을 이룬다. 살길을 찾아 산속 깊은 마을인 임계리로 피난을 갔던 주곡리 주민들은 미 1기병사단의 통제된 이동 정책으로 소개되었지만, 정작 소개시킨 미군은 사라졌다. 황간을 향해 남쪽으로 이동 중이던 피란민들은 그 과정에서 미군의 기총 소사와 폭격을 당했고, 그 후 전투에서 패한 7기병연대 소속 병사들을 만났다. 결과는 비무장 민간인·피란민에 대한 일방적인 학살이었다.

피란민 사살과 관련된 명령은 민감한 사안이기 때문에 미군 장교들은 이 명령의 기록을 꺼려했다. 미군은 이 정책이 가혹하고 혐오스러운 전략이라는 사실을 알고 있었다. 무초 주한 미대사 역시 이 문제의 민감성과 이 문제

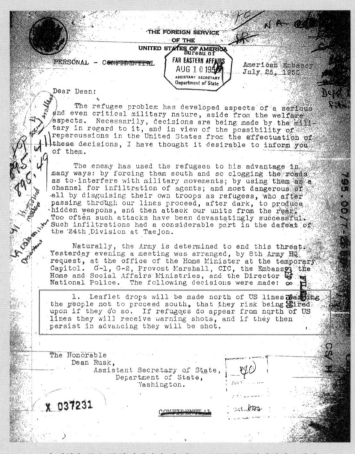

THE FOREIGN SERVICE
OF THE
UNITED STATES OF AMERICA
Bureau of
PERSONAL - CONFIDENTIAL FAR EASTERN AFFAIRS American Embassy
AUG 10 1950 July 26, 1950
ASSISTANT SECRETARY
Department of State

Dear Dean:

    The refugee problem has developed aspects of a serious
and even critical military nature, aside from the welfare
aspects. Necessarily, decisions are being made by the mili-
tary in regard to it, and in view of the possibility of
repercussions in the United States from the effectuation of
these decisions, I have thought it desirable to inform you
of them.

    The enemy has used the refugees to his advantage in
many ways: by forcing them south and so clogging the roads
as to interfere with military movements; by using them as a
channel for infiltration of agents; and most dangerous of
all by disguising their own troops as refugees, who after
passing through our lines proceed, after dark, to produce
hidden weapons, and then attack our units from the rear.
Too often such attacks have been devastatingly successful.
Such infiltrations had a considerable part in the defeat of
the 24th Division at Taejon.

    Naturally, the Army is determined to end this threat.
Yesterday evening a meeting was arranged, by 8th Army HQ
request, at the office of the Home Minister at the temporary
Capitol. G-1, G-2, Provost Marshall, CIC, the Embassy, the
Home and Social Affairs Ministries, and the Director of
National Police. The following decisions were made:

    1. Leaflet drops will be made north of US lines warning
the people not to proceed south, that they risk being fired
upon if they do so. If refugees do appear from north of US
lines they will receive warning shots, and if they then
persist in advancing they will be shot.

    The Honorable
        Dean Rusk,
            Assistant Secretary of State,
                Department of State,
                    Washington.

X 037231   CONFIDENTIAL

이 서한은 무초 주한미대사가 딘 러스크 국무부 동북아차관보에게
보낸 것으로, 7월 25일의 피란민 대책회의 내용을 보고하고 있다.
표시가 된 부분은 피란민 사살 명령 관련 내용이다.

가 일으킬 수 있는 파장을 이해했다.[67]

1950년 7월 19일 미 25사단 작전 부참모관실은 "적이 여성과 아이를 동반해 아군의 후방을 침투하기 때문에 전투 지역에 있는 한국인을 적으로 간주하고 '적절한 행동'을 해야 한다"고 보고했다. 이에 미 25사단장 킨William Kean 소장은 전투 지역 내 모든 민간인을 적으로 간주하여 사살하라고 지시했다. 7월 25일에는 미 5공군의 대구 전방지휘본부 작전참모부장 로저스C. Rogers 대령이 5공군 사령관 팀버레이크E. L. Timberlake 준장에게 '민간인, 피란민 기총 공격에 대한 정책'이라는 메모를 보냈다. "육군이 아군 위치로 접근하는 모든 민간인, 피란민들을 향해 기총 소사할 것을 공군에 요청했고, 지금까지 공군은 이 요청에 응했다"고 보고하면서 "이 문제는 미 공군과 미국 정부를 곤혹스럽게 할 소지가 크기 때문에 북한군이 피란민 행렬에 포함되어 있거나 피란민이 적대 행위를 했다는 명확한 증거가 없는 한 피란민에 대한 공중 공격을 금지하는 정책을 수립할 것"을 제안했다.[68] 8월에 이르면 피란민에 대한 미군의 발포 명령은 통상적인 것이 되었다. 얼마나 많은 비무장 민간인들과 피란민들이 미 8군의 피란민 통제정책으로 학살되었는지 정확히 확인할 수 없지만, 상당한 피해를 입었음은 틀림없는 사실이다.

미군의 맹목적인 공중 폭격으로 인한 민간인과 피란민의 집단 희생도 많이 발생했다. 8월 2일 경남 사천 조장리 폭격, 16일 경북 왜관 폭격, 포항 흥안리와 북송리 폭격, 20일 경남 함안 장지리 폭격 등 8월에서 9월 낙동강 방어선 인근 경상도 지역에서 다수의 민간인과 피란민이 희생되었다. 수백에서 수천 명 피란민들이 한자리에 모여 있다가 폭격을 당했기 때문에 인명 피해가 컸다. 경북 왜관 폭격을 보자. 8월 16일, 미 공군 B29 98대가 26

분간 960톤의 폭탄을 왜관 지역에 쏟아부었다. 맥아더 장군의 '융단 폭격' 지시에 따라 다소 회의적이던 미 공군 수뇌부가 가로 5.6킬로미터, 세로 12 킬로미터 직사각형 구역에 3,084발을 쏟아내는 고공 '맹목 폭격'을 강행한 것이다. 백선엽 장군의 표현을 빌리면, "그 지역은 말 그대로 쑥대밭이 되었다. 미군 폭격 뒤 10년 동안 풀이 제대로 자라지 않을" 정도였다. 폭격이 이루어진 장소는 시무실과 사창 마을로 각각 70가구 60가구의 민가들로 구성된 촌락이었다. 인근에 피란민도 많았다. 마을 주민 131명과 그 이상의 피란민들이 불바다에 휩싸인 채 사라졌다.[69] 이것이 도시와 농촌, 주요 역과 조차장, 작전 지역에 대한 융단 폭격 신화의 실체다.

융단 폭격뿐만이 아니다. 미 공군은 지상군 근접지원 작전 과정에서 여러 차례 흰옷을 입은 수많은 민간인들을 적으로 간주해 학살했다. 이러한 피해와 희생은 미군의 한국인 피란민 인식과 정책을 볼 때 결코 우연이거나 예외적인 것이 아니었다. 노근리 사건 보도로 퓰리처상을 수상한 AP기자들은 "미군이 지나간 곳은 민간인들의 주검과 초토화된 마을만 남아 있었다. 미군 폭격기들의 로켓과 네이팜탄으로 수많은 마을이 불탔다"는 사실이 미군 문서들의 발굴로 이미 입증되었다고 말한다.[70]

'부역자 처리'와 극단적인 대량 폭력

1950년 9·28 서울 수복 이후에는 이승만 정권의 '부역자 처리' 사건과 군경 토벌 작전으로 인한 민간인 희생 사건의 규모가 커졌고 압도적인 대량 폭력과 파괴의 양상을 띠고 있었다.

얼마나 많은 사람들이 부역 혐의자로 체포되었고 재판을 받았는지, 얼마나 많이 처형되었거나 징역을 살았거나 석방되었는지, 전모를 확인할 수 있는 종합적인 통계는 없다. 내무부 치안국이 1973년 발간한 《한국경찰사 1948. 8~1961. 5》에 한국전쟁 당시 체포되거나 자수해 처리된 부역자 총수가 55만 915명(검거 15만 3,825명, 자수 39만 7,090명)이라고 기술되어 있지만 이들 가운데 처형, 징역, 석방자 수가 얼마나 되는지 종합통계는 없다. 다만 주한미대사관이 미 국무부에 보낸 〈한국 정부의 부역자 처리에 관한 보고〉 문건에 1950년 11월 8일까지 서울과 인천 지역의 부역자 재판 결과 통계가 있어서 처리 양상과 규모를 추정해볼 수 있다.[71]

〈표 5-3〉에 따르면 민간법원에 비해 군법회의(군사재판)에서 사형을 선고한 비중이 압도적으로 높다. 이는 군법회의에서 비상사태하 범죄처벌에 관한 특별조치령보다 국방경비법을 적용한 결과였다. 국방경비법은 군 형법이라 민간인에게 적용해서는 안 되는 법이었지만, 제32조, 제33조 이적 행위와 간첩 행위를 한 "여하한 자"에 군인뿐 아니라 민간인도 포함시킬 수 있다고 유권 해석하여 무더기 사형 판결을 했다. 단심제 약식 군법회의에서 극형 판결이 신속하고 효율적으로 이루어질 수 있도록 의도한 결과였다.[72] 이에 대해 유엔한국통일부흥위원단UNCURK과 국제적십자회ICRC,

〈표 5-3〉 서울과 인천 지역의 부역자 재판 결과

	기결수					미결수	석방	총계
	사형	무기	10년 이상	10년 이하	무죄			
계엄고등군법회의	713	304	267	46	57			1,387
계엄중앙고등군법회의	232	28	221	170	154			805
민간재판	353	239	596	188	233	2,682	3,457	7,748
총계	1,298	571	1,084	404	444	2,682	3,457	9,940

영국과 미국 등 자유 진영 언론들의 비난과 항의가 쏟아지자, 이승만 정부는 부역자 집단 처형을 하지 않겠다고 밝히면서 사형이 선고된 기결수들을 무기징역으로 감형하는 조치를 취했다. 이와 별도로 감형령(대통령령 제426호)도 공포했다. 이 모든 조치는 부역 행위로 처벌되어야 할 사람들이 이승만 대통령의 "은혜로운 명령"으로 감형되거나 석방되었다는 식으로 선전되었다.[73]

그러나 그 '은혜'마저 일회용 생색내기에 불과했다. 부역 혐의자 희생 사건은 전국에서 벌어졌고, 지역에서는 끔찍한 양상으로 치달았다. 그 빙산의 일각을 1기 진화위 조사 및 진실 규명 결정에서 확인할 수 있다. 진화위는 2007년 하반기에 고양 부역 혐의 희생 사건을, 2008년에는 울진, 남양주 진접·진건면, 평택 청북면, 김포, 안동, 서산과 태안 부역 혐의 희생 사건을, 2009년에는 양평, 아산, 여주, 음성군 대소면 부역 혐의 희생 사건을, 2010년 상반기에는 충남 당진, 홍성, 서산, 예산, 금산, 논산, 보령, 부여, 서천, 연기, 천안 지역에서 발생한 부역 혐의 민간인 희생 사건을 조사하고 진실 규명을 결정했다.

또한 군경(토벌)에 의한 민간인 희생 사건 중 여러 지역에서 부역(혐의)자를 대상으로 집단 처형이 이루어졌음을 밝혔다. 1기 진화위가 2010년까지 조사해 희생자 신원을 직접 확인한 수가 2,929명이었고, 조사 지역에서의 희생자 규모를 약 2만 명으로 추정했다. 진화위 조사에서 가장 피해가 컸던 사건은 서산·태안 부역 혐의 희생 사건이었다. 희생자로 신원을 확인한 수만 977명이고, 여기에 경찰 기록 등을 근거로 희생 추정자 888명을 더해, 최소 1,865명의 민간인이 희생된 것으로 판단했다. 2020년 12월 시작된 2기 진화위도 군경에 의한 부역 혐의 민간인 희생 사건을 조사해왔고, 최근 전남 진도, 화순, 해남, 영암, 그리고 인천 강화와 경북 안동과 영양 지역에서 발생한 사건의 진실 규명을 결정했다.[74]

경기도 고양시에서는 1950년 10월 이후 금정굴에서만 태극단 등 우익 단체와 경찰에 의해 부역 혐의자 400여 명이 학살되었다. 김포에서도 김포경찰서에 구금된 부역 혐의자들이 학살되는 등 경찰과 치안대에 의해 600여 명이 희생된 것으로 추정된다. 남양주에서는 국군과 치안대가 100여 명을 살해했고, 양평에서는 청년방위대, 대한청년단 등 우익 단체와 경찰이 수백 명의 부역 혐의자들을 학살했다. 여주, 평택, 포천 등에서도 마찬가지였다. 강화도의 경우 강화치안대가 수사대를 조직해 부역 혐의자 수백 명을 임의 연행, 구금하고 심문했다. 이는 10월 10일 강화 경찰이 복귀한 후 더 가속화되었으며, 그 과정에서 많은 사람들이 희생되었다.[75]

충남 아산에서도 부역 혐의 민간인에 대한 광기어린 학살이 벌어졌다. 이 사건은 최근까지도 유해 발굴 작업이 이루어져 상당한 성과를 거두었고, 진화위 조사와 역사 연구도 진척을 보이고 있다. 이 사건은 1950년 9·28 수복 이후 국면과 1951년 1·4 후퇴 국면에서 두드러지게 발생했다. 1기 진화위는 2009년 상반기 충남 아산 지역 배방면 사건, 탕정면 사건, 염치면 사건, 선장면 사건, 신창면 사건의 진실 규명을 결정했다. 주요 내용은 1950년 9월 말부터 1951년 1월 초에 온양경찰서 및 각 지서 경찰과 치안대(대한청년단, 청년방위대, 향토방위대, 태극동맹)가 아산 주민들이 인민군 점령 시기에 부역했다면서 혐의 주민들은 물론 그 가족까지 적법한 절차 없이 온양경찰서, 탕정지서, 배방면사무소 창고(곡물창고 및 역전 창고) 등지에 감금했다가 배방면 성재산 방공호, 배방면 설화산 폐금광, 염치면 대동리(황골) 새지기 공동묘지, 염치면 산양1구(남산말) 방공호, 선장면 군덕리 쇠판

이골, 탕정면 용두리1구 뒷산 등지로 끌고 가서 집단 학살했다는 것이다. 진화위는 이 사건들의 희생자로 77명의 최종 신원을 확인했는데, 연령 미상 32명을 제외하고 가장 많은 희생자 연령은 10세 미만 14명이었다.[76] 그리고 신원이 확인되지 않았지만 최소 800여 명이 아산 부역 혐의 사건으로 희생되었을 것으로 추정했다.

　이 사건은 1950년 '9·28 수복' 이후 치안대가 조직되고 온양경찰이 복귀하면서 본격적으로 시작되었는데, 무차별적인 부역 학살 광풍으로 확대된 것은 1951년 '1·4 후퇴' 국면에서였다. 집단 처형 장소들이 늘어났고, 희생 규모도 크게 확대되었다. 무엇보다 여성과 노인은 물론 갓난아이를 포함한 어린이까지, 말 그대로 일가족 전체를 몰살시키는 방식으로 진행되었다. 심지어 때려서 죽이고 생매장하는 참혹한 상황도 발생했다. 이런 지옥도를 만든 이유는 일차적으로 부역자 낙인이었다. 그러나 부역 여부와 상관없이 그 가족들까지 학살의 구렁텅이로 굴러떨어졌다. 일가족 몰살이라는 참변을 막기 위해 변호하던 친지와 그 가족들도 피해갈 수 없었다. 경찰 및 민간인 가해자들의 사적인 원한과 보복 감정, 기회주의적이고 사사로운 욕망도 작용했다. 그 감정과 원한은 이전의 신분과 지주-소작 계급 간 갈등이나 마을 내 주민들 간 갈등에서 비롯된 것이기도 했다. 경찰이라는 국가권력은 이런 갈등을 부추기면서 우익 치안대를 절대적으로 비호했고 잔인한 대량 폭력을 활용하는 방식으로 질서를 유지하려 했다. 이념적인 좌우 대립은 이런 끔찍한 상황을 야기한 하나의 갈등 축에 불과했다.

군경 토벌과 산간 지역 주민들 삶의 초토화

다음으로 토벌 작전 중 군경이 민간인을 학살한 사건들이 있다. '9·28 수복'으로 전선이 북상하게 되자 이승만 정권은 영남과 호남의 빨치산(유격대) 토벌을 위해 1950년과 1951년에 국군 11사단과 8사단, 백야전전투사령부(이하 백야사)를 차례로 투입했다. 1950년 10월부터 1951년 4월까지 호남 지역은 11사단 예하 13연대와 20연대가, 영남 지역은 9연대가 맡아서 해당 지역의 빨치산(유격대)을 토벌했다. 당시 11사단과 예하 연대의 지휘부는 최덕신 사단장을 제외하면 대부분 일본군 출신이었다. 그들은 제주 4·3 사건과 여순 사건 등에서 토벌 작전을 지휘하면서 민간인 학살의 경험을 쌓았다.[77]

11월 말부터 9연대는 지리산 지역 토벌 작전을 전담했다. 주요 작전 지역은 산청, 함양, 거창 등지였다. 지리산 토벌 작전은 이른바 '견벽청야' 작전 개념에 의거해 이루어졌다. 작전은 산간 지역의 주민을 치안이 확보된 '안전지대'로 소개시킨 후 산간 지역 마을들을 소각하고 파괴하는 초토화 작전으로 진행되었다. 그런데 산간 마을 주민들의 소개는 작전 편의를 위주로 전개되었기 때문에 무조건적·무차별적으로 이루어졌고, 제주 4·3 사건 때 초토화 작전에서 벌어졌던 일들이 반복적으로 발생했다. 1951년 2월에는 9연대 3대대(한동석 대대장) 소속 군인들이 거창, 산청, 함양 등지에서 민간인 수백여 명을 학살하는 일이 벌어졌다. 사건이 당시 사회적으로 문제가 되면서 국회에서 진상조사에 나섰으나 곧바로 국방부의 거창합동조사단 방해 사건이 발생했다. 하지만 《뉴욕타임스》 등 외신 보도가 잇따르면서 이른바 '거창 사건 등'이 국내외적으로 알려지게 되었다.[78]

거창 사건처럼 잘 알려져 있지 않지만, 1951년 겨울부터 시작된 백야사의 토벌 작전으로 지리산 일대 주민들이 희생되고 삶의 토대가 파괴된 사건도 주목된다. 백야사는 미 8군 사령관 밴플리트 장군이 백선엽의 대게릴

라전 경험을 높이 사 작전 책임을 맡기면서 설치되었다. 기존 지리산 일대
의 빨치산 토벌을 맡고 있던 서남지구 전투사령부와 각급 경찰부대의 병력
에다가 최전방에 있던 국군 수도사단과 8사단을 합류시켜서 후방 작전에
투입했다. 미 고문단도 합류해 미 공군과 미 극동사령부 심리전 부대의 지
원을 받을 수 있도록 했다. 작전 목적은 "국내 공산유격대를 격멸 소탕하고
그들이 사용하는 물자와 보급품 일체를 파괴하는 것"이었고, 작전방식은
지리산을 포위한 3만여 병력이 산정을 향해 포위망을 좁혀 들어가면서 산
간 마을의 가옥과 시설을 모두 소각 파괴하고 빨치산들의 거점으로 활용될
수 없도록 하는 것이었다.[79]

　백야사는 1951년 12월 2일부터 1952년 3월 14일까지 총 네 차례에 걸쳐
토벌 작전을 전개했다. 1차 토벌 작전은 12월 2일 오전 6시부터 12월 14일
까지 전개되었다. 계엄을 선포한 후 지리산을 남북으로 나누고 수도사단은
남쪽에서, 8사단은 북쪽에서 '타격 부대'가 되어 지리산 산정을 향해 포위
망을 좁혀 들어가면서 토벌 작전을 벌였고, 나머지 예비대는 '저지 부대'가
되어 포위망을 빠져나오는 '공비'를 토벌했다. 산간 마을들이 작전 지역에
포함되어 공중 폭격과 기총 소사의 대상이 되기도 했다.[80]

　백선엽 회고에 따르면, 포위망이 좁혀지면서 곳곳에서 포로들이 수용소
로 끌려오기 시작했다. 포로는 "북한 정규군 출신과 남로당 출신의 입산자,
공비에 가담한 지역 출신자들"이었고, "나이는 10대부터 40대까지 분포되
었으며 …… 여자들도 상당수 섞여 있었다"[81]고 한다.

　당시 대규모 후방 토벌 작전이 전개되는 상황이었기 때문에 국내외 신문
기자들이 남원과 구례로 몰려왔고, 대서특필하기 시작했다. 군은 토벌 작
전의 경과와 전과를 언론에 알려야 했지만, 토벌 대상이 빨치산인지 지역

주민인지 의문이 제기될 만큼 포로로 잡혀오는 면면이 여성과 아이들 위주였다. 1차 토벌 작전의 전과는 "사살 940명, 생포 1,600명"이었다. 이에 대해 백선엽은 "주력이 아니라 말단 부대와 빨치산을 따라다녔던 부역자들을 사살하거나 생포하는 데 그쳐 기대에 미치지 못했다"고 평가했다.[82]

1952년 3월 14일 모든 토벌 작전이 완료됐다. 전과 기록은 기록마다 조금씩 상이하다. 전사편찬위원회가 발간한 《대비정규전사》(1988)는 4차 토벌 작전을 제외하고도 사살 7,737명, 생포 7,993명, 귀순 506명으로 기록했다. 백선엽은 회고에서 사살 5,009명, 생포 3,968명, 귀순 45명이라 했다. 진화위 2010년 상반기 조사보고서는 사살 6,606명, 포로 7,115명으로 집계했다. 이런 공식 통계치는 최소치일 것이다. 백선엽도 "실제 사살 및 포로는 추정 숫자를 훨씬 상회했다. 이는 공비들의 세력이 강력했고, 공비들에 포섭된 비무장 입산자도 많았음을 반증한다"[83]고 말했다. 하지만 그들 중 상당수는 피란민이었다.

빨치산을 완전 소탕하기 위해 지역 주민 삶의 터전에 계엄을 선포하고 비민(공비와 주민) 분리를 위해 마을을 파괴하며 빨치산을 놓치지 않기 위해 자국민 학살도 각오하겠다는 백선엽과 토벌대 수뇌부의 발상은 어디에서 비롯되었을까? 우선 미 군사고문단의 대민 인식과 역할을 들 수 있다. 안정애의 연구에 따르면, 전적으로 밴플리트가 백야사를 구성하고 작전 개요를 세웠다. 밴플리트는 2차 세계대전이 끝난 후 냉전의 최전선이던 그리스의 미 군사고문단 단장으로 부임해 공산 게릴라 토벌에 큰 공을 세운 게릴라전 전문가였다. 그런 그가 그리스에서 함께했던 윌리엄 도즈William Dodds 중령 등 60여 명의 고문 장교들을 백야사에 지원했다.[84]

미군의 게릴라 토벌방식 전수는 1948~1949년으로 거슬러 올라간다. 미군은 제주 4·3 사건과 여순 사건의 진압, 1949년의 빨치산 완전 토벌 여부를 이승만 정권의 생존 능력을 시험하는 '리트머스 시험지'로 간주했다. 이승만 정권이 국민당 정부의 재판이 되느냐, 아니면 미국의 봉쇄정책이 성공하느냐는 빨치산 완전 토벌에 달려 있다고 인식했다. 미 군사고문단은 토벌 작전 계획을 세우고 현장에서 감독했다. 한국군 정보국 고문이던 하우스만James H. Hausman과 리드John P. Reed 대위는 여순 진압 작전 계획을 주도적으로 세웠다. 1949년 초 지리산 토벌 작전의 고문이었던 그린피스 소령도 가능한 모든 수단을 동원한 소탕 작전을 입안했다. 이 작전에 마을 파괴와 무자비한 살상이 포함되었다. 미군의 적극적인 계획과 지원 아래 정일권이 지휘하는 토벌대가 여순 사건의 주동자 홍순석과 김지회 등을 사살하면서 토벌 작전을 마무리할 수 있었다.[85]

백선엽은 "마을을 모두 불태우는 초토화 작전"이 "적과 아군을 제대로 식별할 여유가 없을 때에는 빠른 진압을 위해 국군이 간혹 펼치곤 했던 극단적인 방법"이고 "빨치산과 관련이 없는 양민에게는 한순간에 가옥과 전 재산을 잃는 절망적인 일"[86]이라고 인정했다. 그럼에도 그는 1949~50년과 1951~52년에 진행했던 초토화 작전에 대해서는 부하 장교의 원한이나 잘못 등으로 치부하고, 지휘관으로서의 책임을 회피한다. 이는 백선엽 회고의 특징이기도 하다. 작전의 오류를 순순히 인정하는 대목에서 본인은 전지적 시점으로 숨어버린다. 동료와 부하의 잘못이고, 국군의 처지에서 보면 불행이지만 예외적인 것이라는 태도를 취한다.

백야사 작전참모였던 공국진 대령은 "당시 토벌 작전과 관련해 회한 서린 이야기"를 증언으로 남겼다. 지리산 주변 9개 군 주민들이 약 20만 명인데, 백선엽이 "이 안에 있는 것은 다 적"이라 말했다는 것이다. 이러한 인식이 깔린 토벌 작전으로 많은 아이와 여성들이 포로로 포획되어, 트럭에 실려 광주 포로수용소로 보내졌다. 공국진은 "그리 되면 아이든 부녀자든 다 얼어죽을 거다. 동족상잔하는 마당에 양민과 적은 가려서 취급해야 하지 않냐고 백선엽에게 항변했다"고 한다. 그는 "수많은 양민이 광주 포로수용소에서 반수 이상 죽었다"면서, "백성을 보호하면서 전투를 해야지 성과 위주로 하면 안 된다"고 했다.[87]

전쟁 동안 한국의 빨갱이, '불순분자' 색출과 민간인 대량 학살은 광범하고 철저했다. 한국의 공산주의자들은 말 그대로 인적으로 절멸되었다. 빨갱이 낙인과 오염 논리는 사람과 장소를 과도하게 초토화시켰고 억울한 피해자들을 무수히 양산했다. 김태우는 전쟁 동안 좌익 경력과 무관한 다수의 사람들이 빨갱이라는 비인간화된 정체성의 올가미에 묶여 죽음을 맞이해야 했고, 이로써 비국민을 완전히 청소하고 대한민국은 완연한 반공국가로 거듭날 수 있었다고 논의한다.[88]

부정

부정은 총체적인 파괴를 지시하고 수행한 집단이 대량 학살 사실을 부인하거나 공세적으로 정당화하는 것을 의미한다. 대량 학살로 목숨을 잃고 삶의 토대가 파괴된 상황에서도 살아남은 피해자 가족들은 생존을 위해 침묵해야 한다. 유족과 공동체는 죽은 자에 대한 사회적 애도를 할 기회조차 박탈된다. 반복되는 감시를 감내해야 했고, 억울한 죽음을 공식적으로 제기하거나 사회적으로 추모하면 끌려가서 고문 받고 투옥되기도 한다. 피해자에 대한 사회적 기억은 압살되고 공식 역사에서 완전히 배제된다.

한국에서도 학살과 삶의 토대들에 대한 대량 파괴 이후 그 사실을 부인하고 심지어 정당화하기까지 했다. 서중석은 이승만 정권 이후 계속된 극우 반공체제가 "학살을 매개로 하여 강력한 기반을 마련하였다"고 논의한다. 극우반공체제는 "학살, 테러, 감옥, 고문, 격리로부터 산출된 공포의 산물" 이었고, 학살의 기억을 억압하고 폭력을 휘두르며 스스로 강화해갔다는 것 이다.[89]

1950년대 이승만 정권의 '멸공' 반공주의는 극에 달했다. 거의 전 국민이 북진통일, 반공방일 노선 아래 휴전회담 반대운동, 중립화통일 반대운동, 재일교포 북송 반대운동 등에 동원되었다. 예컨대 학생들은 학도호국단을 통해 1953년 휴전회담 반대 궐기대회에 약 2개월간 8,000회 집회에 연인원 800만 명이 동원되었다. 1959년 재일교포 북송 반대 궐기대회에서는 약 1 년간 1만 회 집회에 연인원 1,700만 명이 동원되었다. 시위 궐기 현장에서 는 어김없이 "공산당을 타도하자", "공산당의 씨를 말리자", "공산당을 때 려죽이자" 같은 구호가 터져나왔다. 이런 분위기에서 학살 생존자 및 유족 들이 피해의 억울함을 호소하는 것은 불가능했다.[90]

1960년 4·19 혁명은 1950년대 내내 억눌렸던 목소리가 분출할 수 있는 공간을 열어주었다. 5월 11일 거창군 신원면에서는 거창 사건 진상 규명을 요구하는 유가족들이 당시 신원면장이었던 박영보를 살해하는 일이 발생 했다. 이 사건으로 그동안 금기시되어왔던 학살 문제가 수면 위로 떠올랐 다. 경상도를 중심으로 피해자 진상 규명을 요구하는 시·군 단위 지역별 유 족회가 조직되었고, 대구, 경북, 경주, 울산, 밀양, 양산, 동래, 김해(진영), 마산, 창원, 통영, 제주 등지에서 유해를 발굴하고 합동으로 장례를 치러 묘를 만들고 가해자의 법적 조치 등을 요구했다. 1960년 10월 20일 유족들 은 전국피학살자유족회를 결성했다. 결성대회 선언문에는 이승만 정권이 저지른 동족 대학살을 통탄하고 무덤도 없이 원혼이 된 희생자들을 위로하는 내용이 담겨 있었다. 전국유족회는 정부 측에 무법적 살인 지시 및 관련자 엄중 처단, 피학살자 명단 및 집행시일 장소 명시, 피학살자 유족에 대한 정치경찰 감시 해제, 피학살자 호적 정리, 피학살자 유족에게 국가 형사 보상금 지급, 합동위령제 및 위령비 건립 등 여섯 가지 요구 사항을 제시했다. 이와 별도로 유족회 자체로 현장조사와 유해 발굴, 합동 묘비 건립, 관련자 증언 청취 등 다양한 활동을 시도했다.[91]

전국유족회의 활발한 활동과 과거 집단 학살에 대한 언론 보도가 터져나오자 국회는 '양민 학살 사건' 진상 규명을 위한 결의안을 제안하고 통과시켰다. 국회 양민 학살 사건 진상규명 조사특별위원회(이하 조사특위)는 출신 지역과 정당을 고려해 9명의 조사특위 위원을 선임했다. 조사특위는 최천을 위원장으로 선출하고, 경남반, 경북반, 전남반으로 나누어 1950년 5월 31일~6월 10일까지 11일 동안 현지 조사를 했다. 그 결과는 6월 21일 제35회 임시회 42차 회의에 보고했다.[92] 이 보고에는 두 가지 주목할 만한 사실이 있다. 하나는 조사된 피해 사실을 집계하면서 추가 조사가 반드시 필요하다고 행정부에 건의했다는 점이다. 특히 "양민의 생명과 재산에 피해를 끼친 악질적 관련자의 엄중한 처단과 피해자에 대한 보상 제도를 설정하기 위하여 기존 법률에 의한 일사부재리 원칙이나 시효의 저촉 규정에 관계없이 특별법으로 가칭 '양민 학살 사건 처리 특별조치법'의 제정을 촉구"하는 건의안을 제출했다. 11일이라는 짧은 기간에 내무부와 국방부, 지방 행정기관의 협조를 받지 못한 채 사실상 학살 가해자 출신인 위원들이 조사해서 이런 건의안을 제출했다는 것은 당시 학살의 불법성을 반증해준다.[93] 다른 하나는 '양민'에 대한 규정인데, '당시 공산괴뢰에 악질적으로 협력한 민간인으로 군 작전상 부득이 살해된 자'는 '양민'의 범주에서 제외하고 있다는 점이다.[94] 이는 11일이라는 조사 기간, 최천 등 학살 가해자가 진상 조사에 나선 점 등과 함께 당시 국회 조사의 한계를 보여주는 대목이다. 이러한 '양민' 규정에 따르면, 보도연맹원 학살과 형무소 재소자 학살, 부역 혐의자 학살은 제외될 수밖에 없다. 특히 당시 조사특위 위원들은 조사 기간 내내 보도연맹에 대해 심한 거부감을 나타냈다. 그들이 양민이 아닌 좌익 집단에 불과했고, 따라서 보도연맹원 학살은 양민 학살이 아니라 후방에 있는 '잠재적인 적'의 처리였다는 것이다.[95]

5·16 군사쿠데타에 이은 군사정권의 집권은 '양민 학살'에 국한해 국가의 책임을 인정하려 했던 최소한의 움직임마저 무위로 되돌렸다. 박정희는 자신의 쿠데타가 '좌익 혁명'이 아니냐는 의심을 불식시킬 필요가 있었다. 이에 박정희는 자신의 좌익 전력을 세탁하고 '빨갱이 만들기'에 집착했다. 아울러 '용공 세력' 색출을 위해 한국전쟁 때 했던 검속을 되풀이했다. '용공 세력'에는 국민보도연맹원을 비롯해 대량 학살된 피해 대중과 그 관련자들이 포함되었다. 경찰은 피학살자, 생존자, 유족, 기타 관련자뿐 아니라 혁신정당 관련자, 노조 지도자 등을 명단으로 만들었다. 일제 말기 요시찰인 명부로부터 시작해 이승만 정권을 거쳐 박정희 정권 내내 덧대어 갱신되었던 그 명부들이었다.

1961년 5월 19일 장도영 국가재건최고회의 의장은 그날 아침까지 '용공 분자' 930명을 구속했다고 발표했다. 당시 군사정권이 예비검속한 사람들은 약 2만 8,000명 정도로, 방첩대의 '위험인물 예비검속 계획'을 통해 이루어졌다. 검속된 사람들은 전쟁 때와 비슷하게 용공 여부 심사를 통해 주동자는 A급, 행동한 자는 B급, 활동이 희박한 자는 C급으로 분류되었다. 군

검경 합동수사본부는 이 분류를 5등급으로 더 세밀하게 분류했다. 우선 A급은 혁명검찰부에 송치했고, B급은 군법회의 검찰부로, C급은 민간검찰에 송치했다. D급은 중앙에서 심사 후 처리, E급은 지역 심사 후 조치 처리되었다. 군사정권은 특수범죄 처벌에 관한 특별법(법률 제633호)을 제정·공포했다. 공포일로부터 3년 6개월 이전으로 소급 적용해 이 '용공 세력' 명단에 전국 및 지역 유족회 활동을 한 사람들까지 '특수 반국가 행위'라는 죄명을 붙여 처리했다.[96]

한성훈에 따르면, 군사정권은 자신들의 치부이자 쿠데타의 정당성 자체를 의심받을 수 있었던 전시 민간인 학살과 관련된 거의 모든 것을 파괴했다. 거창과 진영, 동래, 울산, 밀양, 대구, 제주 등지에서 유족들이 발굴한 유해와 합동묘, 위령비가 분쇄되었다. 부관참시였다. 국가 쿠데타의 주역 박정희가 피학살자 유족들을 특수 반국가 행위자라는 죄명으로 군사재판에 세운 것은 자신에게 씌어진 '좌익'이라는 멍에를 벗고 쿠데타의 정당성을 확보하기 위해서였다. 박정희에게 제1의 명분인 반공은 자신의 이력을 '세탁'하기 위한 것이었다.[97]

이원식은 1950년 7월 31일 자신을 대신해 경찰에 끌려가 행방불명되었던 아내를 위해 4·19 혁명 이후 적극적으로 유족회 결성과 활동에 나섰다. 그는 대구유족회 대표가 되었고, 전국유족회 활동에도 관여했다. 하지만 이를 이유로 그는 1961년 6월 24일 구속되었고, 11월 10일 혁명검찰부의 기소와 11월 25일 사형 구형을 받았으며, 12월 7일 혁명재판부에 의해 사형이 선고되었다. 이원식은 형 확정 이후 변호사의 조력을 받아 박정희에게 탄원서 등을 직접 제출했다. 그 노력 덕분인지 무기수로 감형되었고, 1962년 5월 28일 박정희에게 감사문을 보냈다. 이원식은 국가폭력에 의해 억울한 죽음을 당한 피학살자 유족을 대표했지만, 그 자신도 국가폭력에 의해 목숨을 잃을 뻔했고, 심지어 무기형으로 감형해준 박정희 정권에 감사까지 해야 했다.[98]

그 밖에 신석균, 이삼근, 이복녕(이상 경북유족회), 김하종, 김하택(이상 경주유족회), 김영욱(김해, 창원유족회), 김봉철(밀양유족회), 문홍주(거창유족회) 등 유족회 주요 간부들도 무거운 징역형을 선고받았고, 경북유족회장 신석균은 끝내 형무소에서 옥사했다. 혁명검찰부가 유족회 피고인들에게 사형에서 10년 전후의 중형을 구형한 것은 군사정권 상층부에서 내려온 지시에 따른 것이었다. 박창암 혁명검찰부장은 "군경에 의해 처형된 사람들은 모두 적색분자인 남로당원이고, 피학살자유족회 간부들은 남로당의 가족이다. 그들이 4·19 이후 혼란을 틈타 정부 전복을 꾀했으니 철저히 수사하여 기소하라"고 지시했다. 노용석은 당시 군사재판이 심리나 증거에 의해 이루어진 것이 아니라 윗선에서 만들어진 계획이 그대로 실행되었음을 보여주는 것이라고 주장한다.[99]

군사정권은 4·19 혁명 이후 각 지역에서 결성된 장의위원회 등을 통해 발굴되어 매장되었던 피학살자의 유해 및 위령비도 파헤치고 파괴했다. 대표적으로 거창 피학살자 합동 묘소(박산 합동 묘역)의 묘역이 파헤쳐졌고, 위령비 양면에 새겨진 추모글 글자 하나하나 정으로 쪼개진 채 땅 속에 파묻혔다. 제주도 예비검속 사건 백조일손지묘의 경우 위령비가 해머로 박살난 채 버려졌다. 피학살자 유해 훼손은 유족들에 의해 저지되었다. 일부 유족들은 시신들이 언제든지 파헤쳐질 수 있다는 공포감과 이 묘역 안에 시신이 있다는 것 자체가 빨갱이 가족이라는 낙인으로 작용할까 두려워 시신을 다른 곳으로 이장하기도 했다.[100]

당시 유족회의 유해 발굴은 조상의례에 대한 공동체 혹은 유족의 강한 의무감에 의해 주도되었다. 유해 발굴이 언론에 보도되면서 민간인 학살의 참상을 전 국민에게 알리는 계기가 되었다. 유해는 민간인 학살을 증명할 수 있는 가장 중요한 표상으로 작용했다. 또한 유해 발굴은 진상 규명에 대한 대중운동을 조직하고 향후 전개될 활동의 단초를 마련했다는 점에서 상당한 의의를 갖는 것이었다. 이런 맥락에서 보면, 군사정권의 피학살자 합동 묘소의 파괴는 의도되고 계획된 것이었다. 유족들은 가족의 억울한 죽음이 계속적으로 비정상적 죽음의 영역에 머무를 수 있다는 불안감을 갖게 되었다. 그리고 빨갱이로 몰리면 무덤까지 파헤쳐진다는 공포가 전 사회적으로 환기되었다.

대규모 발굴 유해를 직접 목도하거나 소식을 들었지만, 이러한 사실을 절대 입 밖으로 발설할 수 없는 특수한 상황이 만들어졌다. 너무나 많이 죽었기에 피학살자 관련자가 대다수 일반 국민의 친족관계 안에 또는 그 주변에 분명 존재했고 쉽게 찾아볼 수 있었지만, 모두 침묵할 수밖에 없었다. 피해자 집안에서조차 피해자 이름을 입에 올리지 않게 되었고, 피해자 시신이 발견되지 않았다 하더라도 수소문하지 않았다. 망자의 시신이 부재한 상태에서 체포일이나 실종된 날이나 음력 9월 9일(중양절, 제삿날을 모르는 조상에게 제사를 지내는 날)을 기일로 삼아 의례를 조용히 지냈다. 국가의 강압적인 반공주의적 공공기억이 공동체의 사회적 기억과 개인 기억들을 억압했다. 그렇게 민간인 학살 사건은 '공공의 비밀'이 되어버렸다.[101]

그러나 문학은 반공 군사정권의 민간인 대량 학살 및 총체적 파괴 부정과 반공주의적 정당화의 시대에도 제노사이드 과거사의 재현을 완전히 포기하지 않았다. 김요섭은 가족소설의 형식으로 무덤과 제사라는 망자 의례의 형식을 차용한 제노사이드 문학이 등장했다고 논의한다. 문순태의 〈말하는 돌〉(1981), 임철우의 〈아버지의 땅〉(1984), 현길언의 《우리들의 조부님》(1990) 같은 소설은 여전히 반공국가의 억압과 폭력이 지속되는 상황에서도 온전히 매장되지 못한 채 애도받을 권리마저 박탈당한 가족의 기억을 불러냈다. 또한 빨치산 문학의 계보에 있지만 당대 반공국가가 유일하게 인정했던 거창 사건을 다룬 김원일의 《겨울골짜기》(1987), 여순 사건과 한국전쟁 시기 빨치산 토벌을 다룬 문순태의 《피아골》(1985) 등이 세상에 나올 수 있었다.[102] 그러나 이러한 문학적 재현이 순탄치만은 않았다. 소설가 현기영은 《순이삼촌》(1979) 출간 후 보안사에 연행되어 3일 동안 고문을 받고 수형 생활을 하는 등 극심한 고초를 겪었다. 그의 책이 불온도서로 낙인찍힌 것은 물론이다.

4·19 혁명 이후 1년 남짓한 시간을 제외하면 절멸 이후 부정의 시대는 계속되었다. 유족과 공동체는 계속되는 폭력과 억압, 그리고 트라우마로부터 빠져나올 수 없었다. 그 시절 동안 간헐적으로 유해들이 발굴되긴 했지만 수습된 시신들은 개별 유족의 '장의葬儀' 틀 안에서 수습될 뿐 사회나 공동체가 품지 못한 채 '영혼이 어중간하게 떠도는 상태'로 방치될 수밖에 없었다. '죽었으되 죽지 않은 생명'이 만들어진 것이다.[103] 피해 유족과 공동체도 이에 대해 결코 말할 수 없는 서발턴이자 비가시적인 존재일 수밖에 없었다.

이런 상태는 언제까지 지속되었을까? 부정의 시대에 유의미한 균열과 변곡점은 언제일까? 대체로 관련 연구들은 1987년 민주화 이후 1990년대를 유의미한 균열이 벌어졌던 시기로 평가한다. 그즈음 브루스 커밍스Bruce Cummings의 《한국전쟁의 기원》(1986년 10월 번역 출판) 등 한국전쟁에 대한 수정주의 연구 결과들과 한국 학자들에 의한 새로운 한국전쟁사 연구 성과들이 대중적인 출판으로 이어졌다. 이태의 《남부군》(1988)이 출간되면서 그 전까지 알려지지 않았던 또 다른 전쟁의 양상들이 큰 주목을 받기 시작했다. 분단과 한국전쟁, 빨치산과 '양민 학살'을 배경으로 하는 분단 문학, 전쟁 문학, 빨치산 문학, '제노사이드 문학'의 활동도 활발했다. 오랫동안 '폭동'의 섬으로 규정되어왔던 제주도에서 '제주 4·3' 40주년을 맞아 제주 4·3 사건 진실규명운동이 물위로 올라왔다. 《제주신문》에서 장기 기획 '4·3의 증언'(1989년 4월 3일 연재 시작)을 준비하기 위해 4·3취재반을 조직한 것이 1988년 3월이었다.

1992년 4월 다랑쉬굴(제주도 북제주군 구좌읍 세화리 중산간 위치)에서 여성 및 어린이 유해 포함 11구의 유해가 발굴되었다. 1991년 12월 22일 민간 연구 단체인 제주4·3연구소가 최초 발견하고 1992년 3월 22일 연구소가 현장을 재확인한 후 4월 2일 연구소, 《제민일보》 취재단, 전문가가 합동조사반을 구성해 발굴한 것이었다. 유해뿐 아니라 무쇠솥, 항아리, 질그릇, 놋그릇, 접시, 가위, 석쇠, 요강 등도 발굴되었다. 제주 4·3 사건 당시 피란민들의 생활이 어떠했는지 추정되는 상황이었다. 그런데 경찰은 이 굴이 남로당 아지트로 추정되고 발굴 유해도 무장대 세력과 관련된 것처럼 몰고 갔다. 그런 분위기 속에 유해는 서둘러 유족들에게 인도되었고, 화장 후 김녕 앞바다에 뿌려졌다. 1987년 이전보다 상황이 나아지긴 했지만 여전히 '공산폭동론'의 시각이 지배적이었던 제주도의 당시 분위기를 잘 보여준다.[104]

1995년 5월에는 부역 혐의자 학살 사건인 고양 금정굴 사건에서 희생된 유해가 발굴되었다. 금정굴에서 153구의 유해와 결박에 사용된 삐삐선, 버클, 신발, 비녀, 도장, 탄피와 탄두 등이 발굴되었다. 1993년 유족회가 결성되었고, 고양시 시민사회 단체들이 금정굴 사건 진상규명위원회를 결성한 후 진행한 유해 발굴이었다. 유해 발굴은 고양시청 녹지과 공익요원들의 방해에도 불구하고 이루어졌는데, 이러한 장면들이 MBC 〈PD수첩〉 '분단 비극의 현장, 금정굴 열리다'(1995년 10월 3일 방영)를 통해 생생하게 방영되면서 한국전쟁의 또 다른 이면에 대한 여론의 관심이 높아졌다. 유족회와 시민사회 단체의 유해 발굴 및 진상 규명 노력은 1999년 경기도의회가 고양시 일산 금정굴 사건 진상규명조사위원회를 구성할 수 있게 했다. 조사위원회는 조사 후 진상 조사보고서를 공식 발간했다. 물론 이에 대한 반발도 있었다. 태극단동지회 등 우익 단체들이 희생자들을 '빨갱이'로 몰아갔고 이에 고양시가 편승해 위령 사업을 거부하기도 했다.

노용석은 1999년 노근리 사건의 사회적 공론화가 '공공의 비밀'을 결정적으로 약화시키는 계기가 되었다고 평가한다.[105] 1999년 9월 30일 AP통신 서울지국 최상훈 기자는 미군에 의한 노근리 학살 사건을 당시 미군 문서 등을 근거로 보도했다. 이에 대한 클린턴 행정부의 첫 반응은 회피였다. 하지만 《뉴욕타임스》가 이례적으로 AP통신 보도를 1면 주요 기사로 다루고, CNN등 주요 방송이 대대적으로 보도하면서 상황이 바뀌었다. 보도 직후 윌리엄 코언 미 국방장관이 빌 클린턴 대통령에게 이 사건을 보고했고, 결국 진상 조사가 결정되었다. 미군에 의한 학살 자체가 미국 주요 언론에서 대대적으로 보도되고 미국 정부가 이를 인정하고 진상 조사 방침을 세운 것은 오랜 세월 묻어두었던 공공연한 비밀이 해제되는 것을 의미했다.[106]

최상훈 기자에 따르면, 그동안 한국 언론들이 그랬던 것처럼 자신도 피해 생존자와 주민들의 증언만을 가지고 기사를 썼다면 AP통신이 기사를 실어

주지 않았을 것이라고 했다. 《한겨레》와 《오마이뉴스》가 정은용의 실화소설(《그대, 우리의 아픔을 아는가》)과 증언 등에 근거해 노근리 사건의 진상을 보도하긴 했다. 하지만 AP통신 기사는 미 국립문서기록관리청 2관에서 관련 기록들을 조사 발굴해 사실을 교차 확인했다. 무엇보다 노근리 학살에 대한 참전 군인들의 가해 증언을 확보한 것이 결정적이었다.[107]

노근리 사건 외신 보도는 미국 정부뿐 아니라 한국 정부도 진상 규명에 나서도록 압박했다. 김대중 정부는 미국 정부와 보조를 맞춰 1999년 10월부터 한미 공동 조사에 나섰다. 15개월의 조사 끝에 양국의 진상 조사 결과 보고서와 한미 공동발표문이 발표되었다. 미국은 미군에 의한 민간인 학살의 실체는 인정했지만, 제노사이드 문제를 피하기 위해서였는지 의도되었거나 사전에 계획된 것은 아닌 사건으로 발표했다. 조사 결과를 토대로 클린턴 대통령은 희생자들에게 '깊은 유감deeply regret'을 표했다.

노근리 사건 보도는 각 지역에서 한국전쟁 전후 민간인 학살 문제를 제기해왔던 지역 유족들과 시민사회 단체들에게도 커다란 자극이 되었다. 무엇보다 제주 4·3 사건 진상규명운동과 국가 및 법 중심의 제도화된 과거사 정리 시도를 가속화했다. 때마침 1999년 9월 15일 추미애 의원이 제주 4·3 사건 관련 군법회의 수형인 명부(1,650명)와 일반 재판 기록(1,321명)을 발굴해 공개한 직후이기도 했다. 제주도뿐 아니라 전국적으로 제주4·3특별법 제정운동이 힘을 받게 되었다. 그 결과 1999년 12월 16일 국회 본회의에서 제주 4·3 사건 진상 규명 및 희생자 명예회복에 관한 특별법(이하 4·3특별법)이 통과되었다.

1999년은 MBC 역사 다큐멘터리 〈이제는 말할 수 있다〉가 방영을 시작한 해이기도 하다. 프로그램 제목에서 엿볼 수 있는 것처럼 그동안 금기시되고 억눌려왔던 한국 근현대사의 사건들과 여전히 해결되지 않은 채 계속되고 있는 '현재화된 과거사'들이 다뤄졌다. 시사교양 프로임에도 불구하고 꾸준히 10퍼센트 내외 시청률을 기록할 정도로 사회적 파급력이 컸고, '과거사 청산' 여론 형성에 큰 영향을 끼쳤다.

이 시기 학살 피해자를 '양민'에서 '민간인'으로 바꿔서 쓰자는 논의도 활발히 전개되었다. 피해 생존자와 유족들은 처음에 '양민'을 고집했다. 유족 대부분은 망자가 좌익이나 빨갱이가 아닌 깨끗하고 선량한 사람이었는데 억울하게 죽임을 당한 것이라고 주장했다. 망자만의 문제가 아니라 유가족과 친척 및 지인들의 삶이 걸린 문제였다. 1987년 민주화 이후에도 1990년대 내내 여전히 '폭도'와 '빨갱이' 낙인을 휘두르는 반공 세력들의 망동이 강력하던 시기였다. 민주화와 평화, 인권의 기운이 조금씩 반공주의를 밀어내고 있었지만, 5·16 군사쿠데타로 극단적인 반동을 겪었던 유족들로서는 불안과 염려를 지울 수 없었다.

지역 유족회들이 전국 단위의 유족회 모임으로 발전하면서 '양민' 용어를 둘러싸고 유족 간 갈등도 발생하기 시작했다. 일부 유족은 '순수 양민'을 강조했다. 하지만 이는 의도가 있든 없든 피해자 유족들을 우리와 다른 존재로 경계짓는 것이었고, 결과적으로 죽음의 위계를 만드는 것이었다. 학계와 시민사회 단체는 피해자의 비무장 민간인 상태를 부각시키자고 유족들을 설득해나갔다. 보도연맹원·불순분자·좌익·부역자·폭도 등 어떤 혐의를 일방적으로 씌우든 관계없이 정당한 법적 절차를 지키지 않고 학살하는 것은 국가 범죄이자 제노사이드 범죄라는 문제의식을 공유해나갔다.

2000년으로 넘어가면서 '이행기 정의Transitional Justice' 시대가 본격적으로 열렸다. 김대중 정부는 4·3특별법과 함께 의문사 진상 규명에 관한 특별법을 제정했다. 이 시기 과거사 정리와 청산 작업에서 보이는 특징은 진상 규명을 명시적으로 추구했다는 점이다. 진상 규명을 통해 피해자의 명예회복과 배상 및 보상, 가해자 처벌을 통한 정의 수립의 기반을 세운다는 의도였다. 테오 반 보벤Theo Van Boven 보고서에 기초한 유엔의 과거 청산 5원칙이 한국에 소개되어 적극 활용되었다.

그러나 여러 차례 이행기 정의 수립의 시도를 방해했던 한국 극우 반공 세력의 저항은 만만치 않았다. 보수와 연합해 집권한 김대중 정부의 한계도 철저한 진상 규명을 추구하는 데 방해 요소로 작용했다. 무엇보다 당시 한국은 국가 범죄 행위조차 소멸 시효를 인정하고 있었고, 가해자들의 사생활을 법적으로 보호하고 있었다. 그 결과 사법적 진상 규명을 배제한 채 역사적 진상 규명이라도 해보자는 방침이 만들어졌다. 처벌이 아니라 '국민 화합'이라는 목적을 위한 것이었는데, 가해자를 드러내지 않는 방식으로 진행되었기 때문에 피해자의 명예회복과 기념만이 국민 화합의 방법으로 허용되었다.[108]

2003년 10월 15일 4·3진상조사보고서가 최종 확정되었고, 10월 31일 노무현 대통령은 "과거 공권력의 잘못에 대해 유족과 제주도민"에게 공식 사과했다. 한국 정부가 자행한 제노사이드에 대한 대통령의 첫 공식 사과와 책임 인정이었다. 과거 청산 없는 민주주의의 위기를 탄핵으로 절감한 노무현 정부는 2004년 8·15 대통령 경축사에서 '포괄적 과거 청산'의 필요성을 제기했고, 정부와 집권 여당, 유족과 시민사회 단체들은 이에 화답했다. 이에 대한 반동은 극우 반공 세력의 저항뿐 아니라 새로운 보수, 이른바 '뉴라이트'의 출현으로 이어질 만큼 강력했다. 하지만 김대중 정부 때와 비교하면 이를 충분히 상쇄하고도 남을 정치사회 환경이 조성되어 있었다. 이러한 상황에서 노무현 정부와 집권 여당, 유족과 시민사회가 정치적·역사적 반동을 뚫고 가까스로 지켜낸 것이 과거사들을 한데 묶어 정리하는 진실·화해 모델이었다.[109] 노무현 정부는 2005년 5월 31일 진실·화해를 위한 과거사정리 기본법(진화위법)을 제정했고, 이에 근거해 진실·화해를 위한 과거사정리위원회(진화위)를 구성했다.

노무현 정부의 진실·화해 모델과 관련해 종종 남아공의 진실과 화해위원회 사례를 참조한 것처럼 언급된다. 진실 규명을 위해 가해자가 죄를 인정하면 처벌하는 대신 사면했다는 점, 다시 말해 진상 규명과 불처벌impunity 모델이다. 하지만 이러한 평가는 단선적인 비교에서 나온 오해다. 남아공의 진실과화해위원회는 조사 권한으로서 동행명령(소환권)은 물론 수사권을 가지고 있었고, 진실을 말하는 가해자들을 사면할 수 있는 권한을 가지고 있었다. 가해자와 피해자 사이의 화해는 가해자의 죄 인정과 진실 말하기라는 전제에서, 그리고 그것을 피해자들이 받아들인다는 점에서 가능한 것이었다.[110]

그러나 노무현 정부의 진실·화해 모델에서 화해는 국민 통합이 강조되는 기조 속에서 사실상 사문화된 것이었다. 진실화해위법은 진상 규명을 통해 "가해자의 참회와 피해자·유족의 용서가 이루어지도록 화해를 적극 권유"(제39조)한다는 내용을 담고 있었지만, 이를 실현시킬 장치는 형식적이어서 사실상 공백이나 다름없었다.[111] 그 결과 진상 규명을 바탕으로 수행할 목표를 사실상 잃어버렸다. 애초 한국의 진실·화해 모델이 "진상 규명과 명예 회복은 최대로 하고 처벌은 최소화하되 보상은 신중하게" 한 것이라는 주장이 있었다. 다시 말해 현실적 제약으로 정의 모델 대신 진실 모델을 선택했다는 것이다. 법적·정치적 처벌보다 진상 규명을 통한 사회적 처벌의 길을 찾고자 했으며, 진상 규명이 이루어지면 후일 처벌에 대한 사회적 공론도 기대할 수 있다는 것이었다.[112]

그렇다면 진실·화해 모델에서 추구했던 이른바 최대치의 진상 규명은 어느 정도 수준이었을까? 진화위법은 신청된 개별 피해자의 '희생 진실'을 규명할 것을 규정하고 있다. 그러나 진화위는 피해자 확인 진상 규명을 넘어서 학살 사건에 대한 역사적·구조적 진상 규명을 보고서에 담아내고자 했다. 더 나아가 가해 주체와 지휘명령 계통을 통해 국가의 법적 책임성을 확인하는 사법적 진상 규명도 시도했다. 이와 관련해 진화위 상임위원 김동춘은 이 세 가지 진실들 간에는 긴장이 있지만 종합적으로 조사해 보고서에 반영될 수 있도록 노력했다고 말한다.[113]

사법적 진상 규명(개별 피해 사실 확인과 가해 책임 진실)과 역사적·구조적 진상 규명은 성격이 다르기 때문에 이를 하나의 보고서에 종합하는 것은 매우 어려운 일이다. 각각 조사의 대상, 방법, 기간, 조사에 필요한 전문성이 다를 수밖에 없기 때문이다. 그럼에도 두 가지 다른 차원의 진상 규명을 위한 조사 전체를 개별 조사관이 담당해 지역의 군 단위 보고서에 종합하는 방식을 취하도록 했다. 그 결과 두 차원의 진상 규명 간 긴장과 갈등뿐만 아니라 개별 조사관의 역량에 따라 규명된 진실들의 편차가 지역에 따라 크게 발생했고, 일부 진상 규명의 부실도 나타났다.

정호기는 진상 규명 결정 이후 사법적 책임과 배상 및 보상 등의 목표를 수행할 예정이라면 책임 구조와 가해자가 명확하게 드러나고 사건의 정황 등이 보다 구체적이고 치밀하게 작성되어야 한다고 강조한다.[114] 진상 규명 결정을 통해 무엇을 할 것인가가 분명하지 않은 모델의 한계가 종합적인 진상 규명의 실패로 귀결되었다는 지적이다. 이러한 지적에 성찰적으로 대

면하고 응답해야 한다.[115]

　국가와 법 중심의 과거사 정리는 제한적이나마 민간인 사회 집단들에 대한 대량 폭력의 진상을 규명하고 국가 책임을 공식 인정했다. 이를 바탕으로 한 새로운 공식 기억이 국가의례로 기념되고 있고, 기존 사회적 의례와 경합하는 방식으로 자리 잡고 있다. 그러나 과거 반공국가에서 확립된 공식 기억의 화석화된 지층들도 여전히 존재한다. 극우적인 반동이 정치적·역사적으로 분출될 때마다 그 지층들은 돌출되어 세상에 튀어나온다. 이런 상황에서 새롭게 탄생한 '뉴라이트'와 탈진실 시대 역사부정론이 서로 결합하여 반동을 넘어 시간을 거꾸로 돌리는 일이 벌어지고 있다.

에필로그

"전시에는 사람을 재판 없이 죽일 수 있다?"

2023년 10월 11일, 2기 진실화해를 위한 과거사정리위원회 김광동 위원장이 피해자 유족들과 가진 면담 자리에서 나온 말이다. 언론 보도에 따르면, 김광동은 "재판도 할 수 없고 법으로 다스릴 수도 없는 전시 상황에서는 방화와 살인을 한 적색분자와 빨갱이를 군인과 경찰이 죽일 수도 있다"고 말했다. 이에 유족회장은 "그래도 아무런 법적 절차나 심판 없이 어떤 혐의가 있다거나 공산주의사상을 갖고 있다는 것만으로 죽일 수는 없는 것 아니냐"고 되물었다 한다. 이에 대한 김 위원장의 답변이 "6·25전쟁 같은 전시하에서는 재판 등이 이뤄질 수 없기 때문에 그럴 수도 있다"였다.[1]

한 번의 망언으로 그친 것이 아니다. 2023년 10월 13일 국회 행정안전위원회 국정감사장에서도 김광동은 비슷한 취지의 말을 반복했다. "적대 세력에 가담해서 방화와 살인을 저지르는 가해자에 대해서는 당시 상황에서 즉결 처분이 가능했다." 당시 상황을 취재한 고경태 기자는 김 위원장이 "부역 혐의자는 죽일 수 있다"는 뉘앙스를 더하면서 민간인 희생자들을 갈라치기 하는 모양새를 취했다고 분석했다.[2] 10월 17일 진화위 전체위원회에서도 "즉결 처분이란 군 지휘관이 계엄권을 가지고 사법 판단"을 한 것이며, 그래서 "전시에는 재판 없이 죽일 수 있다"고 다시 한번 강조했다.[3]

그러나 "계엄법에 있다", "계엄법을 다 읽어보라"고 했던 김광동의 말과 달리 전시에 재판 없이 즉결 처분할 수 있다는 내용은 그 어떤 계엄법 조항에도 없다. 오히려 계엄법은 살인 및 방화죄 등에 대해 반드시 군법회의(재판)를 거치도록 규정하고 있다. 김광동은 "즉결 처분이 곧 재판"이라는 해괴한 주장을 하기도 했는데, "곧"이란 말이 성립되지 않는다. 즉결 처분을 규정한 육군본부 훈령(제12호)이 있긴 했지만 '전시에 재판 없이 즉결 처분할 수 있다'는 지휘명령은 계엄법은 물론 그 어떤 법적 근거도 없는 것이었다. 즉결 처분 규정도 결국 1951년 7월 10일 육본 훈령(제191호)에 의해 취소되었다. 따라서 이 훈령을 근거로 김광동이 적법한 재판 절차 없이 민간인을 즉결 처형할 수 있다고 주장하는 것은 전쟁 범죄자의 발상이다. 이와 관련해 구유고슬라비아 국제형사재판소ICTY 재판관을 역임했던 권오곤은 민간인이든 전투원이든 즉결 처형은 명백한 불법 행위라고 지적한다. "질병, 부상, 구속 등의 이유로 적대 행위에 참가하지 않고 있는 전투원도 전쟁포로로 취급되어 보호해야 하며, 전투원이라는 이유로 적법 절차 없이 즉결 처분하는 것은 전쟁 범죄를 구성한다"는 것이다. 하물며 민간인을, 그것도 비교전 지역에서 재판 없이 즉결 처형하는 것은 그 이유가 무엇이든 허용되지 않는다.[4]

김광동은 과거사정리위원회 위원장 취임 이후 진실 규명 대상자와 관련 사건을 두고 마치 부역자 심사하듯 사건들을 들여다보았다. 한국 군경과 우익 단체 등 무장 권력 집단들에 의해 학살된 비무장 민간인 피해자들 안에 '악질 부역자' 또는 부역 혐의자가 있는지 세심하게 가려내겠다는 것이었다. 그리고 부역자는 적의 협력자니 설령 민간인이라 할지라도 전시에 즉결 처형할 수 있고, 그래서 국가폭력에 의한 인권침해가 아니라고 주장했다. 과거에 자행된 국가폭력 및 제노사이드의 진실을 규명하고, 피해자들의 명예를 회복하는 것을 사명으로 하는 진화위법의 입법 의도와 진화위 설립 취지 자체를 완전히 부정하고 있는 것이다.

'뉴라이트' 김광동

윤석열 정부는 2기 진화위 두 번째 위원장으로 김광동 위원장을 적극적으로 밀었다. 그의 자격을 둘러싼 논란이 극심했지만, 윤석열 대통령은 임명을 밀어붙였다. 논란의 이유가 오히려 윤석열 정부로서는 임명을 강행해야 할 이유였기 때문이다. 김광동은 일찍부터 대학, 언론, 출판, 문화 등 문화권력을 김대중, 노무현, 문재인 정권으로부터 빼앗아야 한다고 줄기차게 주장했던 인사다. 보수의 재건은 학계와 출판계에서 시작해야 한다는 관점에서 한국 근현대사를 역사부정론의 입장에서 해석하고 주장했다.[5] 특히 그는 노무현 정부의 역사관과 과거사 정리 작업을 '자학사관'에 입각한 것으로 보았고, 당시 기존 한국 근현대사 교과서들, 특히 금성출판사 교과서를 '친북'으로 낙인찍었다. 그는 대안을 만들고자 뉴라이트 교과서포럼의 〈대안교과서 한국근현대사〉 집필 작업에 참여했다. 그리고 박근혜 정부의 역사교과서 국정화 추진에도 적극 참여했다.

뉴라이트로서 그의 활약은 언론에서도 두드러졌다. 그는 언론에 문외한이었지만, 2009년 당시 청와대 대변인 이동관의 추천으로 MBC 사장 임면권 등을 지닌 방송문화진흥회(이하 방문진) 이사가 되었다. 2009년 8월부터 2018년 8월까지 9년 동안 방문진 실세 이사로서 방문진을 이념 투쟁의 장으로 만들어 격한 이념 갈등을 부추겼고, 이념에 기초해 선과 악 대립 구도로 노동조합을 악으로 몰아붙였다. 그는 문재인을 공산주의자로 몰아갔던 당시 고영주 이사장과 별반 다를 바 없는 인물이었다.[6]

무엇보다 그는 그동안 제주 4·3 사건과 5·18 광주 민주화운동을 부정하는 반면, 5·16 군사쿠데타와 유신체제를 찬양하는 역사관을 드러내는 글을 썼고, 공식 석상에서 발언했다. 《한국논단》 2014년 4월호에 기고한 글에서 제주 4·3 사건은 공산 폭동이고 4·3 희생자는 제주도민 유격대에 의해 발생한 것이라는 왜곡된 주장을 펼쳤다. 또한 그는 2020년 10월 한국 하이에크소사이어티 심포지엄에서 5·18 광주 민주화운동과 관련해 지만원처럼 북한 개입설 가능성을 배제하지 못한다는 주장을 고수했고 계엄군의 헬리콥터 기관총 사격에 대해서도 허위 사실이라고 주장했다. 반면 그에게 5·16은 4·19 혁명을 계승하는 군사혁명이었다. 그는 2019년 10월 17일 박정희대통령기념관에서 열린 '10월 유신 47주년 기념토론회'에 참석해 "10월 유신은 우리 근현대사의 위대한 전환이자 성공의 기반이었다"고 찬양했다. 뿐만 아니라 진화위 등 과거사위원회는 위원회 정치이고 그것이 바로 소비에트 정부라는 식의 망언을 일삼았다. 2009년 9월 《미래한국》에 기고한 글에서는 과거사위원회 활동이 "대한민국의 정체성 부정과 정통 주도 세력을 짓밟는 정치 공세 수단"이라며 "혁명정부가 아닌 이상 과거사위 같은 초법적 기구는 존재 이유가 없다"고 주장했다.[7] 광장의 촛불이 법치를 무시하고 위협하는 헌정 위기 상황을 타개하기 위해 전방위적 이념전 및 사상전을 수행하겠다는 한국자유회의Korean Freedom Congress라는 단체의 핵심 멤버답다.

그래서일까? 용산 대통령실은 군사 쿠데타와 독재정권을 찬양하고 과거 국가폭력에 대한 성찰에 정치 공세를 퍼부으며 역사를 부정하는 김광동을 진화위 위원장으로 임명했다. 그가 "과거사 진실 규명에 대한 이론과 실무를 겸비하여 과거사정리위 현안 업무 추진의 연속성은 물론 대한민국이 과거와의 화해를 통해 미래로 나아가기 위한 국민 통합에 기여할 수 있는 적임자"라는 것이다. 역사의 부조리가 아닐 수 없다. 그는 대통령실과 동일한 역사관과 정치관을 긴밀히 공유하면서 뉴라이트 역사전쟁, 과거사 문 닫기, 국민 분열을 야기할 적임자 아니었던가?

진실 규명이 아닌 부역자 심판기관?

김광동은 한국전쟁 전후 민간인 학살 문제를 전담하는 제1소위원회와 실행 조직인 조사1국(조사1, 2, 3, 4과)의 지휘 라인을 장악했다. 이 라인에서 가장 중요한 자리는 1소위 위원장을 겸하는 상임위원과 4개 조사과를 이끄는 조사1국장 자리다. 그런데 상임위원은 국민의힘 계열 정당과 보수 단체에서 활동한 경력이 있는 이옥남이다. 1기 진화위에서 홍보담당관을 지냈고, 2기 진화위에서 비상임위원(2년)으로 활동한 인사로 그동안 한국전쟁 전후 민간인 학살 문제와 관련해 아무런 전문성을 보여주지 못했다. 그런데 갑자기 김광동 위원장과 호흡을 맞추며 '순수한 희생자'와 죽여 마땅한 '살상 부역자'를 구분하겠다고 한다. 그전까지는 비교적 자신의 생각을 극우적인 언어로 표현하는 것을 삼갔던 이옥남 상임위원이 2023년 6월 전후로 김광동과 유사한 언어와 논리를 노골적으로 드러낸 배경에는 새로운 조사1국장의 내정과 임명이 있다.

새로운 조사1국장도 이옥남 상임위원처럼 진화위법 취지 및 진화위 활동 목적과 전혀 상관없는 인사였다. 전임 조사1국장은 국민보도연맹 사건과 부산·경남 지역의 민간인 학살 문제에 정통했던 간부급 베테랑 기자 출신 인사였다. 그러나 새로운 국장은 정반대의 이력으로 화려한 국가정보원 대공수사국 고위간부 출신 황인수다. 1, 2기 진화위를 통틀어 국정원, 국방부, 방첩사(기무사), 검찰, 경찰 출신 공무원들이 파견 근무를 한 적은 있지만, 이번처럼 조사의 실질적 실무 책임자인 조사국장에 국정원 대공수사 간부 출신을 채용한 적은 없었다. 김광동과 면접 위원들은 국정원으로부터 자료 협조를 잘 받을 수 있게 채용했다고 밝혔지만, 황인수는 그럴 생각이 전혀 없었던 것으로 보인다. 《한겨레》가 2024년 3월 입수한 조사1국 자료 협조 요청 현황을 보면, 조사1국의 국정원 자료 협조 건수는 전무했다. 도리어 황인수는 유족들이 돈을 뜯어내기 위해 거짓말한다는 말을 조사관 교육 때 수시로 해왔고, 심지어 유족들을 의심하고 다그치듯 조사하라는 식의 교육도 해왔다. 그는 2024년 1월 2일 조사관들에게 보낸 신년 편지에서 대한민국 국민 수만 명을 간첩으로 보면서 진화위에서나마 자신의 대공수사관 정체성을 유지하면서 일을 할 수 있게 되었다고 밝혔다.[8] 이 같은 황인수의 말과 행동은 진화위가 피해자 및 유족을 상대로 부역자 심판을 벌이고 피해자들을 순수한 희생자와 불순한 부역자로 갈라치기하고 있음을 잘 보여준다.

2023년 12월 6일 2기 진화위 출범 3주년 기자간담회에서 김광동은 지난 2년 6개월간 진화위에 접수된 사건 중 49.3퍼센트를 처리했다고 밝혔다. 그리고 2024년 5월까지 61.4퍼센트를 처리할 수 있을 것이라 전망했다. 하지만 이 보고는 기망에 가까웠다. 사건 처리율은 진실 규명 불능과 각하까지 모두 포함된 수치이므로 사건 처리율보다 진실 규명률을 제시하는 것이 더 중요했지만 그는 그렇게 하지 않았다. 2023년 12월 6일 자《한겨레》보도에 따르면, 김광동 진화위의 진실 규명률은 21퍼센트에 불과했다.[9] 1기 진화위의 진실 규명률이 75퍼센트였음을 감안하면, 반드시 해야 하는 일의 결과가 매우 초라하다. 때 아닌 이념 분란만 야기하고 유족 및 피해자 사이를 갈라치기하고 거짓말을 거짓말로 덮으며 논란만 가중시키고 있다. 정치적 의도로 직무유기를 하고 있다. 2024년 5월 27일 기준 한국전쟁 전후 민간인 집단 희생 사건에 대한 2기 진화위의 진실 규명률은 22.9퍼센트인데, 적대 세력 관련 희생 사건에 대한 진실 규명률은 58.96퍼센트다. 김광동의 진화위가 어디에 관심을 두고 있는지 다시 한번 확인된다.[10]

김광동은 "진실화해위원회는 수사기관이 아닙니다. 인권기관인지는 평가하기 나름입니다"라고 기자의 질문에 답했다고 한다. 그러면서 또다시 "보호해야 될 민간인"과 구별되는 "침략 적대 세력 가담자"를 색출하겠다는 의지를 밝혔다.[11] 김광동은 진화위를 인권기관이 아닌 대한민국의 반공주의적 정체성을 세우고 "정통 주도 세력"을 보조해줄 신공안기관으로 활용하고 있다. 이를 위해 그는 진화위에서 공안의 시각을 가지고 뉴라이트 역사전쟁을 벌이고 있다. 그리고 김대중, 노무현, 문재인 정부의 과거사 정리와 '이행기 정의' 수립의 결과물을 낮은 진실 규명률과 진실 규명 불능 결정으로 무력화시키고 있다. 의도가 무엇이었든, 그는 정치권과 여론 그리고 국민 전체를 진영화된 갈등과 적대의 늪으로 빠져들게 하고 있다.

김광동의 인식, 말과 행동은 제노사이드를 저지르고 그 후에도 반성은커녕 피해자 및 유족들을 억압하고 부정해왔던 가해자들의 그것과 닮아 있다.

흥미로운 건 그가 기자간담회에서 우크라이나 전쟁과 이스라엘–하마스 분쟁을 예로 들며 전시에는 민간인 희생이 불가피하다는 뉘앙스의 이야기를 했다는 것이다.[12]

　김광동과 이스라엘 정부 최고위층의 인식, 말과 행동에는 유사한 점이 있다. 예컨대 이스라엘 네타냐후 총리나 요아브 갈란트 국방장관은 '인간 짐승' 또는 거대한 악과 싸운다는 인식하에 그에 '상응한 행동'을 취하고 있으며 단지 '부수적 피해'가 일부 있을 뿐 군사적 목적을 잘 달성하고 있다고 강조한다. 그러나 이러한 인식과 행동은 하마스 극단주의자들과 가자에 있는 피란민 및 민간인 거주자들 간 차이를 흐릿하게 만들고 팔레스타인 주민과 사회에 대한 체계적 파괴를 가린다. 거의 모든 국제 사회와 국제인권 레짐, 심지어 미국 바이든 정부조차 휴전과 피란민·민간인에 대한 공격과 학살을 중단하라고 압박하고 있지만, 네타냐후 정권은 가자지구의 피란민·민간인 집단들을 잠재적 하마스 협력자로 간주하고 가자지구의 주요 지역들을 덩어리로 묶어 공격하는 군사 작전을 전개하고 있다.

제노사이드 범죄로 기소당한 이스라엘

2023년 12월 29일, 남아프리카공화국은 유엔 산하 국제사법재판소ICJ에 이스라엘을 제노사이드 범죄 혐의로 제소했다. 남아공 정부는 "이스라엘이 가자지구의 팔레스타인 주민들을 대상으로 한 제노사이드에 관여하고 있고, 지금도 관여하는 중이며 앞으로도 관여할 위험이 있다"고 주장했다. 또한 "이스라엘이 팔레스타인 민족과 인종을 상당 부분 파괴하려는 의도를 갖고 행위를 했다"며 "제노사이드 범죄의 특징"이라고 강조했다. 남아공 정부는 "팔레스타인의 권리가 더 심각하게 훼손되어 복구 불가능한 상태에 빠지지 않도록 제노사이드 협약에 따라 임시 조치를 해야 한다"며 이스라엘에 휴전 명령을 내릴 것을 촉구했다.

남아공 정부의 제소는 갑작스러운 것은 아니었다. 남아공 의회는 2023년 11월 팔레스타인에 대한 이스라엘의 행동을 '아파르트헤이트'로 규정하고, 가자지구에서 휴전이 이루어질 때까지 남아공 주재 이스라엘 대사관을 폐쇄하고 이스라엘과 모든 관계를 단절하자는 내용의 결의안을 채택한 바 있다. 그리고 남아공 정부는 이스라엘군에 가담해 가자지구 전쟁에 참전하는 자국민을 자국법 위반으로 기소할 수 있다고 경고했다.[13] 이에 대해 이스라엘 외무부 대변인은 남아공이 사실과 동떨어지고 법적 근거가 부족한 주장을 하면서 국제사법재판소를 이용하고 있다고 비판했다. "남아공이 이스라엘 국가의 파괴를 요구하는 테러 조직과 협력하고 있다"며 "남아공의 비방과 제소 사실에 대해 혐오감을 갖고 거부할 것"이라고 격하게 반박했다.[14]

제노사이드 협약 제9조는 제노사이드를 자행한 국가의 국제적 책임 문제가 국제사법재판소의 강제관할권에 속한다는 점을 분명히 하고 있다. 제노사이드 범죄를 저지른 '개인'에 대해서는 제노사이드가 저질러진 영토의 국내 법정 또는 국제형사재판소ICC에서 처리하고(제6조), 국제적 의무를 다하지 못한 국가의 책임 문제는 국제사법재판소에서 해결하는 것이 유엔 제노사이드 협약의 기본 구조다. 이와 관련해 이스라엘은 남아공은 현 사태의 당사국이 아니며, 남아공이 국제사법재판소에 제노사이드 협약에 따라 임시 조치를 취해달라고 요구한 것은 각하되어야 한다고 주장했다. 그러나 국제사법재판소는 남아공과 이스라엘 모두 제노사이드 협약에 가입했고, 협약 당사국으로서 이 협약의 준수가 모든 가입국의 이해에 직접적인 영향을 미친다며 임시 처분 신청을 각하하지 않았다.[15]

이러한 판단은 2024년 1월부터 진행되었던 국제사법재판소의 심리에서 잘 나타난다. 국제사법재판소는 1월 11일 첫 심리를 열었다. 남아공은 로널드 라올라 법무부 장관 등이 이끄는 법률 팀이 이스라엘의 제노사이드 범죄 혐의를 조목조목 나열했다. 이스라엘의 제노사이드 행위는 2023년 10월 7일 시작된 것이 아니라 1948년 이스라엘 건국 이후 75년 동안 지속되어온 이스라엘의 아파르트헤이트, 56년간 불법 점령, 가자지구에 대한 16년간 봉쇄와 공격이라는 맥락에서 판단해야 한다고 주장했다. 10월 7일 하마스의 기습 공격[16]이 잔악한 공격임에 틀림없지만, 그렇더라도 그것이 결코 이스라엘의 가자지구 피란민·민간인 학살에 대한 정당성을 제공해주지 않는다고 비판했다.[17]

이에 대해 이스라엘은 남아공이 제노사이드라는 용어를 무기화하고 있다고 주장한다. 남아공이 테러 조직 하마스의 10월 7일 공격을 완전히 무시하고 있다면서 남아공은 하마스와 긴밀한 관계를 유지하고 있다고 주장했다. 하마스는 이스라엘과 팔레스타인 모두에게 끔찍한 피해를 입혔고 민간인들을 '인간 방패'로 이용했다면서 하마스야말로 제노사이드를 저질렀고 이스라엘은 팔레스타인 민간인을 보호하기 위한 작전을 수행하고 있다고 주장했다.[18] 이스라엘 네타냐후 총리도 "유대 국가를 상대로 가장 끔찍한 범죄를 저지른 테러 조직이 지금 홀로코스트라는 이름으로 옹호의 대상이 되고 있다. 이 얼마나 뻔뻔한 일인가"라 말하며 남아공을 비판했다.[19] 그러면서 "이스라엘은 민간인 피해를 줄이려 노력하며 국제법에 따라 행동하고 있다"고 맞받았다.

2024년 1월 26일에는 국제사법재판소가 남아공의 제소를 검토한 후 이스라엘에 팔레스타인 주민들에 대해 제노사이드 방지 조치를 취할 것, 제노사이드 선동 방지 및 처벌, 제노사이드 행위 관련 증거 보존, 가자지구 주민의 인도적 상황 개선과 긴급 지원 등 총 6개 항목의 임시 조치를 명령했다. 이는 어디까지나 국제사법재판소의 최종 판결이 나올 때까지 추가 피해를 막기 위한 일종의 가처분 명령 결정이었다.[20] 이스라엘은 국제사법재판소에 재판관할권이 없다고 주장했지만 인정되지 않았다.

임시 조치 결정에 대해 아녜스 칼라마르Agnès Callamar 국제엠네스티 사무총장은 "국제사법재판소의 결정은 제노사이드를 방지하고 잔혹한 범죄의 모든 희생자를 보호하는 국제법의 중요한 역할과 권위를 다시 한번 일깨워줬다"면서 "이는 이스라엘이 가자지구 인구를 대량 학살하고 전례 없는 규모로 팔레스타인에 죽음과 공포, 고통을 가하기 위해 무자비한 군사작전을 추진하는 것을 세계가 절대 침묵하지 않을 것이라는 분명한 메시지를 보내는 것"이라고 설명했다. 그러면서 이스라엘 정부와 국제 사회에 국제사법재판소의 임시 조치 이행 판결을 즉각 따를 것을 촉구했다. 또한 계속되는 국제 범죄를 막기 위해 이스라엘과 팔레스타인 무장 단체들에 대한 포괄적인 무기 금수 조치를 취해야 한다고 주장했다.[21] 그러나 이스라엘은 법적 구속력이 있는 국제사법재판소의 임시 조치 이행 명령을 따르지 않고 있다.

이와 별도로 국제사법재판소는 2024년 2월 19일부터 6일 동안 이스라엘의 팔레스타인 점령에 대한 심리를 진행했다. 2022년 12월 30일, 유엔 총회는 팔레스타인 자치정부의 심의 요청을 받아들여 이스라엘의 팔레스타인 점령에 대한 법리적 의견을 국제사법재판소에 구할 것을 결의한 바 있었다.

국제사법재판소는 이스라엘이 요르단강 서안지구와 동예루살렘, 가자지구 등 팔레스타인을 점령하고 펼치는 정책과 행위에 대한 법적 논란에 초점을 맞추었다. 재판부는 이스라엘이 1967년 3차 중동전쟁 이후 군사적으로 팔레스타인을 점령해왔고, 팔레스타인 주민들의 자결권을 부인해왔으며, 불법적 인권유린을 자행하고 있다는 사실을 확인했다. 2006년 1월 25일 하마스가 팔레스타인 총선에서 승리하고 집권하자 이스라엘은 가자지구를 전면 봉쇄했고, 그 후 다양한 군사 개입의 방법으로 통제를 강화해왔다. 이스라엘은 서안지구에서 유대인 정착촌을 지속적으로 확대하면서 팔레스타인 주민들을 몰아붙였다. 유엔은 이 상황을 불법으로 규정했지만, 이스라엘은 전혀 변화가 없었다. 오히려 네타냐후 총리 집권 이후에는 정착촌 인구가 70만 명에 이를 정도로 확대되었다. 물론 네타냐후 정권은 이러한 내용을 전혀 인정하지 않았다. 재판에 불참했던 이스라엘은 총리 성명으로 이번 재판이 생존적 위협에서 자신을 지킬 이스라엘의 자위권을 침해하는 것이라며 강력 반발했다.

그러나 재판에 참석한 50여 개국은 대부분 이스라엘을 성토했다. 특히 2월 19일 법정에 나선 팔레스타인 대표는 "이스라엘의 점령이 불법"이라며 "국제법을 지켜 부정의를 끝내고 정의와 지속적 평화를 이룰 수 있도록 해달라"고 호소했다. 남아공 대표도 "이스라엘이 과거 남아공의 백인 정권보다 더 극악한 아파르트헤이트를 저지르고 있다"고 지적했고, 사우디아라비아도 "팔레스타인 주민의 인권을 심각하게 유린하고 있다"고 성토했다. 프랑스 대표는 "요르단강 서안의 유대인 정착촌 건설은 불법"이라 말하며 이스라엘이 팔레스타인 주민 보호에 나서야 한다고 촉구했고, 아일랜드 대표는 "이스라엘이 정착촌을 확대해 서안지구 인구 구성을 근본적으로 유대인 우위로 바꾸려 한다고 비판했다. 이스라엘 편을 든 나라는 미국이었다. 미국 대표는 "이스라엘이 철군하기 위해선 이스라엘의 실질적인 안보적 요구를 충분히 고려해야 한다"며 이스라엘을 옹호했다.[22]

국제사법재판소가 이스라엘의 팔레스타인 점령에 대한 최종 판결을 팔레스타인에 유리하게 내리더라도, 이스라엘에 그 판결을 강제할 수단은 하나밖에 없다. 유엔 안전보장이사회의 결의안만이 국제법적 구속력을 갖고 있다. 이를 위해선 미국이 거부권을 행사하지 말아야 한다.

이와 관련해 유의미한 유엔 안전보장이사회 결의안이 통과되었다. 2024년 3월 25일, 안전보장이사회는 이스라엘과 하마스 간 즉각적인 휴전과 인질 석방, 인도주의적 접근의 보장 요구 등을 내용으로 하는 결의안을 통과시켰다. 비슷한 내용의 결의안이 미국의 거부권 행사로 세 차례 무산되었다가 통과된 것이었다.

안전보장이사회 결의안 통과 직후 주유엔 이스라엘 대사는 "하마스의 대학살이 이번 전쟁을 시작한 것"이라며 "안전보장이사회는 오늘도 작년 10월 7일 벌어진 대학살을 비난하는 것을 거부했다"고 강조하면서 이번 휴전은 하마스에만 유리할 뿐이라고 반발했다.[23] 그러면서 이스라엘은 안전보장이사회 결의안마저 제대로 이행하지 않고 있다. 이스라엘은 여전히 가자지구에 대한 폭격을 지속하고 있고, 인도적 지원을 방해하고 있다. 이와 관련해 유엔인권이사회와 특별위원회는 이스라엘의 행동에 대한 강력한 제재를 요구하면서 무기 금수 조치, 경제적 제재, 국제형사재판소를 통한 법적 대응 등을 촉구하고 있다. 유엔 안전보장이사회는 이스라엘이 결의안을 이행하지 않을 경우 추가 제재를 고려할 수 있지만, 제재의 수위를 둘러싸고 미국이 입장이 바꾸고 거부권을 행사할 수도 있다.

76년 추방, 57년 점령, 17년 봉쇄

팔레스타인에 1948년 5월 14일 이스라엘 건국은 삶의 터전을 빼앗긴 '나크바'(대재앙)였다. 이스라엘 역사학자 일란 파페는 현재 위기의 역사적 맥락으로 1948년 팔레스타인 전쟁과 계획된 '민족 청소'를 본격적으로 논의한다. 그에 따르면 10월 7일 하마스 공격으로 파괴된 유대인 정착촌 중에는 1948년에 팔레스타인 사람들이 가자지구로 강제 추방된 후 폐허가 된 마을자리에 건설한 곳도 있었다. 그는 1948년에 6개월 동안 500개 이상 마을에서 약 75만 명의 팔레스타인 사람들이 학살당하고 마을을 떠나 난민이 된 '대재앙'의 맥락을 강조한다. 데이비드 벤구리온 이스라엘 초대 총리와 그의 고문 그룹이 실행한 계획된 민족 청소였다는 것이다. 당시 세계는 이 사실을 주목했지만 비난하지는 않았고, 그 결과 이스라엘은 '역사적 팔레스타인'에 최소한의 원주민만 거주하도록 하기 위해 민족 청소라는 수단에 계속 의존해갔다고 평가한다.[24]

1967년 11월 22일 유엔 안보리에서 만장일치로 채택한 유엔 결의안 242호는 "최근 점령된 영토에서 이스라엘군의 철수"를 명시하고 있었지만, 이스라엘은 이를 무시하고 가자지구와 서안지구를 장기간 군사적으로 점령했다. 이 시기 팔레스타인 주민들은 이동의 자유를 제한받았고, 직장과 일상생활, 학교 및 의료시설 접근 등에 상당한 제약을 겪었다. 이스라엘군에 의해 임의로 체포 구금되는 일이 다반사였고, 재판 등 법적 절차 없이 이루어졌다. 가자지구에서 이스라엘이 완전 철수한 것은 2005년 9월이었다.

이스라엘군의 가자지구 완전 철수의 다른 이름은 16년이 넘는 '봉쇄 공격'이다. 역사상 가장 긴 포위 공격인 셈인데, 이를 이해하기 위해선 팔레스타인 인티파다의 역사를 들여다봐야 한다. 1987년 12월 발생한 1차 인티파다는 이스라엘의 점령과 폭력에 대항해 대규모로 전개된 팔레스타인 민중봉기였다. 이스라엘은 군대와 탱크를 동원해 진압을 벌였고, 팔레스타인은 돌을 던지며 저항했다. 하마스는 이러한 상황에서 창설되었다.[25] 1차 인티파다는 1993년 9월 오슬로 평화협정 전까지 계속되었는데, 5년 동안 팔레스타인 인명 피해는 1,100명의 사망자와 수만 명의 부상자, 수만 명의 체포 구금, 주택과 기반시설의 대량 파괴가 발생했다. 이에 비해 이스라엘의 인명 피해는 약 100명의 사망자와 3,100명의 부상자가 발생했다.

미국의 중재로 1993년 9월 오슬로 평화협정('임시자치정부에 관한 원칙 선언')이 이스라엘과 PLO 간에 성사되었다. 팔레스타인 독립국가를 세우는 '두 국가 해법'으로 팔레스타인 자치정부가 서안지구 라말라에 세워졌고 평화 공존의 가능성이 모색되었다. 그러나 현실에선 '국가'가 아닌 제한된 자치권과 외교권을 가진 '자치정부'에 불과했고 이스라엘군에 의해 포위된 형국이었다. 1995년 9월 2차 오슬로 협정 이후 서안지구와 가자지구에는 더 많은 유대인 정착촌이 건설되었고, 서안지구의 경우 마치 스위스치즈처럼 작게 쪼개진 구역 또는 분리 거주 구역으로 분할되었다. 서안지구는 A, B, C 지역으로 나뉘었는데, 자치정부가 통치하는 A지역은 팔레스타인 도시 지역으로 서안지구의 2퍼센트에 불과했다. B지역은 팔레스타인 농촌 지역으로 26퍼센트를 차지했다. 나머지 72퍼센트에 해당하는 C지역(유대인 정착촌과 팔레스타인 자치정부 활동 금지 지역)은 이스라엘이 통치했다. 서안지구 내 유대인 정착민들은 전용 고속도로를 이용해 이동 제한이 없었지만, 팔레스타인 주민들은 지역 도로와 도시 입구에 설치된 검문소를 거쳐야만 이동할 수 있었다. 팔레스타인인만 이 지역들 사이의 이동이 상당히 제한되었던 것이다. 가자지구도 팔레스타인 주민들과 유대인 정착민들 간 분리가 이루어졌다. 유대인 정착민들이 수원지 대부분을 차지했다. 그 결과 팔레스타인 주민들의 삶의 질은 심각하게 악화되어갔다. 게다가 평화협정 주역이었던 이스라엘 이츠하크 라빈Yitzhak Rabin 총리가 이스라엘 극우파에 의해 암살당했고, 1996년 총선에서 네타냐후가 이끄는 리쿠드당이 승리했다. 네타냐후 총리는 협정을 노골적으로 반대하며 평화 프로세스 진행을 늦추거나 제동을 걸었다. 가자지구는 철조망으로 둘러싸였고, 서안과의 연결이 거의 끊어졌다. 오슬로 평화협정 프로세스가 평화 공존을 위한 선택이 아니라 이스라엘의 점령을 팔레스타인 자치정부 스스로 합법화시킨 굴욕적 협정이라는 비판과 분노가 거세게 일었다.

이런 상황에서 2차 인티파다가 발생했다. 이스라엘의 극우파인 아리엘 샤론Ariel Sharon 리쿠드당 당수가 총선을 앞두고 동예루살렘 성전산에 있는 팔레스타인 성지 알 아크사 사원에 무장경찰을 동반해 진입했다. 이 행동이 팔레스타인들을 자극했던 것이다. 팔레스타인 시위대와 이스라엘 진압경찰 간 상호 폭력이 나선형을 만들었고, 끝내 이스라엘은 서안지구와 가자지구를 공습했다. 샤론은 2001년 이스라엘 총선에서 승리해 총리가 되었고, 이스라엘-팔레스타인 문제는 전쟁과 테러, 민간인 학살 양상으로 번져갔다. 결국 가자지구 경계선을 따라 고압전류가 흐르는 높은 장벽이 건설되어 가자지구는 지상에서 가장 큰 감옥이 되었다. 가자지구의 지중해 방면도 이스라엘 해군에 의해 봉쇄되었다. 가자지구에서 밖으로 나갈 수 있는 통로는 북쪽의 에레즈 검문소와 이집트 국경 라파 검문소뿐이었다. 통행증을 발급받아야만 검문소를 통과할 수 있었기 때문에 팔레스타인의 이동은 극히 제한적이었다.

이스라엘은 장벽을 건설한 후 장벽 주변을 일방적으로 접근 금지 구역으로 지정하고 장벽에서 300미터 이내에 있는 집과 농장을 파괴했다. 가자지구 전체 농토의 20퍼센트에 달했다. 이 구역으로 팔레스타인 농민들이 접근하면 무자비한 충격이 가해졌다.[26] 2002년에는 이스라엘군이 서안지구와 가자지구의 일부 지역에 군대를 파견해 재점령했고, 라말라에 있는 자치수반 집무실을 포위하기도 했다.

2차 인티파다 기간에는 이스라엘 민간인의 인명 피해도 컸다. 팔레스타인 자살폭탄 공격이 크게 증가했다. 이스라엘은 팔레스타인들의 저항을 테러로 규정해 무차별적인 진압 작전을 펼쳤다. 양측 간 피를 부르는 보복 공격이 반복되었다. 이 기간에 팔레스타인인 3,834명, 이스라엘인 1,812명이 희생되었다.[27] 자살폭탄 공격은 이스라엘의 피해자 이미지를 강화시키면서 이스라엘인들을 결집시키는 데 도움이 된 반면, 팔레스타인들을 분열시키고 1차 인티파다로 상징되는 팔레스타인의 대항 폭력에 대한 국제 이미지를 악화시켰다.[28]

2005년 1월 야세르 아라파트의 사망으로 치러진 팔레스타인 대통령 선거에서 온건파인 마흐무드 압바스가 새로운 자치정부 수반으로 당선되었다. 이스라엘 샤론 총리는 정상회담을 추진했고 2005년 2월 평화협정이 체결되었다. 협정에 따라 이스라엘군은 서안지구와 가자지구에서 철수했고 수백 명의 팔레스타인 수감자도 석방되었다. 그러나 이스라엘군의 재점령이 완전히 종식되지 않은, 팔레스타인 무장 정파들의 반이스라엘 무장 투쟁도 통제되지 못한, 그렇게 불완전한 상태로 유지되는 휴전이었다.

2006년 1월 팔레스타인 총선에서 하마스가 승리한 후 압바스 자치정부 수반이 이끄는 사회민주주의 성향의 정파인 파타를 가자에서 추방하고 가자지구에 대한 독점적 권력을 확보했다. 이에 이스라엘은 하마스 등 무장 정파에 대한 군사 작전의 강도를 높였고, 가자지구를 전면 봉쇄했다. 17년 '가자 봉쇄'의 시작이었다.

이와 관련해 이스라엘군의 완전 철수 조치의 실상은 서안지구에서 이스라엘의 지배력을 강화하는 한편, 가자지구를 외부에서 통제하고 감시할 수 있는 거대한 감옥으로 만들려는 전략의 일환이었다는 일각의 비판이 있다. 일란 파페는 철수 조치가 평화의 제스처라기보다 전략적 병력 재배치에 가까우며 이스라엘이 하마스의 팔레스타인 지배력 강화에 강력하게 대응하기 위한 것으로 보고 있다. 그러면서 그는 2006년 하마스 총선 승리 이후 이스라엘의 가자지구에 대한 억압적 조치들이 테러에 맞선 자기방어 전쟁이 아니라 가자지구 주민에 대한 '점진적 대량 학살'이라고 주장한다. 그는 이스라엘군이 여러 군사 작전을 이어가면서 점차 민간인과 비민간인 구분 없이 인구 전체를 작전의 주요 표적으로 삼았다고 주장한다. 그리고 이스라엘군이 보유한 모든 살상무기를 확대 사용했으며, 그 결과 팔레스타인 사상자 수가 급격하게 증가했다고 말한다. 그러면서 작전이 점차 전략으로 구체화되었는데, 이스라엘이 향후 가자지구 문제를 계산된 대량 학살 정책으로 해결하려 한 것이라고 주장한다. 하마스 무장 단체의 테러로 여겨질 수 있는 공격이 거세질수록, 가자지구 주민들이 계속 저항할수록, 이스라엘군의 비대칭적인 무력 사용은 자기방어 차원에서 정당하며 팔레스타인 민간인과 피란민 학살이 정책이 아니라 불가피한 부수적 피해라고 인정되는 상황이 거듭되었다. 그러다가 국제 사회가 개입해 이스라엘의 비대칭적인 무력 사용을 문제삼고 휴전을 압박하면, 이스라엘은 임시 휴전을, 하마스는 긴 휴전을 요구하며 갈등하다가 결국 적정 수준에서 이스라엘의 요구대로 수렴되었다. 그리고 이스라엘이 가자지구 봉쇄를 완화하지 않았기 때문에 휴전상태가 지속될 수가 없다는 게 문제다. 가자지구 주민들이 겨우 연명할 수 있을 정도의 필수품의 양만 반입하는 것을 허용했고 출입 이동 제한은 여전했다. 이스라엘은 가자 경제를 붕괴 직전의 상태로 유지하는 정책을 유지했다. 여기서 하마스가 판 땅굴(지하터널)을 둘러싸고 이스라엘과 하마스의 입장이 첨예하게 갈등했는데 이스라엘은 다른 납치 작전과 군사적 용도로 판 땅굴이라고 주장했고, 하마스는 식량을 반입하고 사람을 대피시키며 저항 전략의 일환으로 만든 것이라고 주장했다. 무엇이 진실이든 간에 이스라엘은 이 땅굴을 구실로 휴전을 반복적으로 파기했다.[29]

이스라엘의 가자지구 전면 봉쇄정책은 실패했다. 이스라엘은 서안지구나 이스라엘 내 다른 지역으로 일자리를 구하러 나가려던 팔레스타인 노동자들의 이동 신청을 대부분 불허했고, 치료가 불가능한 환자들의 외부 이동까지 막았다. 가자지구의 경제 상황은 최악으로 치달았다. 2022년 실업률은 정말 심각한 수준인 약 47퍼센트로 증가했고, 인구 60퍼센트가 빈곤층으로 전락했으며, 약 64퍼센트는 식량 위기상태에 놓여 있다. 만성적인 물 부족과 전력난은 생존 위기를 더욱 가중시켰다. 이스라엘의 계속된 폭격은 물 부족 위기를 더 가속화했다. 제 기능을 하지 못하는 수도관을 다시 설치하려면 기계류와 콘크리트, 상하수도관 등이 필요하지만, 이스라엘군은 하마스가 군사적으로 이용할 것을 우려하여 물품 반입을 모두 틀어막았다. 하나뿐인 발전소도 2023년 10월 하마스 공격 이후 가동을 멈추었다.

이스라엘은 가자지구에 대한 강력한 봉쇄만이 양측 국민을 보호하고 하마스를 궤멸시킬 수 있는 유일한 방법이라고 주장하고 있다. 하지만 실상은 가자지구 주민의 분노를 기반으로 하마스의 힘만 키웠을 뿐이다. 애초 가자지구 생존을 압박해 주민 봉기를 이끌어내서 하마스의 지배를 내부에서부터 전복시키려 했던 정치적 전략은 극우파들의 환상이었을 뿐이다. '잔디깎기' 전략이라는 표현이 있다. 한동안 하마스의 도발을 지켜보다가 일정 수위를 넘는다 싶을 때 압도적인 공세를 퍼부은 뒤 당분간 휴전상태를 유지한다는 전략이다. 네타냐후 총리는 '하마스 잔디'를 성공적으로 깎았다고 자찬해왔지만, 잔디는 매번 더 억세게 자라났고, 반복되는 상호 보복 속에서 인적·물적 피해는 기하급수적으로 늘어나고 있다.[30]

네타냐후 총리와 극우 내각은 이번에야말로 '하마스 궤멸'을 외치면서 "인간 짐승과 싸우고 있으며 그에 따라 행동"하고 있을 뿐이라고 강변하고 있다. 그러나 팔레스타인 피란민과 민간인들의 최후 보루처 가자지구 최남부 라파Rafah를 표적으로 폭격과 지상 작전을 전개한 그들의 모습은 제노사이드 가해자와 다를 바 없다. 친네타냐후 성향의 채널14의 한 출연자는 네타냐후 정권에 "가자를 드레스덴으로 만들어야 한다"고 촉구했고, 이스라엘 소셜 미디어에는 가자를 "지워야 한다"거나 "평지로 만들어야 한다"와 같은 말들도 떠돌아다닌다. 텔아비브에 있는 한 다리에는 "제로 가자인들 Zero Gazans" 배너가 걸려 있기도 했다.

가자지구에 대한 네타냐후 정권의 제노사이드적 공격은 매우 노골적이고 공개적이다. 심지어 부끄러워하지도 않는다. 네타냐후 총리와 갈란트 국방장관 등 정권의 핵심 수뇌부는 제노사이드 가해자가 가질 법한 인식과 동기, 목표를 너무나 공공연하게 내뱉고 있다. 나치의 유대인 학살 사례 말고 과거에 이런 경우가 있었나 놀랄 정도다. 그래서일까? 제노사이드와 홀로코스트를 연구하는 이스라엘 역사학자 라즈 시걸Raz Segal은 네타냐후 정권에 대해 뼈 있는 일침을 날린다. "우리 눈앞에서 벌어지고 있는 가자지구에 대한 공격은 교과서에 실릴 만한 제노사이드 사례다." 그는 구체적으로 이스라엘 내 정착민 식민주의와 유대 우월주의, 홀로코스트의 왜곡을 통한 이스라엘 군수 산업의 강화, 팔레스타인에 대한 이스라엘 폭력을 정당화하기 위한 반유대주의 비난의 무기화, 그리고 인종차별적인 이스라엘의 아파르트헤이트 체제에 대해서도 지적했다.[31]

2023년 10월 22일, 홀로코스트와 제노사이드를 연구하는 세계 석학들도 현재의 '이스라엘-팔레스타인 위기'를 두고 나치즘이나 홀로코스트와 비교하는 이스라엘 및 서구 지도자들의 태도에 비판을 가했다. 그들은 네타냐후 총리, 갈란트 국방장관 길라드 에르단Gilad Erdan 주유엔 이스라엘 대사 등과 바이든 미국 대통령 등의 '홀로코스트 소환'을 구체적으로 언급하며 지적했다. 특히 네타냐후 정권 핵심 인사들이 "가자에 대한 집단 처벌을 야만에 맞서는 문명의 싸움으로 묘사하기 위해 홀로코스트 프레임을 사용하고 있는데 이러한 수사는 팔레스타인에 대한 인종차별적인 서사를 부추긴다"고 강조하면서 "75년간의 추방, 56년간의 점령, 16년간의 가자 봉쇄"라는 현재 위기의 발생 맥락을 지운다고 비판했다. 더 나아가 "어둠의 자녀들"과 "인간 동물", "순수한 팔레스타인"은 없고 "하마스라는 신나치"의 부역자만 있을 뿐이라는 식의 선동은 대량 폭력의 메아리만 불러올 뿐이라고 지적했다.[32]

제노사이드 범죄에 대한 국가 책임과 가해자 처벌의 가능성

2024년 5월 17일, 국제사법재판소에서 이스라엘의 제노사이드 범죄 혐의에 대한 심리가 진행되었다. 이스라엘이 가자지구 전체 인구 230만 명 중 140만 명이 몰려 있는 라파를 대상으로 폭격과 지상전을 벌이고, 수십만 명의 피란민들이 다시 다른 지역으로 피란길을 떠나는 등 사태가 매우 심각해지자 남아공이 이를 제지하기 위한 임시 조치 성격의 긴급명령을 내려달라고 요청한 결과였다. 남아공은 "라파에서 이스라엘의 행위는 인간이 거주할 수 있는 지역으로서 가자지구를 완전히 파괴하려는 엔드게임의 일부"라고 주장했다. 이에 대해 이스라엘 변호인단은 "모든 전쟁이 그렇듯, 이 전쟁은 이스라엘과 팔레스타인에 비극적이며 끔찍한 인명 피해를 일으켰지만, 제노사이드는 아니다"라고 주장했다. 그러면서 "무력 충돌과 제노사이드는 동의어가 아니"라며, 남아공의 요청이 "노골적인 왜곡으로 가득 찼고 하마스 테러리스트들이 남아공을 지렛대로 국제사법재판소를 악용하고 있다"며 기각을 요청했다.[33]

2024년 1월과 3월에 국제사법재판소가 내린 임시 조치 명령에 이어 이번에도 3차 임시 조치 명령이 내려질 것이다. 하지만 법적 구속력이 있는 이 긴급명령이 유엔 안전보장이사회에서 거부되지 않은 채 강제 수단을 갖출 수 있을지는 난망하다. 이스라엘과 하마스 간 비대칭적인 대량 폭력과 전쟁 이면에서 양측의 민간인들이 죽어나가는 '더러운 전쟁'은 끝날 기미가 보이지 않는다. 무엇보다 제노사이드 범죄 혐의에 대한 이스라엘 국가 책임을 묻는 본안 소송 판결은 아마도 수년 또는 그 이상이 걸릴 수도 있다. 예컨대 국제사법재판소에서 세르비아가 저지른 제노사이드 범죄 여부에 대한 판결이 그러했다. 국제사법재판소도 보스니아의 요청을 받고 '민족 청소'를 중단시키기 위한 임시 조치를 취했지만, 1995년 스레브레니차 대량학살 등 보스니아 영토 내 세르비아군의 군사 작전과 세르비아계 무장 권력 조직들의 대량 폭력을 막지 못했다. 국제사법재판소에 제소된 이 사건은 소송 제기부터 본안 심리가 완료되고 최종 판결이 나올 때까지 14년이 걸렸다. 국제사법재판소는 세르비아에 제노사이드 협약 위반으로 유죄 판결을 내렸다. 다만 제노사이드 예방 의무를 위반한 것에 대한 유죄였고, 스레브레니차 대량 학살에 대한 세르비아의 제노사이드 범죄 여부에 대해서는 무죄였다.[34]

제노사이드 범죄에 대해 국가 책임을 묻는 국제사법재판소와 달리 제노사이드 범죄를 지시·공모·수행한 핵심 (가해자) 개인에 대한 형사 책임을 묻는 국제형사재판소의 행보도 주목된다. 제노사이드 범죄로 기소되어 유죄 판결을 받은 첫 사례는 1994년 르완다 투치족에 대한 대량 학살을 선동하고 학살을 지시한 타바 시장 장 폴 아카예수Jean-Paul Akayesu였다. 1995년 5월에는 세르비아의 슬로보단 밀로셰비치 대통령이 현직 국가원수로는 최초로 코소보 대량 학살 사건과 관련해 반인도 범죄로 기소되었다. 그는 대통령 퇴임 후 2001년 11월 스레브레니차 대량 학살과 관련한 제노사이드 범죄 혐의가 인정되어 추가 기소되었다. 구유고슬라비아 국제형사재판소ICTY에서 14년 동안 재판이 진행되었는데, 본안 심리가 끝나기 전에 심장질환으로 사망했다. 2010년 7월에는 수단 다르푸르 대량 학살과 관련해 수단 오마르 알바시르 대통령이 제노사이드 범죄 혐의로 기소된 첫 현직 국가원수가 되었다. 2009년 3월 이미 그는 전쟁 범죄와 반인도 범죄로 국제형사재판소에 의해 체포 영장이 발부되었다. 당시 체포 영장에는 제노사이드 범죄 혐의가 적시되어 있었지만, 영장심사 재판부는 제노사이드 범죄의 '명백한 의도'를 입증하지 못할 것으로 보고 제외했다고 한다. 알바시르 대통령은 2019년 군부 쿠데타로 축출된 후 수단 국내 법정에서 부패 등 여러 혐의로 기소되어 교도소에서 형기를 치르고 있었다. 이 과정에서 국제형사재판소로 신병을 인도하는 문제가 쟁점이 되었다.[35] 2021년 10월 수단은 국제형사재판소에 수배 중인 알바시르와 관련자들의 신병을 인도하겠다고 발표했다. 하지만 2023년 수단 내전 발발과 신속지원군RSF의 교도소 습격으로 알바시르는 행방불명 상태에 있다.[36]

국제형사재판소는 2014년 7월 8일부터 약 50일간 전개된 3차 가자전쟁에서 벌어진 일에 주목했다. 이스라엘은 가자지구 안으로 지상군을 투입해 군사 작전('방어의 날')을 벌였다. 전면전 양상으로 전개된 이 작전 과정에서 팔레스타인인 2,168명이 사망했고 가옥 7,000여 채, 가자지구 내 유엔 시설 118개소가 파괴되었다. 사망자의 대다수는 민간인이었다. 유엔 인도주의 업무 조정국UNOCHA에 따르면, 사망자 중 어린이 비율이 26퍼센트였다. 이스라엘 측에서는 군인 67명과 민간인 5명이 사망했다.[37] 국제형사재판소 파투 벤수다 수석검사는 이때부터 이스라엘의 전쟁 범죄에 대한 예비조사를 시작했다.

2018년 3월 가자지구 주민들이 분리 장벽 근처에서 진행한 '위대한 귀향 행진' 시위 과정에서도 팔레스타인인의 피해가 컸다. 이스라엘군이 탱크를 동원하여 행진 가담자를 사살하면서 시위를 진압했고 이에 수개월간 충돌이 이어진 것이다. 벤수다 수석검사는 예비조사 결과를 바탕으로 정식 조사에 필요한 관할권 문제를 판단해달라고 요청했고, 국제형사재판소는 2015년 팔레스타인이 회원국으로 참여해 당사국 지위가 있으므로 서안지구와 가자지구 등 팔레스타인 영토도 재판 관할 지역에 해당한다는 결정을 내렸다. 벤수다 수석검사는 "팔레스타인에 대해 조사할 타당한 근거가 있으며 전쟁 범죄가 저질러졌거나 지금도 저질러지고 있다"고 지적했다. 그러면서 하마스의 행위도 조사 대상이 될 수 있다고 밝혔다.[38]

이에 대해 이스라엘 네타냐후 정권은 격하게 반발했고, 미국 트럼프 행정부도 반대했다. 트럼프 행정부는 벤수다 수석검사와 관할권 담당 간부인 파키소 모초초코를 블랙리스트에 올리면서 국제형사재판소를 직접적으로 압박했다. 벤수다 수석검사의 비자를 취소했고 자산을 동결했다. 미국은 로마 규정 회원국이 아니며 자체적으로 전범을 처벌하는 만큼 국제형사재판소가 개입하지 말라는 경고였다. 2021년 벤수다 수석검사는 퇴임했고, 이스라엘-팔레스타인 문제의 조사는 중단되었다.[39]

2023년 10월 7일 하마스 공격 이후 역대 최악의 가자전쟁과 대량 학살이 실시간 보도를 통해 눈앞에서 벌어졌다. 이스라엘의 가자지구 폭격과 지상군 군사 작전에 대해 날이 갈수록 비판하는 국가들이 늘어갔다. 특히 이스라엘의 라파 폭격에 대해서만큼은 이스라엘의 전통적 우방국인 미국, 영국, 독일, 프랑스도 비판 대열에 합류했다. 미국과 유럽에서는 대학가를 중심으로 '팔레스타인 학살 중단'과 '팔레스타인 해방' 시위가 계속되었고, 대다수 국제 여론도 이스라엘-하마스 전쟁 프레임으로 국한하지 않고 이스라엘의 팔레스타인 민간인 대량 학살에 집중하면서 비판적으로 바라보았다. 유엔 인권이사회 등 국제인권레짐 내 국제기구들, 유엔 총회와 안전보장이사회에서조차 미국을 제외하면 거의 모든 회원국들이 인도주의적 위기와 민간인 피해에 대해 깊은 우려를 표명하면서 장기적인 휴전을 촉구했다.

벤수다 수석검사의 후임인 카림 칸Kalim A. A. Khan 수석검사는 2023년

10월 27일 이집트 카이로에서 기자회견을 갖고 가자지구 민간인들을 전면 봉쇄하고 식량과 의약품마저 끊은 이스라엘에 대해 로마 규정에 따른 형사 책임을 물을 수 있다고 경고했다. 그는 이번 공격뿐 아니라 전임 벤수다 수석검사가 조사해왔던 2014년 이후의 전쟁 범죄 혐의들에 대해서도 면밀히 검토할 것임을 시사했다. 그는 당시 "결단력을 가지고 조사하겠다"며 강한 의지를 드러냈다. 이는 2024년 5월 20일 이스라엘과 하마스 양측 지도부에 대해 체포 영장을 청구했다는 공개 성명으로 이어졌다. 남아공과 스위스, 리히텐슈타인 등 여러 국가들이 국제형사재판소의 개입을 요청했고, 국제 형사재판소 또한 이를 적극적으로 검토하고 나서는 모양새다.

칸 수석검사가 재판부에 체포 영장을 청구한 대상은 네타냐후 총리와 갈란트 국방장관, 그리고 하마스 지도자 야히아 신와르, 하마스의 군사 조직 알카삼 여단의 모하메드 데이프 사령관, 하마스 정치부를 이끄는 이스마일 하니예였다. 칸 수석검사는 하마스 지도부 3인에 대해서는 로마 규정에 따라 반인도 범죄로서 살해와 절멸, 전쟁 범죄로서 납치, 성폭행, 다른 성적 폭력, 고문 등에 책임이 있다고 밝혔다. 즉 2023년 10월 7일 공격으로 이스라엘 민간인 수백 명을 학살하고 최소 2,345명의 인질을 납치했으며 비인도적 환경에서 감금하고 성폭력을 저지른 증거가 있다는 것이다. 또한 이스라엘 네타냐후 총리와 갈란트 국방장관에 대해서도 반인도 범죄로서 살해와 절멸, 민간인들에 대한 고의적 공격 지시, 전쟁 수단으로서 민간인 기아를 유발하고 주요 식수원과 전기 공급을 차단한 책임이 있다고 밝혔다. 그는 "이스라엘도 국가를 지키기 위해 행동을 취할 권리가 있지만, 이러한 권리가 이스라엘에 국제인도법을 준수해야 할 의무까지 면제해주는 것은 아니"라고 강조했다.[40]

이에 대해 이스라엘과 미국 정부는 격하게 반발하고 있다. 네타냐후 총리는 "세상에서 가장 도덕적인 이스라엘군을 살인과 사체 방화, 참수, 성폭행을 일삼는 하마스 괴물과 비교하다니 뻔뻔하다"며 "이는 완전한 사실 왜곡이며, 새로운 반유대주의"라고 반발했다. 그러면서 "홀로코스트 이후 유대인을 향한 최악의 공격을 저지른 대량 학살 테러 조직 하마스에 맞서 '정당한 전쟁'을 벌이고 있다"고 강조했다. 네타냐후는 칸 수석검사가 나치 독일 시절 판사들과 다를 바 없다는 격앙된 말을 공개적으로 내뱉었는데, 네타냐후 총리에 대한 체포 영장 발부가 국가원수급 최고 지도자로서는 리비아 무아마르 카다피 대통령, 수단 오마르 알바시르 대통령, 러시아 블라디미르 푸틴 대통령에 이어 네 번째였기 때문이다. 그리고 미국의 동맹국 정상으로서는 최초에 해당한다.

미국 바이든 대통령도 가자지구, 특히 라파의 군사 작전과 팔레스타인 민간인·피란민 희생에 대해 크게 우려했지만, 그럼에도 "이스라엘과 하마스를 등치시킬 수는 없다. 우리는 안보 위협에 맞서 이스라엘을 언제나 지지하겠다"고 밝혔다. 마이크 존슨 미 하원의장도 성명을 내 칸 수석검사가 "근거 없고 불법적인 결정을 했다"고 비난하면서 "의회는 그들이 더 나간다면 국제형사재판소와 그 지도부를 벌하기 위해 제재를 비롯한 모든 수단을 검토하겠다"고 경고했다. 칸 수석검사의 전임이었던 벤수다 수석검사에 대한 제재 사례가 있으니 국제형사재판소에 상당한 압박을 행사하는 말이었다. 미국에서는 버니 샌더스 상원의원이 네타냐후 총리가 팔레스타인 인구의 5퍼센트를 살상하는 "전례 없는 파괴적 전쟁을 벌이고 있다"며 "국제형사재판소의 조치는 옳다"고 상반된 의견을 공개 표명했다.[41]

하마스도 공식적으로 강하게 반발하고 있다. 하마스는 2023년 10월 7일의 공격 이후 가자지구에서 발생한 인도적 위기에 대한 책임을 이스라엘에 돌리고, 자신들의 무장 저항 행위는 정당한 저항권 행사라고 주장하고 있다. 칸 수석검사가 이스라엘과 하마스 지도부 양측에 체포 영장을 청구한 것은 정치적 동기에 의해 이스라엘의 전쟁 범죄를 은폐하고, 국제 정의를 왜곡하는 행위라고 비판했다.

지금 이스라엘과 팔레스타인 문제는 국제사법재판소와 국제형사재판소에서 사법적 정의 추구를 위한 장으로 이동했다. 국제사법재판소에서는 전쟁 양상의 갈등을 완화시키기 위한 임시 조치 결정, 전쟁 범죄·반인도 범죄·제노사이드 범죄 혐의로 관련 협약 여부의 판단, 이스라엘의 국가 책임 및 법적 구제 여부에 대한 판단이 다뤄질 것이다. 그리고 국제형사재판소에서는 만약 체포 영장 청구가 재판부에 받아들여지면, 이 범죄들에 대해 책임 있는 최고 지도층 인사들의 범죄 의도 입증 및 형사 처벌에 대한 판단이 다뤄질 것이다.

지금까지 국제형사재판소는 민간인 사회 집단들이 공개적 선동에 의해 악이나 짐승으로 비인간화되고, 군 또는 준군사 조직에 의한 진압과 토벌이라는 군사 작전으로 대량 학살이 자행되더라도, 심지어 광범위한 사회적 파괴가 이루어지더라도, 이를 지시한 최고 지도자를 제노사이드 협약 위반의 범죄로 체포 영장을 청구한 적은 없었다. 보통 전쟁 범죄와 반인도 범죄로 걸었다가, 재판 심리가 진행될 때 제노사이드 범죄 혐의를 추가 기소하는 패턴을 보여주었다. 최고 지도자의 '명백한 의도' 입증 문제가 언제나 걸림돌이었기 때문이다. 제노사이드 협약상 제노사이드 및 제노사이드 범죄 행위의 정의를 개정해야 한다는 목소리가 협약 탄생 이래 폭넓게 제기되어 왔다.

제노사이드 협약이라는 그물의 국제법적 유효성과 사법적 정의 수립에 대한 기대, 사법적 절차를 진행시킬 때 발생하는 정치적 효과에 대한 기대 때문에 그물에 나 있는 구멍(협약의 한계)을 메우고 해진 그물코를 촘촘하게 수선하자는 시도들이 있다. 그러나 협약상 제노사이드 및 제노사이드 행위에 대한 정의가 내포하고 있는 근본적인 한계들을 수선만으로 극복할 수 있는지 회의적이다.

어떻게 제노사이드 범죄에 대한 국가 책임과 가해자 처벌의 가능성을 높일 것인가? 우선 제노사이드 협약 개정을 통해 근본적으로 제노사이드 및 제노사이드 행위에 대한 정의가 가지고 있는 법적 한계를 넘어설 수 있도록 새롭게 재정의할 필요가 있다.

제노사이드를 폭력적인 사회 갈등의 확대 맥락으로 다루는 것은 제노사이드를 정상적 사회 현상의 바깥에 있는, 예외적인 것으로 다루는 접근과 결별하는 것이다. 제노사이드가 어떻게 그 이전의 갈등 및 타자화의 역사와 연결되어 있는지, 심지어 전쟁 현상과 관계되는지를 고려하는 것이다. 가자지구에서 벌어지는 제노사이드는 1967년 이후 계속되는 군사 점령과 2007년 이후 계속되는 가자지구 전면 봉쇄의 역사 속에서, 그리고 이스라엘 내 정착민 식민주의와 유대지상주의, 홀로코스트의 왜곡을 통한 이스라엘 군수 산업의 강화, 팔레스타인에 대한 이스라엘 폭력을 정당화하기 위한 반유대주의 비난의 무기화, 그리고 인종차별적인 이스라엘의 아파르트헤이트 체제 구축의 맥락 속에서 주의 깊게 이해될 필요가 있다.

제노사이드는 가해자의 일방성과 피해자의 무력함으로 채워지는 것은 아니다. 상호 비대칭적이고 불평등하지만 이스라엘의 극우 정권과 팔레스타인의 근본주의적 무장 정파 사이에서 메아리치며 확대되는 폭력적 사회 갈등 또는 심지어 전쟁 양상에서 벌어진다. 팔레스타인의 무장 저항은 1차 인티파다 때처럼 반폭력 저항의 가능성을 보여주기도 했지만, 2000년대 이후에는 저항의 테러화와 국지적 군사 공격과 학살의 양상으로 치닫고 있다. 2023년 10월 7일 이후의 하마스의 공격은 제노사이드적 학살의 성격이 다분하다.

제노사이드 협약이 만들어지면서 제노사이드 정의는 법적 틀에 갇혀버렸다. 이를 비판하는 학술적인 논쟁도 결과적으로 제노사이드를 물리적인 대량 학살로 축소시켜버렸다. 어디까지가 제노사이드인지 극심한 범위 논쟁을 거치면서 수많은 '사이드'들로 분할되기까지 했다. 하지만 협약 이전 라파엘 렘킨이 만들고 발전시킨 제노사이드 개념은 본래 일반적이고 보편적인 측면이 있었다. 앞서 제시한 제노사이드 및 제노사이드 행위를 사회학적으로 재구성하고 현실의 제노사이드들에 대해 설명력을 높이려는 시도는 "삶의 본질적인 토대들에 대한 파괴"로서 제노사이드를 파악했던 렘킨의 문제의식으로 돌아가는 것이다. 이러한 새로운 시도와 제안이 협약 제2조 개정의 장에서 법적인 한계를 뛰어넘는 논의를 마련하는 계기가 될 수 있기를 바랄 뿐이다.

국제형사재판소의 보편적 관할권을 현실적으로 어떻게 더 강화시킬 수 있는지에 대한 논의도 필요하다. 제노사이드 협약 제6조는 50년이 지나서야 호흡할 수 있게 되었고, 그로부터 4년이 더 지나서야 국제형사재판소 설립으로 실현될 수 있었다. "국제형사재판소의 관할권을 허락한 체약국"은 로마 규정에 서명하고 비준한 국가를 의미한다. 다시 말해 국제형사재판소는 현재 로마 규정을 서명 비준한 124개 국가 내에서 전쟁 범죄, 반인도 범죄, 제노사이드 범죄 등을 저지른 개인에 대해 조사(범죄 보고 및 예비 조사,

본 조사), 체포 영장 청구 및 발부, 체포 및 신병 인도, 사전 절차, 본 재판, 항소 및 최종 판결, 형 집행의 절차들을 진행할 수 있다.

그러나 그동안 관련 사례들에서 확인된 현실은 국제형사재판소의 관할권 행사가 여러 이유로 심각하게 제약되는 상황이었다. 일단 미국과 러시아 등 세계 각지에서 군사 작전을 전개하는 국가들은 로마 규정 회원국이 아니었거나(서명 후 비준 거부 포함) 나중에 문제가 생겨 탈퇴했고, 따라서 국제형사재판소의 관할권이 미치지 못했다. 회원국인 피해 국가의 영토에서 자행된 범죄에 대해 가해 국가의 책임 있는 지도자가 혐의가 있는 경우 국제형사재판소는 관할권을 행사하려 시도했지만 거부된 경우가 많았다. 자국민을 국제재판소에 인도하는 것을 금지하는 국내법이 있는 국가의 경우 거부되었고, 특정 국가는 정치적 이유로 인해 자국의 가해 책임이 있는 지도자를 외교적으로 보호하고 신병 인도를 거부했다. 심지어 가해 책임자가 회원국의 영토로 정치적·외교적 성격의 방문을 했을 경우 그 회원국마저 외교적 이유로 가해 책임자를 보호하는 일마저 생겼다. 여러 사례를 얘기했지만, 결국 아무리 명분이 있고 국제 사회의 지지가 있어도 힘이 미치지 못해 관할권을 행사할 수 없었던 것이다.

우크라이나를 상대로 러시아가 자행한 전쟁 범죄, 반인도 범죄, 제노사이드 범죄에 대해 국제형사재판소가 조사하고 체포 영장을 발부한 것을 두고 미국, 영국, 독일, 그리고 유럽연합의 국가들은 환영하고 적극 협력하는 반면, 팔레스타인을 상대로 이스라엘이 자행한 같은 범죄에 대해선 국제형사재판소를 비난하고 심지어 여러 제재 조치들을 예고하고 협박까지 하고 있다. 전쟁과 민간인에 대한 대량 폭력을 반복하고 확대하는 국제정치적 현실은, 그리고 자신은 선으로, 상대는 악으로 간주하면서 각자 자신이 벌이는 전쟁은 '정당한 전쟁'으로, 폭력은 그에 따른 부수적 피해로 주장하는 현실은 국제형사재판소의 보편적 관할권 확대에 가장 큰 장애물이다.

그럼에도 국제형사재판소는 피해자를 보호하고 끔찍한 국제 범죄를 저지른 개인들을 처벌하여 사법적 정의를 실현하고 평화 공존의 역할을 다하기 위해 보편적 관할권 확대를 위한 여러 방안을 모색해야 한다. 미국, 러시아, 중국 등 초강대국과 해당 범죄들이 반복 확대되는 중동 및 아프리카 지역의 가해 국가들은 로마 규정의 비회원국들이다. 어떻게 하면 이 초강대국들과 비회원국들이 로마 규정을 비준하도록 정치적·외교적으로 설득하고 공감을 끌어낼 수 있을까? 민간인과 피란민을 절대 보호해야 한다는 원칙, 누구라도 재판 등 적법한 절차 없이 함부로 살해할 수 없다는 원칙, 점점 악화되는 폭력의 나선형을 군사적 해결책을 통해 최종적이고 불가역적으로 처리하겠다는 생각보다는 전쟁과 제노사이드 중단이라는 공감과 외침의 메아리로 지난하고 어렵지만 인권정치·외교의 해결책을 모색해야 한다는 생각이 모아지고 인정될 때, 로마 규정의 추가 가입과 비준을 이끌어낼 수 있지 않을까?

유엔의 역할도 중요하다. 유엔 안전보장이사회는 로마 규정 제13조(b)에 근거해 국제형사재판소에 전쟁 범죄, 반인도 범죄, 제노사이드 범죄 관련 사건들을 회부할 수 있는 권한을 갖고 있다. 수단 다르푸르 사건이 대표적인 사례다. 2005년 3월 31일 결의안 1593을 채택해 유엔 안전보장이사회는 제노사이드 범죄, 반인도 범죄, 전쟁 범죄 혐의로 조사와 기소를 요청했다. 주요 피의자는 알바시르 대통령과 전 내무부 장관, 국방부 장관, 그리고 잔자위드 민병대 지도자였다.

그러나 국제형사재판소에 사건을 회부하는 것은 안전보장이사회 상임이

사국의 거부권 행사로 무산되는 경우가 많았다. 상임이사국들 간 정치적 이해관계가 상충할 시 결국 사건 회부 여부는 정치적 타협으로 결정되었다. 시리아의 전쟁 범죄에 대한 회부 시도가 러시아와 중국의 거부권 행사로 무산되기도 했다. 전쟁 범죄, 반인도 범죄, 제노사이드 범죄에 대해서만큼은 유엔 안전보장이사회의 회부 권한이 보다 투명하고 무엇보다 일관되게 행사될 수 있도록 정치적 합의와 제도적 개선이 필요해 보인다.

주

제1장 폭력 비판에서 제노사이드 연구로

1 배동인, 〈폭력에 대한 사회학적 고찰〉, 한국사회학회, 《한국사회학》 제21호, 1987, 193
  ~194쪽.

2 막스 베버, 박성환 옮김, 《경제와 사회 I》, 문학과지성사, 1997, 187쪽.

3 김도현, 〈법의 폭력성: 법과 폭력의 관계에 대한 고찰〉, 《현상과 인식》, 1998, 71쪽.

4 김도현, 〈법의 폭력성: 법과 폭력의 관계에 대한 고찰〉, 82쪽.

5 김도현, 〈법의 폭력성: 법과 폭력의 관계에 대한 고찰〉, 82쪽.

6 김정한, 〈정의로운 폭력은 가능한가〉, 《황해문화》 117호, 2022, 50~53쪽.

7 사카이 다카시, 김은주 옮김, 《폭력의 철학》, 산눈, 2006, 7~8쪽.

8 사카이 다카시, 《폭력의 철학》, 11쪽.

9 김정한, 〈정의로운 폭력은 가능한가〉, 53~54쪽.

10 조르조 아감벤, 김항 옮김, 《예외상태》, 새물결, 2019, 119쪽.

11 발터 벤야민, 최성만 옮김, 《역사의 개념에 대하여, 폭력 비판을 위하여, 초현실주의 외》,
  길, 2008, 96쪽.

12 자크 데리다, 진태원 옮김, 《법의 힘》, 문학과지성사, 2004, 75쪽.

13 주디스 버틀러, 김정아 옮김, 《비폭력의 힘: 윤리학―정치학 잇기》, 문학동네, 2022,
  162~164쪽.

14 강성현, 《작은 '한국전쟁'들―평화를 위한 비주얼 히스토리》, 푸른역사, 2021, 61~62쪽.

15 강성현, 《작은 '한국전쟁'들—평화를 위한 비주얼 히스토리》, 65쪽.

16 김정한, 〈정의로운 폭력은 가능한가〉, 55~59쪽; 슬라보예 지젝, 박정수 옮김, 《잃어버린 대의를 옹호하며》, 그린비, 2009, 245쪽; 자크 데리다, 《법의 힘》, 135쪽; 주디스 버틀러, 《비폭력의 힘: 윤리학–정치학 잇기》, 160~183쪽.

17 간디의 비폭력저항주의는 살아남을 수 있었다. 그러나 그것은 인도에 대한 영국제국주의의 정책적 특징의 산물이기도 했다. 그리고 간디의 비폭력저항주의는 인도를 대영제국으로부터 '해방'시켰지만, 폭력으로부터 '해방'시키지는 못했다. 대영제국의 식민지 통치기구, 즉 국가폭력 장치(법, 군, 경찰 등 제도와 조직)는 그대로 지속되었고, 주변국과의 영토 분쟁 및 전쟁을 거쳐 지역 맹방이 되었으며, 핵무기 보유국이 되었다. 근대화된 카스트 제도 등 인도 사회 내부를 향한 폭력성 역시 여전히 극심하다.

18 진태원, 〈전쟁, 폭력, 반폭력에 관한 몇 가지 성찰〉, 《황해문화》 117호, 새얼문화재단, 2022, 34~35쪽.

19 초객체적 폭력은 때로는 초주체적 폭력과 함께 나타나기도 하지만, 그것과 개념적으로 구별되는 특성을 지니고 있다. 초객체적 폭력은 겉보기에는 뚜렷한 객관적 이유가 존재하지 않지만 또는 자연적인 원인들에서 유래하는 것 같지만, 사실은 복합적인 사회적·구조적 인과와 연관들의 작용으로 인해 일어나는 폭력 현상들을 가리킨다. 예컨대 남반구에서 주로 발생하는 대규모 자연재해, 곧 홍수나 가뭄, 전염병 창궐 같은 현상들로 인해 발생하는 막대한 인명 피해가 그러한데, 다른 한편으로는 일회용 인간의 대량 생산 같은 현상들도 포함된다. 실제로 현대 세계에서는 공동체의 성원임에도 그 공동체에서 내적으로 배제되는 이들, 공동체 내에서 쓸모없고 무가치한 이들, 마치 일회용 휴지처럼 그때그때 쓰다가 더 이상 필요 없어지면 내버려도 되는 이들, 언제든지 얼마든지 다른 이들이 그들을 대체할 수 있는 이들이 양산되고 있다. 진태원, 〈전쟁, 폭력, 반폭력에 관한 몇 가지 성찰〉, 36~37쪽.

20 김상기, 《제노사이드 속 폭력의 법칙》, 선인, 2008, 22쪽.

21 막스 베버, 《경제와 사회 I》, 187~192쪽.

22 막스 베버, 《경제와 사회 I》, 16쪽.

23 신진욱, 〈근대와 폭력: 다원적 복합성과 역사적 불확정성의 사회이론〉, 한국사회학회, 《한국사회학》 제38집 4호, 2004, 7~8쪽.

24 신진욱, 〈근대와 폭력: 다원적 복합성과 역사적 불확정성의 사회이론〉, 11~12쪽.

25 신진욱, 〈근대와 폭력: 다원적 복합성과 역사적 불확정성의 사회이론〉, 12쪽.

26 신진욱, 〈근대와 폭력: 다원적 복합성과 역사적 불확정성의 사회이론〉, 12쪽.

27 김상기, 《제노사이드 속 폭력의 법칙》, 90쪽.

28 신진욱, 〈근대와 폭력: 다원적 복합성과 역사적 불확정성의 사회이론〉, 13쪽.

29 신진욱, 〈폭력연구와 사회학적 전통〉, 한국사회학회, 《한국사회학회 2004년도 특별심포지엄: 폭력과 평화의 사회학》, 2004, 33쪽.

30 즉 폭력을 행사하는 것과 폭력을 당하는 것은, 사람마다 각기 누구는 이쪽, 누구는 저쪽이라는 식으로 정해진 구조적 형태라기보다는 각자가 겪는 경험, 지식, 그리고 상상인 것이다. 미하엘 빌트, 〈폭력에 대한 단상〉, 이상록 외, 《일상사로 보는 한국근현대사》, 책과함께, 2006, 178쪽.

31 미하엘 빌트, 〈폭력에 대한 단상〉, 176쪽.

32 신진욱, 〈근대와 폭력: 다원적 복합성과 역사적 불확정성의 사회이론〉, 14쪽.

33 신진욱, 〈근대와 폭력: 다원적 복합성과 역사적 불확정성의 사회이론〉, 14쪽 재인용.

34 신진욱, 〈근대와 폭력: 다원적 복합성과 역사적 불확정성의 사회이론〉, 14쪽.

35 신진욱, 〈폭력연구와 사회학적 전통〉, 34쪽.

36 한나 아렌트, 김정한 옮김, 《폭력의 세기》, 이후, 1999, 90쪽.

37 한나 아렌트, 《폭력의 세기》, 86쪽.

38 한나 아렌트, 《폭력의 세기》, 99~120쪽; 신진욱, 〈폭력연구와 사회학적 전통〉, 15쪽.

39 지그문트 바우만, 정일준 옮김, 《현대성과 홀로코스트》, 새물결, 2013, 46쪽.

40 지그문트 바우만, 《현대성과 홀로코스트》, 47쪽.

41 지그문트 바우만, 《현대성과 홀로코스트》, 175~180쪽.

42 이 시기에 이라크에서의 쿠르드족 학살, 수단의 남부인에 대한 학살, 르완다의 투치족에 대한 학살, 부룬디의 후투족에 대한 학살, 인도네시아의 중국인과 공산주의자에 대한 학살, 동파키스탄의 힌두와 그 밖의 방글라데시인들에 대한 학살, 파라과이의 구아야키 인디언에 대한 학살, 우간다, 동티모르, 캄보디아에서의 학살 등이 벌어졌지만, 몇몇 사례의 경우를 제외하고는 서구 공공 여론의 주목을 거의 받지 못했으며, 사회학도 마찬가지로 이에 대해 주목하지 않았다. Fein, Helen, "Genocide: A Sociological Perspective", *Current*

Sociology vol. 38, no. 1(Sage Publications, 1990), p. 6.

43 Fein, Helen, "Genocide: A Sociological Perspective", p. 7.

44 Hirsch, Herbert, "Studying Genocide to Protect Life", Samuel Totten & Steven Leonard Jacobs eds., *Pioneers of Genocide Studies*(Routledge, 2002), pp. 122~123.

45 Harff and Gurr, "Genocides and Politicides since 1945: evidence and anticipation", Internet on the holocaust and Genocide 13(Dec), 1987, pp. 1~7; 허버트 허시, 강성현 옮김, 《제노사이드와 기억의 정치: 삶을 위한 죽음의 연구》, 책세상, 2009, 129쪽 재인용.

46 허버트 허시, 《제노사이드와 기억의 정치: 삶을 위한 죽음의 연구》, 132~133쪽.

47 Hirsch, Hirbert, "Studying Genocide to Protect Life", p. 125.

48 Hinton, Alexander, "Introduction: Genocide and Anthropology", Alexander Hinton ed., *Genocide: An Anthropological Reader*(Blackwell Publishers, 2002), pp. 2~3.

49 아이히만(1906~1962)은 '책상 앞의 살인자'의 전형을 보여주는 대표적인 인물이다. 그는 1939년 12월부터 제국보안국의 제4국 D실 4과 과장에 부임해 유대인 해외 이주와 소개 사업을 관장했다. 당시 제4국의 책임자는 비밀국가경찰의 총수인 하인리히 뮐러였고, 그 위의 제국보안국 국장은 유대인 학살을 기획했던 라인하르트 하이드리히였다. 아이히만은 직급으로 보면 친위대 중령에 불과했지만, 실제 역할과 비중으로 보면 제국보안국장 하이드리히의 오른팔이나 다름없었다. 아우슈비츠와 헤움노를 비롯해 폴란드 동부 지역에 절멸수용소를 세우는 아이디어를 하이드리히에게 제안한 것도 바로 아이히만이었다. 그가 유대인 절멸 계획에 깊숙하게 관여했던 것은 두 가지 사실을 통해 입증된다. 먼저 유럽 유대인 전체를 절멸하는 계획을 본격적으로 추진하기에 앞서 1942년 1월 반제에서 열린 회의에서 회의록 작성을 맡은 인물이 바로 그였다. 게다가 전쟁이 끝나기 전부터 유대인 희생자가 몇 명인지를 알고 있었던 사람도 바로 그였다. 그는 1946년 미군정에 의해 체포되었다가 탈출해 여러 나라를 거쳐 마지막에는 아르헨티나로 가서 리카르도 클레멘트라는 가명으로 숨어 지내다가 1960년 이스라엘 정보원들에게 잡혀 이스라엘로 압송, 재판을 받았다. 1961년 12월 그는 사형판결을 받고, 다음 해 6월 1일 처형되었다. 최호근, 《서양현대사의 블랙박스 나치대학살》, 푸른역사, 2006, 141~145쪽.

50 Hirsch, Hirbert, "Studying Genocide to Protect Life", Ch. 11.

51 Shaw, Martin, *What is Genocide?*(Polity, 2007), p. 7.

52 1949년 제네바 협약들은 전쟁을 포함한 무력 충돌의 희생자를 보호하기 위한 법으로서 육전에서의 군대 상병자의 상태 개선에 관한 협약(1864), 해상에서의 군대 상병자 및 조난자의 상태 개선에 관한 협약(1899), 포로의 대우에 관한 협약(1929), 전시민간인의 보호에 관한 협약(1949)으로 구성되어 있다. 이 4개의 제네바 협약들은 국제적 전쟁과 비국제적 무력 충돌(내전)의 희생자 보호를 주 내용으로 한다. 이현조, 〈구유고내전에서의 집단살해범죄자에 대한 기소 및 형벌 집행—구유고 국제형사재판소ICTY의 활동을 중심으로〉, 5·18연구소, 《민주주의와 인권》 제2권 2호, 2002, 160쪽.

53 이현조, 〈구유고내전에서의 집단살해범죄자에 대한 기소 및 형벌 집행—구유고 국제형사재판소ICTY의 활동을 중심으로〉, 160~162쪽.

54 Shaw, Martin, *What is Genocide?*, p. 8.

55 김동춘, 〈제7회 국제제노사이드학회에 다녀와서〉, 한국제노사이드연구회, 《제노사이드 연구》 제2호, 선인, 2007, 293~296쪽.

56 한국제노사이드연구회, 《제노사이드 연구》 제2호, 30쪽.

제2장 제노사이드의 탄생

1 1941년 8월 BBC에서 영국의 윈스턴 처칠Winston S. Churchill 총리는 다음의 연설을 했다. "온 유럽이 나치의 무기와 잔인한 행태에 짓밟혀 유린당하고 있습니다. …… 그 군대가 지나가는 모든 지역은 철저히 파괴되고 몰살당하고 있습니다. 우리는 지금 이름 없는 범죄 안에서 신음하고 있는 것입니다." 사만다 파워, 김보영 옮김, 《미국과 대량학살의 시대》, 에코리브르, 2004, 67, 822~823쪽.

2 렘킨은 1900년 6월 24일 출생했고, 1959년 8월 28일 사망했다. 그의 서류와 수집품들은 수많은 기관에 산재해 있다. 뉴욕공공도서관New York Public Library은 그것들을 총 4상자에 이르는 마이크로필름에 담아놓았다. 그리고 앨라바마대학의 랍비 스티븐 제이콥스Steven I. Jacobs는 렘킨 관련 자료와 서신들을 모아놓은 가장 완벽한 컬렉션을 갖고 있다. 그는 과거 출간되지 않았던 렘킨의 원고를 편집해 1992년에 《제노사이드에 대한 라파엘 렘킨의 사상: 무죄》라는 책을 출간한 바 있다. 사만다 파워, 《미국과 대량학살의 시대》, 819쪽. 이

외에도 렘킨과 관련한 수많은 전기와 논문들이 있지만, 2005년 *Journal of Genocide Research* 7(4)에 실린 타냐 엘더Tanya Elder의 글 "What you see before your eyes: documents Raphael Lemkin's life by exploring his archival Papers, 1900~1959"가 주목할 만하다.

3   Lemkin, Raphael, "Totally Unofficial Man", Samuel Totten & Steven Leonard Jacob eds., *Pioneers of Genocide Studies*(Routledge, 2002), pp. 368~371.

4   Lemkin, Raphael, "Totally Unofficial Man", p. 371; 사만다 파워, 《미국과 대량학살의 시대》, 55쪽.

5   필립 샌즈, 정철승·황문주 옮김, 《인간의 정의는 어떻게 탄생했는가: '제노사이드'와 '인도에 반하는 죄'의 기원》, 더봄, 2019, 229쪽.

6   사만다 파워, 《미국과 대량학살의 시대》, 45~48쪽.

7   Lemkin, Raphael, "Totally Unofficial Man", p. 371; 사만다 파워, 《미국과 대량학살의 시대》, 27, 51~52쪽; 필립 샌즈, 《인간의 정의는 어떻게 탄생했는가: '제노사이드'와 '인도에 반하는 죄'의 기원》, 234~236쪽.

8   라우터파하트는 1897년 8월 16일 출생했고, 1960년 5월 8일 사망했다.

9   필립 샌즈, 《인간의 정의는 어떻게 탄생했는가: '제노사이드'와 '인도에 반하는 죄'의 기원》, 9, 118, 234쪽.

10   Lemkin, Raphael, "Totally Unofficial Man", p. 372; 필립 샌즈, 《인간의 정의는 어떻게 탄생했는가: '제노사이드'와 '인도에 반하는 죄'의 기원》, 246~247쪽.

11   Lemkin, Raphael, "Totally Unofficial Man", p. 372; 필립 샌즈, 《인간의 정의는 어떻게 탄생했는가: '제노사이드'와 '인도에 반하는 죄'의 기원》, 247쪽.

12   사만다 파워, 《미국과 대량학살의 시대》, 56쪽, 821쪽.

13   사만다 파워, 《미국과 대량학살의 시대》, 56~57쪽; 필립 샌즈, 《인간의 정의는 어떻게 탄생했는가: '제노사이드'와 '인도에 반하는 죄'의 기원》, 248~249쪽.

14   Lemkin, Raphael, "Totally Unofficial Man", pp. 373~378; 사만다 파워, 《미국과 대량학살의 시대》, 59~63쪽.

15   필립 샌즈, 《인간의 정의는 어떻게 탄생했는가: '제노사이드'와 '인도에 반하는 죄'의 기원》, 260~261쪽.

16   Lemkin, Raphael, "Totally Unofficial Man", pp. 379~380; 사만다 파워, 《미국과 대량학살

의 시대》, 63쪽.

17 사만다 파워, 《미국과 대량학살의 시대》, 64쪽.

18 필립 샌즈, 《인간의 정의는 어떻게 탄생했는가: '제노사이드'와 '인도에 반하는 죄'의 기원》, 219, 267~275쪽.

19 필립 샌즈, 《인간의 정의는 어떻게 탄생했는가: '제노사이드'와 '인도에 반하는 죄'의 기원》, 276~278쪽.

20 사만다 파워, 《미국과 대량학살의 시대》, 79~81쪽.

21 사만다 파워, 《미국과 대량학살의 시대》, 81쪽; 필립 샌즈, 《인간의 정의는 어떻게 탄생했는가: '제노사이드'와 '인도에 반하는 죄'의 기원》, 283쪽.

22 사만다 파워, 《미국과 대량학살의 시대》, 84쪽.

23 대표적으로 멜치어 팰리Melchior Palyi는 나치가 저지른 행위에 대해 편견 없는 조사서가 아니라 기소자의 사건 요약서를 썼다고 비판했다. 나치에 대해 비난한 9개 사실은 거의 모두 연합군 측에도 해당할 수 있다고 하면서 다음과 같이 논평했다. "실질적 차이는 존재한다. 나치가 뻔뻔하게 고의적으로 계획된 악행을 일삼은 반면, 서구 연합군은 비합법적 책략을 쓰면서 그것을 인도주의나 다른 어구로 은폐했다." Palyi, Melchior, "review of Axis Rule over Occupied Europe, by Raphael Lemkin", *American journal of Sociology* 51, 5(March, 1946), pp. 496~497.

24 필립 샌즈, 《인간의 정의는 어떻게 탄생했는가: '제노사이드'와 '인도에 반하는 죄'의 기원》, 179~181쪽.

25 필립 샌즈, 《인간의 정의는 어떻게 탄생했는가: '제노사이드'와 '인도에 반하는 죄'의 기원》, 285~291쪽.

26 사만다 파워, 《미국과 대량학살의 시대》, 99쪽.

27 필립 샌즈, 《인간의 정의는 어떻게 탄생했는가: '제노사이드'와 '인도에 반하는 죄'의 기원》, 486쪽.

28 필립 샌즈, 《인간의 정의는 어떻게 탄생했는가: '제노사이드'와 '인도에 반하는 죄'의 기원》, 425, 438쪽.

29 필립 샌즈, 《인간의 정의는 어떻게 탄생했는가: '제노사이드'와 '인도에 반하는 죄'의 기원》, 429~431쪽.

30 필립 샌즈, 《인간의 정의는 어떻게 탄생했는가: '제노사이드'와 '인도에 반하는 죄'의 기원》, 438쪽

31 필립 샌즈, 《인간의 정의는 어떻게 탄생했는가: '제노사이드'와 '인도에 반하는 죄'의 기원》, 484~488쪽.

32 필립 샌즈, 《인간의 정의는 어떻게 탄생했는가: '제노사이드'와 '인도에 반하는 죄'의 기원》, 488~491쪽.

33 필립 샌즈, 《인간의 정의는 어떻게 탄생했는가: '제노사이드'와 '인도에 반하는 죄'의 기원》, 515,~519, 531~534쪽.

34 사만다 파워, 《미국과 대량학살의 시대》, 99쪽; 최호근, 《제노사이드: 학살과 은폐의 역사》, 책세상, 2005, 30~31쪽.

35 필립 샌즈, 《인간의 정의는 어떻게 탄생했는가: '제노사이드'와 '인도에 반하는 죄'의 기원》, 541~542쪽.

36 최호근, 《제노사이드: 학살과 은폐의 역사》, 31쪽; Lemkin, Raphael, "Genocide: A Modern Crime", *Free World* 9-4, 1945, pp. 230~31, pp. 230~231.

37 사만다 파워, 《미국과 대량학살의 시대》, 100~105쪽.

38 필립 샌즈, 《인간의 정의는 어떻게 탄생했는가: '제노사이드'와 '인도에 반하는 죄'의 기원》, 547쪽.

39 Kuper, Leo, "Genocide: Its Political Use in the Twentieth Century", 1981, Alexander Hinton ed., *Genocide: An Anthropological Reader*(Blackwell Publishers, 2002), p. 56.

40 Kuper, Leo, "Genocide: Its Political Use in the Twentieth Century", p. 56.

41 사만다 파워, 《미국과 대량학살의 시대》, 97~98쪽.

42 Kuper, Leo, "Genocide: Its Political Use in the Twentieth Century", p. 56.

43 사만다 파워, 《미국과 대량학살의 시대》, 105~115쪽.

44 렘킨의 사망 전까지 주요 조약 서명 국가 가운데 프랑스가 1950년 10월 14일, 소련이 1954년 5월 3일에 비준했고, 영국은 1970년 1월 30일에 비준했다. 흥미롭게도 한국은 한국전쟁이 한창이던 1950년 10월 14일에 가입했다. 그리고 미국이 제노사이드 협약을 비준한 것은 1988년 11월 25일이었다.

45 사만다 파워, 《미국과 대량학살의 시대》, 120~130쪽.

[46] 사만다 파워, 《미국과 대량학살의 시대》, 140~142쪽.

[47] 제노사이드라는 신조어를 만들어가는 과정에 대해서 렘킨이 고려하거나 참조한 내용, 기준, 사례에 대해서는 사만다 파워의 책을 참조할 것. 사만다 파워, 《미국과 대량학살의 시대》, 85~87쪽.

[48] Lemkin, Raphael, *Axis Rule in Occupied Europe*: *Laws of Occupation*, *Analysis of Government*, *Proposals for Redress*(Carnegie Endowment for International Peace, 1944), p. 79. 렘킨은 각주에서 'ethnocide'라는 용어 역시 같은 방식으로 그리스 단어인 'ethnos'(어원은 ethnicity이지만, 렘킨은 이를 nation으로 번역했다)와 'cide'를 합해 만들었다고 밝히고 있다.

[49] 필립 샌즈, 《인간의 정의는 어떻게 탄생했는가: '제노사이드'와 '인도에 반하는 죄'의 기원》, 279쪽.

[50] Lemkin, Raphael, *Axis Rule in Occupied Europe*: *Laws of Occupation*, *Analysis of Government*, *Proposals for Redress*, pp. 79~80.

[51] 필립 샌즈, 《인간의 정의는 어떻게 탄생했는가: '제노사이드'와 '인도에 반하는 죄'의 기원》, 280~281쪽.

[52] 사만다 파워, 《미국과 대량학살의 시대》, 82~83쪽.

[53] 필립 샌즈, 《인간의 정의는 어떻게 탄생했는가: '제노사이드'와 '인도에 반하는 죄'의 기원》, 281쪽.

[54] Lemkin, Raphael, *Axis Rule in Occupied Europe*: *Laws of Occupation*, *Analysis of Government*, *Proposals for Redress*, pp. 79~80.

[55] Lemkin, Raphael, *Axis Rule in Occupied Europe*: *Laws of Occupation*, *Analysis of Government*, *Proposals for Redress*, pp. xi~xii

[56] 최호근, 《제노사이드: 학살과 은폐의 역사》, 27~28쪽.

[57] Shaw, Martin, *What is Genocide?*, pp. 33~34.

[58] 서철원, 〈집단살해방지협약〉, 국제인권법학회, 《국제인권법》 제1호, 1996, 7~8쪽.

[59] 당시 유엔 회원국은 58개국이었다. 사만다 파워, 《미국과 대량학살의 시대》, 113쪽.

[60] Shaw, Martin, *What is Genocide?*, p. 27.

[61] 서철원, 〈집단살해방지협약〉, 10쪽.

[62] Shaw, Martin, *What is Genocide?*, pp. 27~28.

63 서철원, 〈집단살해방지협약〉, 10~11쪽.

64 국제법과 국내법을 별개의 법체계로 이해하는 입장으로, 국제법이 국내법처럼 효력을 지니기 위해서는 국제법을 국내법으로 수용하기 위한 변형이 필요하다.

65 국제법과 국내법은 동일한 법 제도에 속하지만, 그 대상을 달리하는 것에 불과하므로 별다른 변형 절차 없이 국제법이 국내법으로 수용된다는 입장이다.

66 서철원, 〈집단살해방지협약〉, 11쪽.

67 '로마 규정'은 다자조약으로서 1998년 6월 15일에서 7월 17일까지 로마의 유엔 식량농업기구FAO 본부에서 유엔총회 결의(52/160)에 따라 개최된 "국제형사재판소 설립에 관한 유엔 전권외교회의(로마회의)"에서 채택되었다. 이 회의에는 160개국이 참가하였으며, 31개 기구와 136개 NGO가 참관자로 참여하였다. 1998년 7월 17일 로마회의는 국제형사재판소에 관한 로마 규정(ICC 규정 또는 로마 규정)과 로마회의 최종의정서를 채택하였다. 김영석, 〈국제형사재판소의 최근 설립 현황과 전망〉, 한국법학원, 《저스티스》 통권 71호, 2003, 236쪽.
미국을 포함한, 중국, 이란, 이라크, 인도, 이스라엘, 리비아 7개국이 로마 규정 채택에 반대했다. 그러나 미국은 입장의 변화가 있어 2000년 12월 31일 빌 클린턴 대통령이 서명을 하면서 "국제적 책임을 위해 제노사이드 범죄, 전쟁 범죄, 인도에 반하는 범죄를 범한 가해자에 소를 제기하는 것에 강력한 지원을 하겠다"고 선언하기도 했지만, 2002년 5월 6일 조지 부시 행정부는 서명을 취소했다. 김헌진, 〈ICC규정에 대한 미국의 태도〉, 청주대학교 법학연구소, 《법학논집》 vol. 26, 2006, 36~37쪽.

68 김영석, 〈국제형사재판소의 최근 설립 현황과 전망〉, 243쪽.

69 서철원, 〈집단살해방지협약〉, 13쪽. 구유고법정이 보스니아와 코소보에서의 제노사이드 범죄를 지시한 세르비아공화국 대통령이자 신유고연방 대통령인 밀로세비치를 법정에 세운 방법은 범죄인 '인도extradition'가 아닌 강제 '이송surrender'이었다. 구유고법정이 '이송'이라는 용어를 쓴 이유는 다음 세 가지다. 첫째, 범죄인 인도는 조약 또는 상호주의에 의하여 피청구국이 청구국에게 범죄인을 인도하는 것인데 반하여, 이송은 범죄인 인도 조약의 체결 없이 구유고법정 또는 국제형사법정이 범죄인의 이송을 요구하는 주체이고, 피청구국이 국가라는 점이다. 따라서 이송해야 하는 국가는 구유고법정 관할권의 우월성에 관한 규정 제9조 2항과 구유고법정에 대한 협력의무를 규정하고 있는 제29조에 따라 '구유고

법정협력법'과 같은 국내 입법을 제정한 후 자국민 또는 외국인을 구유고법정으로 이송하고 있다. 둘째, 범죄인 인도 시에는 자국민 불인도 원칙과 정치범 불인도 원칙이 대원칙이지만, 이송은 이러한 원칙을 깨고 구유고법정 또는 국제형사법정으로 이송해야 한다는 점이다. 셋째, 범죄인 인도의 대상이 되는 범죄는 보통 범죄의 성격을 띠지만, 구유고법정으로 이송할 수 있는 범죄는 전쟁 범죄, 인도에 반하는 범죄, 제노사이드 범죄로 국한된다는 점이다. 2001년 6월 23일 유고연방정부는 전범 인도에 관한 국내법인 구유고법정협력법을 제정한 후 같은 해 6월 25일 밀로세비치를 구유고법정이 있는 네덜란드의 헤이그로 이송했고, 이에 따라 재판이 시작될 수 있었다. 밀로세비치는 재직 중 국제법 위반 혐의로 기소된 최초의 국가원수가 되었다. 이현조, 〈구유고내전에서의 집단살해범죄자에 대한 기소 및 형벌 집행─구유고 국제형사재판소ICTY의 활동을 중심으로〉, 5·18연구소, 《민주주의와 인권》 제2권 2호, 2002, 180쪽.

70 서철원, 〈집단살해방지협약〉, 19~20쪽.

71 서철원, 〈집단살해방지협약〉, 20쪽.

72 최호근, 《제노사이드: 학살과 은폐의 역사》, 38쪽.

73 레오 쿠퍼는 이 글을 작성하기 위해 UN Economic and Social Council, Official Records, Session 7, 26 August 1948과 UN Report of the Ad Hoc Committee on Genocide, 5 April-10 May 1948, 그리고 UN Legal Committee, Summary Records, and Annexes, Session 3, 30 September-29 November 1948 등의 방대한 1차 자료들을 참고했으며, 이외에도 많은 2차 연구들을 참고했다. Kuper, Leo, "Genocide: Its Political Use in the Twentieth Century".

74 Kuper, Leo, "Genocide: Its Political Use in the Twentieth Century", pp. 57~60; 최호근, 《제노사이드: 학살과 은폐의 역사》, 38~41쪽.

75 Kuper, Leo, "Genocide: Its Political Use in the Twentieth Century", pp. 60~61; 최호근, 《제노사이드: 학살과 은폐의 역사》, 41~42쪽.

76 Kuper, Leo, "Genocide: Its Political Use in the Twentieth Century", p. 61; 최호근, 《제노사이드: 학살과 은폐의 역사》, 44쪽.

77 Kuper, Leo, "Genocide: Its Political Use in the Twentieth Century", pp. 62~64; 최호근, 《제노사이드: 학살과 은폐의 역사》, 42~43쪽.

78 최호근, 《제노사이드: 학살과 은폐의 역사》, 43쪽.

79 Kuper, Leo, "Genocide: Its Political Use in the Twentieth Century", pp. 64~66; 《제노사이드: 학살과 은폐의 역사》, 44~45쪽.

80 서철원, 〈집단살해방지협약〉, 15쪽.

81 Shaw, Martin, *What is Genocide?*, p. 28.

82 Shaw, Martin, *What is Genocide?*, pp. 28~29.

83 Charny, Israel W., "Towards a Generic Definition of Genocide", G. A. Andreopoulous ed., *Genocide: Conceptual and Historical Dimensions*(University of Pennsylvania Press, 1994), p. 81.

84 Shaw, Martin, *What is Genocide?*, p. 33.

제3장 학계의 제노사이드 논쟁과 비판

1 Dadrian, Vahakn, "The Structural Functional Components of Genocide: A Victimological Approach to the Aremnian Case", I. Drapkin and E. Viano eds., *Victimology*(Lexington, 1974), p. 123.

2 Chalk, Frank & Kurt Jonassohn, *The History and Sociology of Genocide*(Yale University Press, 1990), pp. 14~15.

3 Fein, Helen, "Genocide: A Sociological Perspective", *Current Sociology* vol. 38, no. 1(Sage Publications, 1990), p. 13.

4 Chalk, Frank & Kurt Jonassohn, *The History and Sociology of Genocide*, p. 15

5 Hinton, Alexander, "Introduction: Genocide and Anthropology", Alexander Hinton ed., *Genocide: An Anthropological Reader*(Blackwell Publishers, 2002), p. 5.

6 Fein, Helen, "Genocide: A Sociological Perspective", p. 24.

7 Shaw, Martin, *What is Genocide?*(Polity, 2007), pp. 29~30.

8 Chalk, Frank & Kurt Jonassohn, *The History and Sociology of Genocide*, p. 23.

9 Fein, Helen, "Genocide: A Sociological Perspective", p. 13.

10 Shaw, Martin, *What is Genocide?*, p. 30.

[11] Chalk, Frank & Kurt Jonassohn, *The History and Sociology of Genocide*, p. 24. 예컨대 바르샤바 게토에서와 같은 고립된 시도는 가해자들을 무찌르기 위한 것이 아니라 피해자들의 연대를 확인하는 것으로 작용했다고 주장한다.

[12] Shaw, Martin, *What is Genocide?*, p. 31.

[13] Charny, Israel W., "Towards a Generic Definition of Genocide", G. A. Andreopoulous ed., *Genocide: Conceptual and Historical Dimensions*(University of Pennsylvania Press, 1994), p. 75.

[14] Shaw, Martin, *What is Genocide?*, p. 32.

[15] Charny, Israel, "Towards a Generic Definition of Genocide", p. 88.

[16] '전쟁 범죄'와 '인도에 반하는 범죄'라는 법적 범주의 결합으로 이해된다.

[17] Shaw, Martin, *What is Genocide?*, pp. 32~33.

[18] Shaw, Martin, *What is Genocide?*, p. 37.

[19] 최호근, 〈미국에서의 홀로코스트 기억 변화〉, 한국미국사학회, 《미국사 연구》 제19집, 2004, 133~134쪽. 사실 나치 독일이 저지른 유대인 학살을 가리켜 '홀로코스트'라고 명명한 것은 1948년 이스라엘 국가가 세워지는 날이었다. 그러나 이 표현은 그다지 주목받지 못했다. 그러다가 1961년 예루살렘에서 열린 '아이히만 재판'에서 이스라엘 정부가 외신 기자들에게 영어로 브리핑 할 때 이 용어를 사용하면서 널리 알려지게 되었다. 이 용어가 영미권에서 완전히 자리 잡은 것은 1978년 미국 NBC 방송에서 방영한 4부작 드라마 〈홀로코스트〉가 엄청난 시청률을 기록하면서부터였다. 최호근, 《서양현대사의 블랙박스 나치 대학살》, 푸른역사, 2006, 397쪽.

[20] 알란 로젠버그Alan Rosenberg, 〈홀로코스트는 유일무이한 사건이었는가?〉, 마이클 돕코우스키Michael Dobkowski · 이시도르 왈리만Isidor Wallimann 엮음, 장원석 외 옮김, 《현대사회와 제노사이드》, 각, 2005, 253~255쪽.

[21] Katz, Steven, T., "The Holocaust in Historical Perspective", *The Holocaust and Mass Death before the Modern Age* vol. 1(Oxford University Press, 1994), pp. 128~129.

[22] Katz, Steven, T., "The Holocaust in Historical Perspective", p. 130.

[23] Shaw, Martin, *What is Genocide?*, p. 39.

[24] Shaw, Martin, *What is Genocide?*, pp. 39~40.

[25] Browning, Christopher R., *The Path to Genocide*(Cambridge University Press, 2010), p. ix.

[26] Charny, Israel W., "Forword", A. S. Rosenbaum ed., *Is the Holocaust Unique?: Perspectives on Comparative Genocide*(Westview, 2001), p. x.

[27] 최호근, 〈미국에서의 홀로코스트 기억 변화〉, 151~152쪽.

[28] 이지윤, 〈이스라엘 비판하면 미국서 가르칠 권리도 없다? '홀로코스트 산업'의 저자 핀켈슈타인, 미 대학서 축출돼〉, 《프레시안》 2007. 6. 12.

[29] Rosenfeld, Gavriel, D., "The Politics of Uniqueness: Reflections on the Recent Polemical Turn in Holocaust and Genocide Scholarship", *Holocaust and Genocide Studies*, 13(1), 1999, p. 30.

[30] Rosenfeld, Gavriel, D., "The Politics of Uniqueness: Reflections on the Recent Polemical Turn in Holocaust and Genocide Scholarship", pp. 32~33.

[31] Bauer, Yehuda, *A History of the Holocaust*(Franklin Watts, 1982), p. 332.

[32] Bauer, Yehuda, *The Holocaust in Historical Perspective*(University of Washington Press, 1978), p. 31.

[33] 알란 로젠버그, 〈홀로코스트는 유일무이한 사건이었는가?〉, 258쪽 재인용.

[34] Bauer, Yehuda, *The Holocaust in Historical Perspective*, pp. 33~35; 알란 로젠버그, 〈홀로코스트는 유일무이한 사건이었는가?〉, 261~262쪽.

[35] 바우어가 1973년에 출판한 《그들은 삶을 선택한다: 홀로코스트에서의 유대인의 저항》을 말한다.

[36] 알란 로젠버그, 〈홀로코스트는 유일무이한 사건이었는가?〉, 264쪽.

[37] 알란 로젠버그, 〈홀로코스트는 유일무이한 사건이었는가?〉, 264~265쪽.

[38] Mann, Michael, *The Dark Side of Democracy: Explaining Ethnic Cleansing*(Cambridge University Press, 2005), p. 12.

[39] Shaw, Martin, *What is Genocide?*, pp. 48~49.

[40] Schabas, William A., *Genocide in International Law*(Cambridge, 2000), p. 192.

[41] Schabas, William A., *Genocide in International Law*, pp. 190~191.

[42] 사만다 파워, 김보영 옮김, 《미국과 대량학살의 시대》, 에코리브르, 2004, 412~413쪽.

[43] 사만다 파워, 《미국과 대량학살의 시대》, 441~445쪽.

[44] 사만다 파워, 《미국과 대량학살의 시대》, 459쪽.

[45] 사만다 파워, 《미국과 대량학살의 시대》, 459~460쪽.

[46] 사만다 파워, 《미국과 대량학살의 시대》, 464쪽. 〈보스니아와 헤르체고비나에서의 상황〉, UN Doc. A/RES/47/121. UN Doc. A/47/PV.91, p. 99. 결의안은 반대 없이 미국을 비롯한 102개국의 찬성과 57개국의 기권으로 통과되었다. 그러나 세르비아와 몬테네그로의 제노사이드를 비난하는 부분은 머리말의 한 단락 속에 묻혀 있다. Schabas, William A., *Genocide in International Law*, p. 192; 사만다 파워, 《미국과 대량학살의 시대》, 889쪽 참조.

[47] Schabas, William A., *Genocide in International Law*, pp. 193~194.

[48] Schabas, William A., *Genocide in International Law*, pp. 197~198.

[49] Schabas, William A., *Genocide in International Law*, p. 199.

[50] Shaw, Martin, *What is Genocide?*, p. 51.

[51] Bell-Fialkoff, Andrew, *Ethnic Cleansing*(Macmillan, 1996), p. 1.

[52] Naimark, Norman, M., *Fires of Hatred*: *Ethnic Cleansing in Twentieth-Century Europe*(Harvard University Press, 2001), p. 4.

[53] 박정원, 〈민족분쟁과 인도적 개입의 국제정치: 유고슬라비아에서의 인종청소를 중심으로〉, 한국세계지역학회, 《세계지역연구논총》 제23집 2호, 2005, 62쪽.

[54] Bell-Fialkoff, Andrew, *Ethnic Cleansing*, p. 2.

[55] Schabas, William A., *Genocide in International Law*, p. 194.

[56] Naimark, Norman, M., *Fires of Hatred*: *Ethnic Cleansing in Twentieth-Century Europe*, pp. 3~4

[57] Shaw, Martin, *What is Genocide?*, p. 53.

[58] 렘킨의 《추축국의 유럽 점령지 통치》에 대한 논평으로, 사만다 파워를 비롯한 연구자들 사이에서 팰리의 글은 렘킨의 '성스러운' 작업에 대한 거친 태클 정도로 이해되는 것 같다.

[59] Palyi, Melchior, "review of Axis Rule over Occupied Europe, by Raphael Lemkin", pp. 496~497.

[60] 이동기, 《현대사 몽타주: 발견과 전복의 역사》, 돌베개, 2018, 39~40쪽.

[61] Zayas, Alfred de, *Nemesis at Postdam*: *The Anglo-Americans and the Expulsion of the Germans*(Routledge & Kegan Paul, 1979), pp. 103~104.

[62] 이동기, 《현대사 몽타주: 발견과 전복의 역사》, 45~47쪽.

63 Shaw, Martin, *What is Genocide?*, pp. 54~56.

64 Shaw, Martin, *What is Genocide?*, pp. 56~57.

65 Shaw, Martin, *What is Genocide?*, pp. 57~58.

66 Schabas, William A., *Genocide in International Law*, p. 196.

67 Shaw, Martin, *What is Genocide?*, p. 61,

68 Mann, Michael, *The Dark Side of Democracy: Explaining Ethnic Cleansing*, p. 12.

69 마이클 만은 폭력의 유형은 6개 항목(없음, 제도화된 강제력, 정책적 억압, 폭력적 억압, 사전에 계획되지 않은 대량 죽음, 사전에 계획된 대량 학살), 청소의 유형은 3개 항목(없음, 부분적, 전체적)으로, 6×3 표 형태로 정리했다. Mann, Michael, *The Dark Side of Democracy: Explaining Ethnic Cleansing*, p. 12.

70 Totten, Samuel & Paul R. Bartrop, *Dictionary of Genocide*(GP, 2008), p. 106.

71 Shaw, Martin, *What is Genocide?*, p. 64.

72 Totten, Samuel & Paul R. Bartrop, *Dictionary of Genocide*, p. 337.

73 최호근, 《제노사이드: 학살과 은폐의 역사》, 책세상, 2005, 202쪽.

74 Shaw, Martin, *What is Genocide?*, pp. 70~71.

75 이에 반하는 독특한 사례가 있다. 나치스는 유대인을 게토로 추방시킨 국면에서 유대인 엘리트들을 제거하기보다는 그들에게 게토 관리를 맡겼다. 이는 나치스와 유대인 엘리트 모두 각자의 입장에서 도출한 합리적 해결의 결과였지만, 결과적으로 본다면 유대인에게는 자기 파괴적인 행위였다.

76 지그문트 바우만, 정일준 옮김, 《현대성과 홀로코스트》, 새물결, 2013, 5장.

77 Totten, Samuel & Paul R. Bartrop, *Dictionary of Genocide*, p. 137.

78 Totten, Samuel & Paul R. Bartrop, *Dictionary of Genocide*, p. 137.

79 UNESCO Latin American Conference, Declaration of San Jose, 11, Dec. 1981, UNESCO Doc. FS 82/WF.32. http://unesdoc.unesco.org/images/0004/000499/049951eo.pdf 참조.

80 Shaw, Martin, *What is Genocide?*, p. 66.

81 Totten, Samuel & Paul R. Bartrop, *Dictionary of Genocide*, p. 156.

82 Warren, Mary A., *Gendercide: The Implications of Sex Selection*(Rowman & Allanheld, 1985), p. 22.

[83] Jones, Adam, *Gendercide and Genocide*(Vanderbilt University Press, 2004), p. 3.

[84] Shaw, Martin, *What is Genocide?*, p. 68.

[85] Jones, Adam, *Gendercide and Genocide*, p, 3.

[86] Jones, Adam, "Gendercide and Genocide", *Journal of Genocide Research* 2(2), 2000, pp. 185~186.

[87] Shaw, Martin, *What is Genocide?*, p. 69.

[88] Shaw, Martin, *What is Genocide?*, p. 69.

[89] Mann, Michael, *The Dark Side of Democracy: Explaining Ethnic Cleansing*, p. 17.

[90] Totten, Samuel & Paul R. Bartrop, *Dictionary of Genocide*, p. 30.

[91] 최호근, 《제노사이드: 학살과 은폐의 역사》, 240쪽.

[92] Shaw, Martin, *What is Genocide?*, p. 75.

[93] 최호근, 《제노사이드: 학살과 은폐의 역사》, 59쪽.

[94] 김상기, 《제노사이드 속 폭력의 법칙》, 152쪽.

[95] Wolf, Linda M. & Michael R. Hulsizer, "Psychology roots of genocide: risk, prevention, and intervention", *Journal of Genocide Research* 7(1), March 2005, pp. 108~113; 김상기, 《제노사이드 속 폭력의 법칙》, 157~160쪽.

[96] 허버트 허시, 강성현 옮김, 《제노사이드와 기억의 정치: 삶을 위한 죽음의 연구》, 207~212쪽.

[97] 에릭 마르쿠센, 〈제노사이드와 총력전: 예비적 비교〉, 마이클 돕코우스키·이시도르 왈리만 엮음, 《현대사회와 제노사이드》, 191쪽.

[98] 에릭 마루크센, 〈제노사이드와 총력전: 예비적 비교〉, 192~205쪽.

[99] 김태우, 〈비국민과 국가폭력: 제노사이드의 단계적 메커니즘과 국민보도연맹사건 1945~50〉, 이문영 엮음, 《폭력이란 무엇인가: 기원과 구조》, 아카넷, 2015.

[100] 허버트 허시, 《제노사이드와 기억의 정치: 삶을 위한 죽음의 연구》, 151~152쪽.

[101] 스탠리 밀그램, 정태연 옮김, 《권위에 대한 복종》, 2009; 에코리브르; 지그문트 바우만, 《현대성과 홀로코스트》, 260~261쪽.

[102] 허버트 허시, 《제노사이드와 기억의 정치: 삶을 위한 죽음의 연구》, 201~202쪽.

[103] 허버트 허시, 《제노사이드와 기억의 정치: 삶을 위한 죽음의 연구》, 203~204쪽; Kelman,

Herbert C. & Lee Hamilton, *Crimes of Obedience: Toward a Social Psycholoty of Authority and Responsibility*(New Haven: Yale Univ. Press, 1989), pp. 16~18; 권귀숙, 《기억의 정치: 대량학살의 사회적 기억과 역사적 진실》, 문학과지성사, 2006, 76~77쪽.

[104] 강성현, 〈'4·3'과 민간인 학살 메커니즘의 형성〉, 《역사연구》 11호, 선인, 2002.

[105] 권귀숙, 《기억의 정치: 대량학살의 사회적 기억과 역사적 진실》, 문학과지성사, 2006.

[106] 김태우, 〈비국민과 국가폭력: 제노사이드의 단계적 메커니즘과 국민보도연맹사건 1945 ~50〉, 207~208쪽.

[107] 김상기, 《제노사이드 속 폭력의 법칙》, 183~185쪽; Weitz, Eric D., *A Century of Genocide: Utopias of Race and Nation*(Princeton University Press, 2003), pp. 14~15.

[108] Wolf, Linda M. & Michael R. Hulsizer, "Psychology roots of genocide: risk, prevention, and intervention", pp. 108~113.

[109] Stanton, Gregory H., "The logic of the ten stages of genocide", 〈Genocide Watch〉 (https:// www.genocidewatch.com/ko/tenstages, 2024년 3월 15일 검색); 김태우, 〈비국민과 국가폭력: 제노사이드의 단계적 메커니즘과 국민보도연맹사건 1945~50〉, 211쪽.

[110] Stanton, Gregory H., "The logic of the ten stages of genocide"; 김상기, 《제노사이드 속 폭력의 법칙》, 189~191쪽; 김태우, 〈비국민과 국가폭력: 제노사이드의 단계적 메커니즘과 국민보도연맹사건 1945~50〉, 211~212쪽.

[111] 김상기, 《제노사이드 속 폭력의 법칙》, 5장.

[112] 김태우, 〈비국민과 국가폭력: 제노사이드의 단계적 메커니즘과 국민보도연맹사건 1945 ~50〉.

제4장 제노사이드 이론의 사회학적 재구성

[1] Schabas, William, A., *Genocide in International Law*(Cambridge, 2000), p. 207.

[2] 마이클 돕코우스키·이시도르 왈리만 엮음, 장원석 외 옮김, 《현대사회와 제노사이드》, 각, 2005, 34쪽.

[3] Shaw, Martin, *What is Genocide?*, p. 82.

[4] Schabas, William, A., *Genocide in International Law*, p. 214.

[5] Schabas, William, A., *Genocide in International Law*, p. 218.

[6] Schabas, William, A., *Genocide in International Law*, p. 222.

[7] Shaw, Martin, *What is Genocide?*, p. 83.

[8] Shaw, Martin, *What is Genocide?*, p. 83.

[9] Shaw, Martin, *What is Genocide?*, p. 84.

[10] Mann, Michael, *The Dark Side of Democracy: Explaining Ethnic Cleansing*(Cambridge University Press, 2005), p. 7.

[11] Mann, Michael, *The Dark Side of Democracy: Explaining Ethnic Cleansing*, p. 17.

[12] Shaw, Martin, *What is Genocide?*, p. 182.

[13] Shaw, Martin, *What is Genocide?*, p. 84.

[14] Fein, Helen, "Genocide: A Sociological Perspective", p. 15.

[15] Fein, Helen, "Genocide: A Sociological Perspective", p. 20.

[16] 앤서니 기든스, 임영일·박노영 옮김, 《자본주의와 현대사회이론》, 한길사, 1981, 224쪽.

[17] Shaw, Martin, *What is Genocide?*, p. 86.

[18] 루이스 A. 코저, 《사회사상사》, 시그마프레스, 2003, 272쪽; 앤서니 기든스, 《자본주의와 현대사회이론》, 217~218쪽.

[19] Shaw, Martin, *What is Genocide?*, pp. 81~82.

[20] 막스 베버, 《경제와 사회 I》, 149쪽.

[21] Shaw, Martin, *What is Genocide?*, p. 95.

[22] Shaw, Martin, *What is Genocide?*, p. 95에서 재인용.

[23] 지그문트 바우만, 《현대성과 홀로코스트》, 231~242쪽.

[24] 지그문트 바우만, 《현대성과 홀로코스트》, 252쪽.

[25] Giddens, Anthony, *The Constitution of Society: Outline of the Theory of Structuration*(Polity, 1984), p. 376.

[26] Shaw, Martin, *What is Genocide?*, pp. 95~96.

[27] Schabas, Wiiilam A., *Genocide in International Law*, p. 106.

[28] "살인이 **인간 개인**들의 살 권리의 부정이듯이, 제노사이드는 **전체 인간 집단**들의 존재의

권리의 부정이다."

[29] Schabas, Wiiilam A., *Genocide in International Law*, pp. 106~107.

[30] Chalk, Frank & Kurt Jonassohn, *The History and Sociology of Genocide*, p. 25.

[31] Chalk, Frank & Kurt Jonassohn, *The History and Sociology of Genocide*, pp. 25~26.

[32] Fein, Helen, "Genocide: A Sociological Perspective", p. 14.

[33] Fein, Helen, "Genocide: A Sociological Perspective", p. 23.

[34] Fein, Helen, "Genocide: A Sociological Perspective", pp. 23~24.

[35] Mann, Michael, *The Dark Side of Democracy: Explaining Ethnic Cleansing*, p. 11.

[36] Mann, Michael, *The Dark Side of Democracy: Explaining Ethnic Cleansing*, p. 25.

[37] Schabas, Wiiilam A., *Genocide in International Law*, p. 109; 장용규, 〈르완다 제노사이드: 후투와 투치의 인종차별과 갈등의 역사적 전개〉, 한국아프리카학회, 《한국아프리카학회지》 26권, 2007, 155쪽.

[38] Fein, Helen, "Genocide: A Sociological Perspective", p. 14.

[39] Shaw, Martin, *What is Genocide?*, pp. 104~105.

[40] Schabas, Wiiilam A., *Genocide in International Law*, pp. 109~110.

[41] Mann, Michael, *The Dark Side of Democracy: Explaining Ethnic Cleansing*, p. 187.

[42] Mann, Michael, *The Dark Side of Democracy: Explaining Ethnic Cleansing*, p. 187.

[43] Shaw, Martin, *What is Genocide?*, pp. 116~117.

[44] Geoffrey, Best, "Civilians in Contemporary Wars: A Problem in Ethics, Law, and Fact", King's College Department of War Studies, 1984(http://www.airpower.maxwell.af.mil/airchronicles/aureview/1984/mar–apr/best.html).

[45] Nabulsi, Karma, "Evolving Conceptions of Civilians and Belligerents: one hundred years after the Hague Peace Conferences", Simon Chesterman ed., *Civilians in War*(Lynne Rienner, 2001), pp. 12~16.

[46] Nabulsi, Karma, "Evolving Conceptions of Civilians and Belligerents: one hundred years after the Hague Peace Conferences", p. 19.

[47] Shaw, Martin, *What is Genocide?*, pp. 118~119.

[48] Shaw, Martin, *What is Genocide?*, pp. 119~120.

49 Honderich, Ted, "Terrorism For Humanity", 4 March 2004, of a lecture to the International Social Philosophy Conference at Northeastern University in Boston(http://www.ucl.ac.uk/~uctytho/terrforhum.html).

50 Shaw, Martin, *What is Genocide?*, pp. 121~122.

51 Shaw, Martin, *What is Genocide?*, p. 106.

52 Shaw, Martin, *What is Genocide?*, pp. 106~107.

53 Fein, Helen, "Genocide: A Sociological Perspective", p. 17.

54 Sartre, Jean-Paul, *On Genocide*(Beacon Press, 1968).

55 Kuper, Leo, "Genocide: Its Political Use in the Twentieth Century", p. 46.

56 Chalk, Frank & Kurt Jonassohn, *The History and Sociology of Genocide*.

57 최호근, 〈전쟁과 제노사이드〉, 부산경남사학회, 《역사와 경계》 제56집, 2005, 56쪽에서 재인용; Fein, Helen, "Genocide: A Sociological Perspective", p. 21.

58 에릭 마르쿠센, 〈제노사이드와 총력전: 예비적 비교〉, 마이클 돕코우스키·이시도르 왈리만 엮음, 장원석 외 옮김, 《현대사회와 제노사이드》, 191~192쪽.

59 에릭 마르쿠센, 〈제노사이드와 총력전: 예비적 비교〉, 207쪽.

60 최호근, 〈전쟁과 제노사이드〉, 8쪽.

61 최호근, 〈전쟁과 제노사이드〉, 17~18쪽.

62 Bartrop, Paul, "The relationship between war and genocide in the twentieth century: a consideration", *Journal of Genocide Research* 4(4), 2002, p. 525.

63 Shaw, Martin, *What is Genocide?*, pp. 23~26.

64 Shaw, Martin, *What is Genocide?*, pp. 111~112.

제5장 제노사이드와 한국전쟁 전후 대량 학살

1 Shaw, Martin, *What is Genocide?*, p. 155.

2 Shaw, Martin, *What is Genocide?*, p. 155.

3 Shaw, Martin, *What is Genocide?*, pp. 155~156.

4 허버트 허시, 《제노사이드와 기억의 정치: 삶을 위한 죽음의 연구》, 171쪽.

5 김상기, 《제노사이드 속 폭력의 법칙》, 336~344쪽.

6 김상기, 《제노사이드 속 폭력의 법칙》, 321~322쪽.

7 제주 4·3 사건 진상규명 및 희생자 명예회복위원회, 《제주 4·3 사건 진상조사 보고서》, 선인, 2003, 364쪽.

8 강성현·김민환, 〈한국전쟁 피해 상황에 대한 종합 통계자료 해제〉, 《실록 대한민국사 자료집 한국경제 정책자료 8—번역·통계편》, 국사편찬위원회, 2013, 319~323쪽.

9 최호근, 《제노사이드: 학살과 은폐의 역사》, 354~355쪽.

10 최호근, 《제노사이드: 학살과 은폐의 역사》, 73쪽.

11 최호근, 《제노사이드: 학살과 은폐의 역사》, 356~406쪽.

12 최호근, 《제노사이드: 학살과 은폐의 역사》, 423~427쪽.

13 최호근, 《제노사이드: 학살과 은폐의 역사》, 362쪽.

14 허호준, 《4·3, 미국에 묻다》, 선인, 2021; 허호준, 《그리스와 제주—비극의 역사와 그 후》, 선인, 2014.

15 강성현, 〈한국 사상통제기제의 역사적 형성과 '보도연맹 사건', 1925~50〉, 서울대학교 사회학과 박사학위논문, 2012, 331쪽.

16 김득중, 《빨갱이의 탄생—여순 사건과 반공국가의 형성》, 선인, 2009, 561~562쪽.

17 강성현, 〈한국 사상통제기제의 역사적 형성과 '보도연맹 사건', 1925~50〉, 331쪽.

18 〈미래의 한국의 통치 구조에 관한 여론조사〉(1949. 9. 10), 신복룡 엮음, 《한국분단사자료집 6》, 원주문화사, 1993, 7~42쪽.

19 임성욱, 〈미군정기 조선정판사 '위조지폐' 사건 연구〉, 한국외국어대학교 국제지역대학원 박사학위논문, 2015, 231~243쪽.

20 《경향신문》 1949. 4. 23.

21 후지이 다케시, 〈족청·족청계의 이념과 활동〉, 성균관대 사학과 박사학위논문, 2010, 146~147쪽.

22 김득중, 《빨갱이의 탄생—여순사건과 반공국가의 형성》, 47쪽.

23 강성현, 〈한국 사상통제기제의 역사적 형성과 '보도연맹 사건', 1925~50〉, 264쪽.

24 강성현, 〈제주 4·3 학살사건의 사회학적 연구—대량학살 시기(1948년 10월 중순~1949년 5

월 중순)를 중심으로〉, 서울대학교 사회학과 석사학위논문, 2002, 48~53쪽.

25 노영기, 〈여순사건과 구례: 여순사건 직후 군대의 주둔과 진압을 중심으로〉, 최정기 외, 《전쟁과 재현: 마을 공동체의 고통과 그 대면》, 한울아카데미, 2008.

26 강성현, 〈한국 사상통제기제의 역사적 형성과 '보도연맹 사건', 1925~50〉, 264~265쪽.

27 김득중, 〈한국전쟁 전후 육군 방첩대CIC의 조직과 활동〉, 서중석·김득중·강성현·이임하·김학재·양정심·연정은, 《전쟁 속의 또 다른 전쟁》, 선인, 2011, 65쪽.

28 김태우, 〈비국민과 국가폭력: 제노사이드의 단계적 메커니즘과 국민보도연맹사건 1945~50〉, 218~219쪽.

29 김태우, 〈비국민과 국가폭력: 제노사이드의 단계적 메커니즘과 국민보도연맹사건 1945~50〉, 221쪽.

30 제민일보 4·3취재반, 《4·3은 말한다 ①》, 전예원, 1994, 138, 323~324쪽.

31 강성현, 〈제주 4·3 학살사건의 사회학적 연구—대량학살 시기(1948년 10월 중순~1949년 5월 중순)를 중심으로〉, 28~35쪽.

32 제민일보 4·3취재반, 《4·3은 말한다 ①》, 148~149쪽.

33 제민일보 4·3취재반, 《4·3은 말한다 ①》, 149~150쪽.

34 제민일보 4·3취재반, 《4·3은 말한다 ①》, 156~167쪽; 강성현, 〈제주 4·3 학살사건의 사회학적 연구—대량학살 시기(1948년 10월 중순~1949년 5월 중순)를 중심으로〉, 50~52쪽.

35 강성현, 〈제주 4·3 학살사건의 사회학적 연구—대량학살 시기(1948년 10월 중순~1949년 5월 중순)를 중심으로〉, 55~56쪽.

36 《제주경찰사》는 '북촌 사건'을 학살 가해자가 국군이 아닌 공비가 자행한 학살, 약탈, 방화 사건으로 왜곡 서술한 바 있다. 사건 발생일도 1월 17일이 아닌 2월 15일로 틀리게 서술했다.

37 제민일보 4·3취재반, 《4·3은 말한다 ①》, 143쪽.

38 강성현, 〈제주 4·3 학살사건의 사회학적 연구—대량학살 시기(1948년 10월 중순~1949년 5월 중순)를 중심으로〉, 77~78쪽.

39 강성현, 〈한국전쟁 전후, 광풍의 역사 틈으로〉, 고경태, 《본 헌터: 어느 인류학자의 한국전쟁 유골 추적기》, 한겨레출판, 2024, 366쪽.

40 '도덕적 의무의 세계'라는 개념은 헬렌 페인의 《제노사이드에 대한 설명》(1979)에서 처음 소개되었다. 페인은 도덕적 의무의 세계에서 동료 인간들을 배제한 것이 폭력에 대한 금

지를 풀었고, 그들을 승인된 학살의 피해자로 규정했을 것이라고 지적한 첫 연구자였다. 허버트 허시, 《제노사이드와 기억의 정치: 삶을 위한 죽음의 연구》, 205쪽.

[41] 권귀숙, 《기억의 정치: 대량학살의 사회적 기억과 역사적 진실》, 75~76쪽.

[42] 김상기, 《제노사이드 속 폭력의 법칙》, 선인, 2008, 323~324쪽.

[43] 권귀숙, 《기억의 정치: 대량학살의 사회적 기억과 역사적 진실》, 76~78쪽.

[44] 권귀숙, 《기억의 정치: 대량학살의 사회적 기억과 역사적 진실》, 79~84쪽.

[45] 이임하, 〈한국전쟁기 부역자처벌〉, 서중석·김득중·이임하·양정심·강성현·김학재·연정은, 《전쟁 속의 또 다른 전쟁》, 선인, 2011, 143~146쪽.

[46] 강성현, 〈'예외상태 상례'의 법 구조에 대한 비교 연구: 한국전쟁기와 유신체제기 발동한 국가긴급권을 중심으로〉, 《사회와 역사》 제108집, 2015, 179쪽.

[47] 진실화해위원회, 《진실화해위원회 종합보고서 Ⅲ—민간인 집단희생 사건》, 2010, 231~232, 240쪽.

[48] 강성현, 《작은 '한국전쟁'들—평화를 위한 비주얼 히스토리》, 237~245쪽.

[49] 권귀숙, 《기억의 정치—대량학살의 사회적 기억과 역사적 진실》, 86~87쪽.

[50] 김영미, 〈해방 이후 주민등록제도의 변천과 그 성격: 한국 주민등록증의 역사적 연원〉, 《한국사 연구》 제136호, 2007, 209~300쪽; 이정은, 〈미군정기 이후 '신분증명서'를 통한 개인의 관리와 통치〉, 《사회와 역사》 제111집, 2016, 169쪽; 김태우, 〈비국민과 국가폭력: 제노사이드의 단계적 메커니즘과 국민보도연맹사건 1945~50〉, 228~229쪽.

[51] 진실화해위원회, 《국민보도연맹사건 진실규명 결정서》, 2009, 44쪽.

[52] 《2008피해자현황조사 용역사업 충북 영동군 최종결과보고서》, 2008, 162~163쪽 재인용.

[53] 강성현, 〈제주 4·3 학살사건의 사회학적 연구—대량학살 시기(1948년 10월 중순~1949년 5월 중순)를 중심으로〉, 84쪽.

[54] 강성현, 〈제주 4·3 학살사건의 사회학적 연구—대량학살 시기(1948년 10월 중순~1949년 5월 중순)를 중심으로〉, 85~88쪽.

[55] 김성례, 〈국가폭력의 성정치학—제주4·3학살을 중심으로〉, 《흔적》 2001년호, 2001, 280~285쪽.

[56] 김득중, 《빨갱이의 탄생—여순사건과 반공국가의 형성》, 380~381, 392, 403~404쪽.

[57] 《동아일보》 1948. 11. 21.

58 김석학·임종명,《광복 30년》, 전남일보사, 1975, 159~160쪽.

59 강성현, 〈제주 4·3 학살사건의 사회학적 연구—대량학살 시기(1948년 10월 중순~1949년 5월 중순)를 중심으로〉, 329쪽.

60 김득중,《빨갱이의 탄생—여순사건과 반공국가의 형성》, 435~436쪽.

61 김태우, 〈비국민과 국가폭력: 제노사이드의 단계적 메커니즘과 국민보도연맹사건 1945~50〉, 220, 222쪽.

62 김태우, 〈비국민과 국가폭력: 제노사이드의 단계적 메커니즘과 국민보도연맹사건 1945~50〉, 222~224쪽; 김득중,《빨갱이의 탄생—여순사건과 반공국가의 형성》, 40~41쪽.

63 장석윤, 〈풍상 끝에 얻은 섭리〉,《격랑반세기 1》, 강원일보사, 1988, 318쪽.

64 정병준, 〈한국전쟁 초기 국민보도연맹원 예비검속·학살사건의 배경과 구조〉,《역사와 현실》제54권, 2004, 112~117쪽.

65 강성현, 〈제주 4·3 학살사건의 사회학적 연구—대량학살 시기(1948년 10월 중순~1949년 5월 중순)를 중심으로〉, 400~401쪽.

66 강성현, 〈제주 4·3 학살사건의 사회학적 연구—대량학살 시기(1948년 10월 중순~1949년 5월 중순)를 중심으로〉, 408~415쪽.

67 강성현, 〈한국전쟁기 한국정부와 유엔군의 피난민 인식과 정책〉, 서중석·김학재·이임하·강성현·양정심·김득중,《전장과 사람들: 주한유엔민간원조사령부UNCACK 자료로 본 한국전쟁의 일상》, 선인, 2010, 155~158쪽.

68 강성현,《작은 '한국전쟁'들—평화를 위한 비주얼 히스토리》, 194, 196쪽.

69 진실화해위원회,《2010년 상반기 조사보고서》8권, 2010, 178쪽.

70 강성현,《작은 '한국전쟁'들—평화를 위한 비주얼 히스토리》, 147~149쪽; 최상훈 외,《노근리 다리》, 잉걸, 2003, 204쪽.

71 국방부 군사편찬연구소, 〈미국무부 한국 국내 상황 관련 문서 XIV〉,《한국전쟁 자료총서 52》, 2001, 429~430쪽.

72 강성현, 〈한국전쟁기 예비검속의 법적 구조와 운용 및 결과〉,《사회와 역사》103집, 2014, 20~21쪽.

73 이임하, 〈한국전쟁기 부역자처벌〉, 132~143쪽.

74 강성현, 〈한국전쟁 전후, 광풍의 역사 틈으로〉, 364쪽.

75 진실화해위원회, 《2010년 상반기 조사보고서》 8권, 233쪽.

76 미상 32명, 10세 미만 14명, 11~20세 6명, 21~30세 11명, 31~40세 9명, 41~50세 2명, 1~60세 3명. 진실화해위원회, 〈아산 부역혐의 희생사건〉, 《2009년 상반기 조사보고서》 제 4, 2009, 611쪽.

77 진실화해위원회, 《2010년 상반기 조사보고서》 8권, 244쪽.

78 한성훈, 《가면권력: 한국전쟁과 학살》, 후마니타스, 2014, 138~139쪽.

79 진실화해위원회, 《2010년 상반기 조사보고서》 8권, 255쪽.

80 강성현, 《작은 '한국전쟁'들—평화를 위한 비주얼 히스토리》, 154쪽.

81 백선엽, 《군과 나》, 대륙연구소, 1989, 225쪽.

82 백선엽, 《내가 물러서면 나를 쏴라 2》, 중앙북스, 2010, 390~392쪽.

83 백선엽, 《군과 나》, 229쪽.

84 안정애, 〈만주군 출신 장교의 한국전쟁과 주한미군에 대한 인식〉, 《한국인물사연구》 제3 호, 2005, 348~349쪽.

85 강성현, 《작은 '한국전쟁'들—평화를 위한 비주얼 히스토리》, 160~162쪽.

86 백선엽, 《내가 물러서면 나를 쏴라 2》, 326쪽.

87 강성현, 《작은 '한국전쟁'들—평화를 위한 비주얼 히스토리》, 164쪽.

88 김태우, 〈비국민과 국가폭력: 제노사이드의 단계적 메커니즘과 국민보도연맹사건 1945~ 50〉, 234~235쪽.

89 서중석, 《조봉암과 1950년대(하)》, 역사비평사, 2000, 712~713쪽.

90 서중석, 《조봉암과 1950년대(하)》, 790~791쪽; 오제연, 〈팽창하는 학교와 학생〉, 김학재 외, 《한국현대생활문화사 1950년대: 삐라줍고 댄스홀 가고》, 창비, 2016, 128~129쪽.

91 한성훈, 《가면권력: 한국전쟁과 학살》, 294~296쪽.

92 김기진, 《끝나지 않은 전쟁, 국민보도연맹》, 역사비평, 2002, 247~248, 256쪽.

93 조사특위 위원장이자 경남반 반장을 맡은 최천 위원은 학살이 최고조에 달했을 무렵 경남 지역 경찰의 총지휘자인 도경국장을 맡고 있었고, 김의택 위원 역시 경찰관이었다. 김기 진, 《끝나지 않은 전쟁, 국민보도연맹》, 272쪽.

94 김기진, 《끝나지 않은 전쟁, 국민보도연맹》, 259쪽.

95 당시 증언 청취 속기록이나 이후의 박상길 위원의 증언을 보면 보련 학살은 잠재적인 적

의 처리라는 차원에서 당연히 있을 수 있는 일이라고 밝히고 있다. 김기진, 《끝나지 않은 전쟁, 국민보도연맹》, 272~274쪽.

96 김기진, 《끝나지 않은 전쟁, 국민보도연맹》, 281~283쪽; 한성훈, 《가면권력: 한국전쟁과 학살》, 308~312쪽.

97 한성훈, 《가면권력: 한국전쟁과 학살》, 312쪽.

98 한성훈, 《가면권력: 한국전쟁과 학살》, 297, 313~315쪽.

99 노용석, 《국가폭력과 유해발굴의 사회문화사》, 산지니, 2018, 102~104쪽.

100 노용석, 《국가폭력과 유해발굴의 사회문화사》, 108~113쪽.

101 노용석, 《국가폭력과 유해발굴의 사회문화사》, 114~122쪽.

102 김요섭, 〈한국 이행기 정의 국면의 제노사이드 문학 연구〉, 성균관대학교 국어국문학과 박사학위논문, 2023.

103 노용석, 《국가폭력과 유해발굴의 사회문화사》, 130~131쪽.

104 노용석, 《국가폭력과 유해발굴의 사회문화사》, 123~126쪽; 양조훈, 《4·3 그 진실을 찾아서: 4·3 비밀 캐기의 숨은 이야기》, 선인, 2015, 107~116쪽.

105 노용석, 《국가폭력과 유해발굴의 사회문화사》, 137쪽.

106 양조훈, 〈4·3진실찾기 그 길을 다시 밟다·양조훈 육필기록 〈100〉 노근리 사건의 파장— AP통신 "미군이 민간인 학살"〉, 《제민일보》 2011. 12. 26.

107 권은중, 《〈인터뷰〉 노근리사건 보도 최상훈 AP통신 서울지국 기자〉, 《미디어오늘》 1999. 10. 14.

108 강성현, 〈과거사와 세월호 참사 진상규명을 둘러싼 쟁점과 평가〉, 《역사비평》 109호, 2014, 67~68쪽.

109 강성현, 〈과거사와 세월호 참사 진상규명을 둘러싼 쟁점과 평가〉, 68~69쪽.

110 강성현, 〈과거사와 세월호 참사 진상규명을 둘러싼 쟁점과 평가〉, 69쪽.

111 완전한 진실을 고백한 가해자에 대한 화해조치로 불처벌 건의와 특별사면, 복권을 규정한 조항(제38조)이 있지만, 이는 명목상 규정에 불과했다. 진화위는 가해자 고발 또는 수사 의뢰 권한조차 없었기 때문이다.

112 김동춘, 《이것은 기억과의 전쟁이다》, 사계절, 2013, 199~201쪽.

113 김동춘, 《이것은 기억과의 전쟁이다》, 268쪽.

114 정호기, 〈진실 규명의 제도화와 다층적 재조명〉,《제노사이드연구》제6호, 2009, 95쪽.

115 강성현, 〈과거사와 세월호 참사 진상규명을 둘러싼 쟁점과 평가〉, 70쪽.

에필로그

1 고경태, 〈학살 유족 만나 "전시엔 그럴 수도 있다"는 진화위원장〉,《한겨레》2023. 10. 12.

2 고경태, 〈"전시엔 재판 없이 죽일 수 있다" 국감에서 재확인한 김광동〉,《한겨레》2023. 10. 13.

3 고경태, 〈"전시엔 즉결 처분"……가짜뉴스 계속 전파하는 진실화해위원장〉,《한겨레》 2023. 10. 17.

4 고경태, 〈전 유고 전범재판장 "진도사건 진실 규명에 민간인 여부 중요치 않아"〉,《한겨 레》2024. 5. 19.

5 김도연·손가영, 〈운동권 출신 'MB 386'은 뉴라이트로 전향……"한나라 쇄신 외쳐"〉,《중 앙선데이》2008. 9. 21.

6 고경태, 〈김광동의 원대한 꿈〉,《한겨레》2023. 6. 26.

7 조일준, 〈진실 외면하는 위원장이 과거와 화해?〉,《한겨레21》2022. 12. 23.

8 고경태, 〈황인수 진실화해위 국장이 '변장'하는 이유〉,《한겨레》2024. 4. 1; 고경태, 〈진실 화해위가 '국정원 출신' 국장을 채용한 이유는?〉,《한겨레》2024. 4. 2.

9 고경태·고나린, 〈김광동 또 거짓말……'전시엔 즉결 처분' 국감서 인정해놓고〉,《한겨레》 2023. 12. 6.

10 고경태·고나린, 〈"진실화해위는 인권기관" 답 못한 김광동 위원장〉,《한겨레》2024. 5. 27.

11 고경태·고나린, 〈"진실화해위는 인권기관" 답 못한 김광동 위원장〉.

12 고경태·고나린, 〈"진실화해위는 인권기관" 답 못한 김광동 위원장〉.

13 남아공 정부와 집권당인 아프리카민족회의ANC가 이스라엘의 팔레스타인 탄압을 아파르 트헤이트로 규정하고 국제사법재판소에 제소한 배경에 대해 2024년 남아공 총선과 국내 정치적 상황을 지적하는 분석도 있다. 남아공 정부와 집권 여당은 높은 실업률, 빈부 격차

의 증대 등으로 지지율이 계속 떨어지고 있었는데, 남아공 정부가 이스라엘의 제노사이드에 저항하는 팔레스타인을 지원하는 모습은 과거 아파르트헤이트에 저항했던 역사를 환기해 지지층 결집으로 이어질 수 있었다. 또한 국제적으로 인권 등 핵심 가치에 충실한 모습을 보여주면서 국내 문제로부터 주의를 분산시키는 효과도 거둘 수 있었다. 유현민, 〈남아공은 왜 이스라엘을 국제법정에 제소했나〉, 《연합뉴스》 2024. 1. 12.

14 김동호 · 서혜림, 〈"팔레스타인에 제노사이드"……남아공, 이스라엘 유엔법정 제소〉, 《연합뉴스》 2023. 12. 30.

15 윤남근, 〈국제사법재판소의 이스라엘에 대한 잠정처분의 의의〉, 《법률신문》 2024. 6. 2.

16 하마스의 '알아크사 홍수' 작전은 하마스가 이스라엘 영토를 향해 5,000발 이상의 로켓을 발사하고, 이스라엘 군기지를 점령해 이스라엘 군인을 살해하고 포로를 잡으면서 시작되었다. 게다가 하마스는 가자지구 근처 유대인 정착촌에 진입해 이스라엘 민간인들을 살해하고 포로로 잡았으며, 근처 페스티벌에 참여한 많은 민간인들을 살해했다. 이날 이스라엘 군인과 민간인 사망자만 약 1,200명에 이른 것으로 집계되고 있다.

17 최혜린, 〈"제노사이드, 더 큰 맥락으로 봐야" 이스라엘 잘못 따져 물은 남아공〉, 《경향신문》 2024. 1. 11; 신명수, 〈제노사이드 '피해자'서 '가해자'로……76년 만에 국제법정 선 이스라엘〉, 《경향신문》 2024. 1. 12.

18 선명수, 〈제노사이드 '피해자'서 '가해자'로……76년 만에 국제법정 선 이스라엘〉, 《경향신문》 2024. 1. 12.

19 김미향, 〈이스라엘 '집단학살' 혐의 국제재판……"뻔뻔한 일"이라는 네타냐후〉, 《한겨레》 2024. 1. 12.

20 정의길, 〈국제사법재판소 '이스라엘 학살 방지 명령', 안전보장이사회서 논의된다〉, 《한겨레》 2024. 1. 28.

21 정성민, 〈국제사법재판소, 이스라엘에 '가자지구 집단학살 방지' 명령……국제엠네스티, "환영"〉, 《한국NGO신문》 2024. 1. 27.

22 박병수, 〈법정에 선 '팔레스타인 점령'〉, 《한겨레》 2024. 2. 23.

23 이지현, 〈안전보장이사회 '가자' 휴전 요구 결의 첫 채택……전쟁 발발 5개월여만〉, 《연합뉴스》 2024. 3. 26.

24 일란 파페, 백선 옮김, 《이스라엘에 대한 열 가지 신화》, 틈새책방, 2024, 20~21쪽.

25 정의길, 〈하마스는 어떤 조직?……이스라엘에 50년만에 최대 공격〉, 《한겨레》 2023. 10. 10.

26 노정연, 〈갇혀버린 봄 '가자지구'……빼앗긴 삶은 다시 피지 않았다〉, 《경향신문》 2023. 11. 7.

27 박세진, 〈'2차 항쟁' 이후 이−팔 분쟁 희생자 6천 명 돌파〉, 《한겨레》 2007. 12. 28.

28 성상희, 〈2차 인티파다와 팔레스타인의 비극(2)〉, 《평화뉴스》 2024. 5. 16.

29 일란 파페, 백선 옮김, 《이스라엘에 대한 열 가지 신화》, 238~239, 254~257, 276~281쪽.

30 노정연, 〈갇혀버린 봄 '가자지구'……빼앗긴 삶은 다시 피지 않았다〉.

31 Raz Segal, "A Textbook Case of Genocide", *Jewish Currents* 2023. 10. 13.

32 Omer Bartov, Christopher R. Browning, Jane Caplan, Debórah Dwork, Michael Rothberg, et al. "An Open Letter on the Misuse of Holocaust Memory", *The New York Review of Books* 2023. 11. 20.

33 박병수, 〈"이스라엘 라파흐 공격 멈춰 세우라" 국제사법재판소 법정의 외침〉, 《한겨레》 2024. 5. 17; 손기준, 〈이스라엘, 국제사법재판소서 "가자전쟁, 끔찍하지만 집단학살 아냐"〉, 《SBS 뉴스》 2024. 5. 18.

34 이순천, 〈ICJ의 보스니아 Genocide 판결 및 평가〉, 《국제법학회논총》 제52권 제2호, 2007, 520, 522~523, 537~538쪽.

35 필립 샌즈, 정철승·황문주 옮김, 《인간의 정의는 어떻게 탄생했는가: '제노사이드'와 '인도에 반하는 죄'의 기원》, 더봄, 2019, 550~551쪽; 조일준, 〈ICC, '다르푸르 학살' 수단 대통령 체포영장 발부〉, 《한겨레》 2009. 3. 5; 조일준, 〈수단, 전 독재자 알바시르 '국제법정'에 넘긴다〉, 《한겨레》 2020. 2. 13.

36 신속지원군은 2003년 알바시르 대통령의 지시를 받고 다르푸르 대학살을 자행했던 잔자위드의 후신이다. 이 준군사 조직은 처벌받지 않은 채 수단 정부군으로 흡수되었다가 2023년 군벌들의 내전 이후 다시 다르푸르 지역에서 2003년의 일을 잔혹하게 반복하고 있다. 장은현, 〈'교전' 수단서 '대량학살 전범' 알바시르 행방 묘연〉, 《국민일보》 2023. 4. 26; 손우성, 〈응징되지 않은 다르푸르 대학살……되풀이되는 수단의 비극〉, 《경향신문》 2023. 6. 18; 박진형, 〈아프리카 수단, 서방 손 놓은 틈타 학살·납치 인종청소 등〉, 《연합뉴스》 2023. 11. 20.

37 정원식, 〈중동 화약고〉 '세계 최대 감옥'……가자지구 어떤 곳?〉, 《경향신문》 2023. 10. 8.

38 신기섭, 〈이스라엘의 팔레스타인 '전쟁 범죄' 조사 길 열려〉, 《한겨레》 2021. 2. 8.

39 최현준, 〈미국, 아프간 전쟁 범죄 조사하는 국제형사재판소 검사 제재〉, 《한겨레》 2020. 9. 4; 이정은, 〈국제형사재판소는 이스라엘을 단죄할 수 있을까〉, 《한겨레》 2023. 11. 6.

40 장예지, 〈국제형사재판소, 이스라엘 총리·하마스 지도부 체포영장 청구〉, 《한겨레》 2024. 5. 21; 이본영, 〈네타냐후 영장 청구에 미국이 더 난리……"국제형사재판소 제재"〉, 《한겨레》 2024. 5. 21; 제레미 보웬, 〈국제형사재판소, 이스라엘과 하마스에 체포영장 청구……의미하는 바는?〉, 《BBC뉴스 코리아》 2024. 5. 21.

41 이본영, 〈네타냐후 영장 청구에 미국이 더 난리……"국제형사재판소 제재"〉; 제레미 보웬, 〈국제형사재판소, 이스라엘과 하마스에 체포영장 청구……의미하는 바는?〉.

참고문헌

《경향신문》, 《동아일보》, 《법률신문》, 《오마이뉴스》, 《중앙선데이》, 《한겨레》, 《한국NGO신문》, 〈SBS뉴스〉, 〈연합뉴스〉, 〈BBC뉴스코리아〉

강성현, 《작은 '한국전쟁'들—평화를 위한 비주얼 히스토리》, 푸른역사, 2021.

권귀숙, 《기억의 정치: 대량학살의 사회적 기억과 역사적 진실》, 문학과지성사, 2006.

기든스, 앤서니, 임영일·박노영 옮김, 《자본주의와 현대사회이론》, 한길사, 1981.

김기진, 《끝나지 않은 전쟁, 국민보도연맹》, 역사비평, 2002.

김동춘, 《이것은 기억과의 전쟁이다》, 사계절, 2013.

김득중, 《빨갱이의 탄생—여순사건과 반공국가의 형성》, 선인, 2009.

김상기, 《제노사이드 속 폭력의 법칙》, 선인, 2008.

김석학·임종명, 《광복 30년》, 전남일보사, 1975.

노용석, 《국가폭력과 유해발굴의 사회문화사》, 산지니, 2018.

데리다, 자크, 진태원 옮김, 《법의 힘》, 문학과지성사, 2004.

돕코우스키, 마이클·이시도르 왈리만 엮음, 장원석 외 옮김, 《현대사회와 제노사이드》, 각, 2005.

밀그램, 스탠리, 정태연 옮김, 《권위에 대한 복종》, 2009, 에코리브르.

바우만, 지그문트, 정일준 옮김, 《현대성과 홀로코스트》, 새물결, 2013.

백선엽, 《군과 나》, 대륙연구소, 1989.

_____, 《내가 물러서면 나를 쏴라 2》, 중앙북스, 2010.

버틀러, 주디스, 김정아 옮김, 《비폭력의 힘: 윤리학–정치학 잇기》, 문학동네, 2022, 162~164쪽.

베버, 막스, 박성환 옮김, 《경제와 사회 I》, 문학과지성사, 1997.

벤야민, 발터, 최성만 옮김, 《역사의 개념에 대하여, 폭력 비판을 위하여, 초현실주의 외》, 길, 2008.

사카이 다카시, 김은주 옮김, 《폭력의 철학》, 산눈, 2006.

샌즈, 필립, 정철승·황문주 옮김, 《인간의 정의는 어떻게 탄생했는가: '제노사이드'와 '인도에 반하는 죄'의 기원》, 더블, 2019.

서중석, 《조봉암과 1950년대(하)》, 역사비평사, 2000.

아감벤, 조르조, 김항 옮김, 《예외상태》, 새물결, 2019.

아렌트, 한나, 김정한 옮김, 《폭력의 세기》, 이후, 1999.

양조훈, 《4·3 그 진실을 찾아서: 4·3 비밀 캐기의 숨은 이야기》, 선인, 2015.

이동기, 《현대사 몽타주: 발견과 전복의 역사》, 돌베개, 2018.

제민일보 4·3취재반, 《4·3은 말한다 ①》, 전예원, 1994.

제주 4·3 사건 진상규명 및 희생자 명예회복위원회, 《제주 4·3 사건 진상조사 보고서》, 선인, 2003.

지젝, 슬라보예, 박정수 옮김, 《잃어버린 대의를 옹호하며》, 그린비, 2009.

진실화해위원회, 《2010년 상반기 조사보고서》 8권, 2010.

_____, 《국민보도연맹사건 진실규명 결정서》, 2009.

_____, 《진실화해위원회 종합보고서 Ⅲ—민간인 집단희생 사건》, 2010.

진실화해위원회·공주대 참여문화연구소, 《2008피해자현황조사 용역사업 충북 영동군 최종 결과보고서》, 2008.

최상훈 외, 《노근리 다리》, 잉걸, 2003.

최호근, 《서양현대사의 블랙박스 나치대학살》, 푸른역사, 2006.

_____, 《제노사이드: 학살과 은폐의 역사》, 책세상, 2005.

코저, 루이스 A., 《사회사상사》, 시그마프레스, 2003.

파워, 사만다, 김보영 옮김, 《미국과 대량학살의 시대》, 에코리브르, 2004.

한성훈, 《가면권력: 한국전쟁과 학살》, 후마니타스, 2014.

허시, 허버트, 강성현 옮김, 《제노사이드와 기억의 정치: 삶을 위한 죽음의 연구》, 책세상, 2009.

허호준, 《4·3, 미국에 묻다》, 선인, 2021.

_____, 《그리스와 제주—비극의 역사와 그 후》, 선인, 2014.

홍원길, 《청곡회고록》, 태양출판사, 1978.

강성현, 〈4·3'과 민간인 학살 메커니즘의 형성〉, 《역사연구》 11호, 선인, 2002.

_____, 〈'예외상태 상례'의 법 구조에 대한 비교 연구: 한국전쟁기와 유신체제기 발동한 국가긴급권을 중심으로〉, 《사회와역사》 제108집, 2015.

_____, 〈과거사와 세월호 참사 진상규명을 둘러싼 쟁점과 평가〉, 《역사비평》 109호, 2014.

_____, 〈제주 4·3 학살사건의 사회학적 연구—대량학살 시기(1948년 10월 중순~1949년 5월 중순)를 중심으로〉, 서울대학교 사회학과 석사학위논문, 2002.

_____, 〈한국 사상통제기제의 역사적 형성과 '보도연맹 사건', 1925~50〉, 서울대학교 사회학과 박사학위논문, 2012.

_____, 〈한국전쟁 전후, 광풍의 역사 틈으로〉, 고경태, 《본 헌터: 어느 인류학자의 한국전쟁 유골 추적기》, 한겨레출판, 2024.

_____, 〈한국전쟁기 예비검속의 법적 구조와 운용 및 결과〉, 《사회와역사》 103집, 2014.

_____, 〈한국전쟁기 한국정부와 유엔군의 피난민 인식과 정책〉, 서중석·김학재·이임하·강성현·양정심·김득중, 《전장과 사람들: 주한유엔민간원조사령부UNCACK 자료로 본 한국전쟁의 일상》, 선인, 2010.

강성현·김민환, 〈한국전쟁 피해 상황에 대한 종합 통계자료 해제〉, 《실록 대한민국사 자료집 한국경제 정책자료 8—번역·통계편》, 국사편찬위원회, 2013.

국방부 군사편찬연구소, 〈미국무부 한국 국내 상황 관련 문서 XIV〉, 《한국전쟁 자료총서 52》, 2001.

권은중, 〈〈인터뷰〉 노근리사건 보도 최상훈 AP통신 서울지국 기자〉, 《미디어오늘》 1999. 10. 14.

김도현, 〈법의 폭력성: 법과 폭력의 관계에 대한 고찰〉, 《현상과 인식》, 1998.

김동춘, 〈제7회 국제제노사이드학회에 다녀와서〉, 한국제노사이드연구회, 《제노사이드 연구》 제2호, 선인, 2007.

김득중, 〈한국전쟁 전후 육군 방첩대CIC의 조직과 활동〉, 서중석·김득중·강성현·이임하·
　김학재·양정심·연정은, 《전쟁 속의 또 다른 전쟁》, 선인, 2011.

김성례, 〈국가폭력의 성정치학—제주4·3학살을 중심으로〉, 《흔적》 2001년호, 2001.

김영미, 〈해방 이후 주민등록제도의 변천과 그 성격: 한국 주민등록증의 역사적 연원〉, 《한국
　사연구》 제136호, 2007.

김영석, 〈국제형사재판소의 최근 설립 현황과 전망〉, 한국법학원, 《저스티스》 통권 71호,
　2003.

김요섭, 〈한국 이행기 정의 국면의 제노사이드 문학 연구〉, 성균관대 국어국문학과 박사학위
　논문, 2023.

김정한, 〈정의로운 폭력은 가능한가〉, 《황해문화》 117호, 2022.

김태우, 〈비국민과 국가폭력: 제노사이드의 단계적 메커니즘과 국민보도연맹사건
　1945~50〉, 이문영 엮음, 《폭력이란 무엇인가: 기원과 구조》, 아카넷, 2015.

김헌진, 〈ICC규정에 대한 미국의 태도〉, 청주대학교 법학연구소, 《법학논집》 vol. 26, 2006.

노영기, 〈여순사건과 구례: 여순사건 직후 군대의 주둔과 진압을 중심으로〉, 최정기 외, 《전
　쟁과 재현: 마을 공동체의 고통과 그 대면》, 한울아카데미, 2008.

로젠버그, 알란, 〈홀로코스트는 유일무이한 사건이었는가?〉, 마이클 돕코우스키 & 이시도르
　왈리만 엮음, 장원석 외 옮김, 《현대사회와 제노사이드》, 각, 2005.

마르쿠센, 에릭, 〈제노사이드와 총력전: 예비적 비교〉, 마이클 돕코우스키 & 이시도르 왈리
　만 엮음, 장원석 외 옮김, 《현대사회와 제노사이드》, 각, 2005.

박정원, 〈민족분쟁과 인도적 개입의 국제정치: 유고슬라비아에서의 인종청소를 중심으로〉,
　한국세계지역학회, 《세계지역연구논총》 제23집 2호, 2005.

배동인, 〈폭력에 대한 사회학적 고찰〉, 한국사회학회, 《한국사회학》 제21호, 1987.

빌트, 미하엘, 〈폭력에 대한 단상〉, 이상록 외, 《일상사로 보는 한국근현대사》, 책과함께,
　2006.

서철원, 〈집단살해방지협약〉, 국제인권법학회, 《국제인권법》 제1호, 1996.

신진욱, 〈근대와 폭력: 다원적 복합성과 역사적 불확정성의 사회이론〉, 한국사회학회, 《한국
　사회학》 제38집 4호, 2004.

_____, 〈폭력연구와 사회학적 전통〉, 한국사회학회, 《한국사회학회 2004년도 특별심포지움: 폭력과 평화의 사회학》, 2004.

안정애, 〈만주군 출신 장교의 한국전쟁과 주한미군에 대한 인식〉, 《한국인물사연구》 제3호, 2005.

양조훈, 〈4·3진실찾기 그 길을 다시 밟다·양조훈 육필기록 〈100〉 노근리 사건의 파장—AP통신 "미군이 민간인 학살"〉, 《제민일보》 2011. 12. 26.

오제연, 〈팽창하는 학교와 학생〉, 김학재 외, 《한국현대생활문화사 1950년대: 삐라 줍고 댄스홀 가고》, 창비, 2016.

이임하, 〈한국전쟁기 부역자처벌〉, 서중석·김득중·이임하·양정심·강성현·김학재·연정은, 《전쟁 속의 또 다른 전쟁》, 선인, 2011.

이정은, 〈미군정기 이후 '신분증명서'를 통한 개인의 관리와 통치〉, 《사회와 역사》 제111집, 2016.

이지윤, 〈이스라엘 비판하면 미국서 가르칠 권리도 없다? '홀로코스트 산업'의 저자 핀켈슈타인, 미 대학서 축출돼〉, 《프레시안》 2007. 6. 12.

이현조, 〈구유고내전에서의 집단살해범죄자에 대한 기소 및 형벌 집행—구유고 국제형사재판소ICTY의 활동을 중심으로〉, 5·18연구소, 《민주주의와 인권》 제2권 2호, 2002.

임성욱, 〈미군정기 조선정판사 '위조지폐' 사건 연구〉, 한국외국어대학교 국제지역대학원 박사학위논문, 2015.

장석윤, 〈풍상 끝에 얻은 섭리〉, 《격랑반세기 1》, 강원일보사, 1988.

장용규, 〈르완다 제노사이드: 후투와 투치의 인종차별과 갈등의 역사적 전개〉, 한국아프리카학회, 《한국아프리카학회지》 26권, 2007.

정병준, 〈한국전쟁 초기 국민보도연맹원 예비검속·학살사건의 배경과 구조〉, 《역사와 현실》 제54권, 2004.

정호기, 〈진실 규명의 제도화와 다층적 재조명〉, 《제노사이드연구》 제6호, 2009.

진실화해위원회, 〈아산 부역혐의 희생사건〉, 《2009년 상반기 조사보고서》 제4, 2009.

진태원, 〈전쟁, 폭력, 반폭력에 관한 몇 가지 성찰〉, 《황해문화》 117호, 새얼문화재단, 2022.

최호근, 〈미국에서의 홀로코스트 기억 변화〉, 한국미국사학회, 《미국사연구》 제19집, 2004.

_____, 〈전쟁과 제노사이드〉, 부산경남사학회, 《역사와 경계》 제56집, 2005.

후지이 다케시, 〈족청·족청계의 이념과 활동〉, 성균관대 사학과 박사학위논문, 2010.

〈미래의 한국의 통치 구조에 관한 여론조사〉(1949. 9. 10), 신복룡 엮음, 《한국분단사자료집 6》, 원주문화사, 1993.

Bauer, Yehuda, *A History of the Holocaust*(Franklin Watts, 1982).

Bauer, Yehuda, *The Holocaust in Historical Perspective*(University of Washington Press, 1978).

Bell-Fialkoff, Andrew, *Ethnic Cleansing*(Macmillan, 1996).

Browning, Christopher R., *The Path to Genocide*(Cambridge University Press, 2010).

Chalk, Frank & Kurt Jonassohn, *The History and Sociology of Genocide*(Yale University Press, 1990).

Giddens, Anthony, *The Constitution of Society*: *Outline of the Theory of Structuration*(Polity, 1984).

Jones, Adam, *Gendercide and Genocide*(Vanderbilt University Press, 2004).

Kelman, Herbert C. & Lee Hamilton, *Crimes of Obedience*: *Toward a Social Psycholoty of Authority and Responsibility*(New Haven: Yale Univ. Press, 1989).

Lemkin, Raphael, *Axis Rule in Occupied Europe*: *Laws of Occupation, Analysis of Government, Proposals for Redress*(Carnegie Endowment for International Peace, 1944).

Mann, Michael, *The Dark Side of Democracy*: *Explaining Ethnic Cleansing*(Cambridge University Press, 2005).

Naimark, Norman, M., *Fires of Hatred*: *Ethnic Cleansing in Twentieth-Century Europe*(Harvard University Press, 2001).

Schabas, William A., *Genocide in International Law*(Cambridge, 2000).

Shaw, Martin, *What is Genocide?*(Polity, 2007).

Totten, Samuel & Paul R. Bartrop, *Dictionary of Genocide*(GP, 2008).

Warren, Mary A., *Gendercide*: *The Implications of Sex Selection*(Rowman & Allanheld, 1985).

Weitz, Eric D., *A Century of Genocide*: *Utopias of Race and Nation*(Princeton University Press, 2003).

Zayas, Alfred de, *Nemesis at Postdam*: *The Anglo-Americans and the Expulsion of the Germans* (Routledge & Kegan Paul, 1979).

Bartrop, Paul, "The relationship between war and genocide in the twentieth century: a consideration", *Journal of Genocide Research* 4(4), 2002.

Charny, Israel W., "Forword", A. S. Rosenbaum ed., *Is the Holocaust Unique?*: *Perspectives on Comparative Genocide*(Westview, 2001).

Charny, Israel W., "Towards a Generic Definition of Genocide", G. A. Andreopoulous ed., *Genocide*: *Conceptual and Historical Dimensions*(University of Pennsylvania Press, 1994).

Dadrian, Vahakn, "The Structural Functional Components of Genocide: A Victimological Approach to the Aremnian Case", I. Drapkin and E. Viano eds., *Victimology*(Lexington, 1974).

Elder, Tanya, "What you see before your eyes: documents Raphael Lemkin's life by exploring his archival Papers, 1900–1959", *Journal of Genocide Research* 7(4), 2005.

Fein, Helen, "Genocide: A Sociological Perspective", *Current Sociology* vol. 38, no. 1(Sage Publications, 1990).

Geoffrey, Best, "Civilians in Contemporary Wars: A Problem in Ethics, Law, and Fact", King's College Department of War Studies, 1984(http://www.airpower.maxwell.af.mil/airchronicles/aureview/1984/mar–apr/best.html).

Harff and Gurr, "Genocides and Politicides since 1945: evidence and anticipation", Internet on the holocaust and Genocide 13(Dec), 1987.

Hinton, Alexander, "Introduction: Genocide and Anthropology", Alexander Hinton ed., *Genocide*: *An Anthropological Reader*(Blackwell Publishers, 2002).

Hirsch, Herbert, "Studying Genocide to Protect Life", Samuel Totten & Steven Leonard Jacobs eds., *Pioneers of Genocide Studies*(Routledge, 2002).

Honderich, Ted, "Terrorism For Humanity", 4 March 2004, of a lecture to the International Social Philosophy Conference at Northeastern University in Boston(http://www.ucl.ac.uk/~uctytho/terrforhum.html).

Jones, Adam, "Gendercide and Genocide", *Journal of Genocide Research* 2(2), 2000.

Katz, Steven, T., "The Holocaust in Historical Perspective", *The Holocaust and Mass Death before the Modern Age* vol. 1(Oxford University Press, 1994).

Kuper, Leo, "Genocide: Its Political Use in the Twentieth Century", 1981, Alexander Hinton ed., *Genocide*: *An Anthropological Reader*(Blackwell Publishers, 2002).

Lemkin, Raphael, "Genocide: A Modern Crime", *Free World* 9–4, 1945.

Lemkin, Raphael, "Totally Unofficial Man", Samuel Totten & Steven Leonard Jacob eds., *Pioneers of Genocide Studies*(Routledge, 2002).

Nabulsi, Karma, "Evolving Conceptions of Civilians and Belligerents: one hundred years after the Hague Peace Conferences", Simon Chesterman ed., *Civilians in War*(Lynne Rienner, 2001).

Palyi, Melchior, "review of Axis Rule over Occupied Europe, by Raphael Lemkin", *American journal of Sociology* 51, 5(March, 1946), pp. 496~497.

Rosenfeld, Gavriel, D., "The Politics of Uniqueness: Reflections on the Recent Polemical Turn in Holocaust and Genocide Scholarship", *Holocaust and Genocide Studies*, 13(1), 1999.

Stanton, Gregory H., "The logic of the ten stages of genocide", 〈Genocide Watch〉 (https://www.genocidewatch.com/ko/tenstages, 2024년 3월 15일 검색)

UNESCO Latin American Conference, Declaration of San Jose, 11, Dec. 1981.

Wolf, Linda M. & Michael R. Hulsizer, "Psychology roots of genocide: risk, prevention, and intervention", *Journal of Genocide Research* 7(1), March 2005.

찾아보기

다시, 제노사이드란 무엇인가

2024년 10월 22일 초판 1쇄 인쇄
2024년 10월 31일 초판 1쇄 발행
글쓴이   강성현
펴낸이   박혜숙
디자인   이보용 김진
펴낸곳   도서출판 푸른역사
　우) 03044 서울시 종로구 자하문로8길 13
　전화: 02)720-8921(편집부) 02)720-8920(영업부)
　팩스: 02)720-9887
　전자우편: 2013history@naver.com
　등록: 1997년 2월 14일 제13-483호

ISBN 979-11-5612-286-9 93900

· 잘못 만들어진 책은 교환해드립니다.